本著作系德州学院2022年度学术出版资金资助项目，德州学院人文社科特色研究专项"董仲舒思想对于当今社会发展的意义研究"（课题号：2022tszx011）的结题成果，也是横向课题"新街口产业文化园董子法律文化构建"（项目号：30103327）的项目成果，也是2022年度德州市哲学社会科学研究课题"疫情下的犯罪治理研究"（课题号：2022DZZS011）的结题成果。

董仲舒法律思想研究

任建华 郭付军 著

中国社会科学出版社

图书在版编目（CIP）数据

董仲舒法律思想研究／任建华，郭付军著. —北京：中国社会科学出版社，2024.5

ISBN 978-7-5227-3157-5

Ⅰ.①董⋯ Ⅱ.①任⋯ ②郭⋯ Ⅲ.①董仲舒(前179-前104)—法律—思想—研究 Ⅳ.①D909.234.1②B234.55

中国国家版本馆 CIP 数据核字(2024)第 043990 号

出 版 人	赵剑英
责任编辑	耿晓明
责任校对	王　龙
责任印制	李寡寡

出　　版	中国社会科学出版社
社　　址	北京鼓楼西大街甲 158 号
邮　　编	100720
网　　址	http://www.csspw.cn
发 行 部	010-84083685
门 市 部	010-84029450
经　　销	新华书店及其他书店

印　　刷	北京明恒达印务有限公司
装　　订	廊坊市广阳区广增装订厂
版　　次	2024 年 5 月第 1 版
印　　次	2024 年 5 月第 1 次印刷

开　　本	710×1000　1/16
印　　张	15.25
插　　页	2
字　　数	223 千字
定　　价	89.00 元

凡购买中国社会科学出版社图书，如有质量问题请与本社营销中心联系调换
电话：010-84083683
版权所有　侵权必究

序　言

近日，德州学院法学院任建华副教授编著完成《董仲舒法律思想研究》一书，并嘱余为之作序。在身体染疫抱病之时，我沉下心来拜读了任教授的大作，读后深感该书体大思精，是一部颇费心血的佳作，在董仲舒思想研究史上的贡献可圈可点。因此，值得向学界推荐此书。

作为一代儒宗，董仲舒的思想不仅深刻影响到了他所处的时代，还对西汉以后的中国封建社会产生了深远的影响。在整个儒学发展史上，董仲舒的贡献是巨大的，以至于宋儒朱熹对董仲舒就有"醇儒"之善评。董仲舒在儒学史上的贡献之一即在于将先秦时期的理想化儒学推向了世俗化进程，尽管此番努力在后世褒贬不一，但有一点可以肯定，经过董仲舒的努力，现实政治逐渐接纳了儒学，并使之成为官方意识形态。从此，儒学成为官学而一枝独秀，并终结了百家争鸣的时代。这就是"罢黜百家，独尊儒术"的历史真相。

董仲舒在理论上的另一项重大贡献是为其政治法律主张提供了形而上的根据——"天道"论（含阴阳五行论）和形而下的根据——人性论。值得注意的是，董仲舒并非将天道当成一种人格神，尽管其某些表述还有此种痕迹，但其更加强调对天道做出一种自然化解释，并将这种解释运用到人类社会之中，即自然法则与人类社会规则是相统一的，这符合儒家"天人合一"的思维框架。根据董仲舒在其所著《春秋繁露》一书中的表述，"天之任阳不任阴"，是说天道任由阳气主导而非阴气主导，故"阴者阳之助也"，即阴气只能处在辅助阳气的地位上。董仲舒进一步认为，"阴"代表"刑"，"阳"代表"德"，既然自然法则是"阴者阳之助"，那么人类社会的法则就应当是"刑者德之辅"。这就论证了"德主刑辅"理论的合理性和权威性，这一理论不仅成为历代封建王朝治国理政的指南，而且成为封建统治集团法律思想的核心，亦是立法、司法和执法的指导思想。

董仲舒还为其"德主刑辅"论提供了形而下的或现实的根据，即所谓"性三品"说。性三品是将人性分成三个等级，即圣人之性、斗筲之性和中民之性，具有前两种人性的人都是极少数，绝大多数人都属于"中民之性"，故又称"万民之性"，对于这部分人来说，是"有善质而未能尽善"，或者说有向善恶发展的两种可能性，故"待教训而后能善"，教化显得尤为必要。因此，德主刑辅才有了现实的针对性和治国方略的意义。拙著《中国传统司法思想史论》一书指出："正如自然界中有'阴'的力量一样，人间社会也必须有'刑'（含刑事立法与司法）的力量，这才体现'天人相类'的特点；而对普通人性来说，皆有贪仁两种品性，如果没有刑事司法的威慑力量的存在，将会使人放纵贪欲而日趋邪恶，故必须'设刑以威之'。因此，国家司法权的功能不仅是禁人为恶，而且也能驱人向善——因为拒绝向善者必然面临严重的司法后果。这是董仲舒司法思想的基本出发点。"[1] 时至今日，我对这一观点仍然坚持。

笔者注意到，《董仲舒法律思想研究》一书在结语部分提到：

> 董仲舒的"德主刑辅"论，是对秦朝严刑峻法的批判和否定，是历史经验的总结……虽然它的本质仍在于维护封建统治，但在客观上，比"专任刑罚"的法家思想多少有利于被压迫者的生存与斗争，并可作为人民反抗昏君和暴政的一种理论武器。

作者的上述评断是中肯的，但是还应当进一步强调这一理论无论

---

[1] 崔永东：《中国传统司法思想史论》，人民出版社2012年版，第100页。

是在当时还是在后世乃至于在今天，其人道意义都是不应被低估的。正是这种人道性政治观和法律观，才使董仲舒思想具有了一定跨越时空的意义。正如拙著《中国传统司法思想史论》一书对董仲舒司法思想所做的基本评价："董仲舒根据阴阳五行的理论，系统论述了德主刑辅的治国方略，并对国家的司法权进行了定位，那就是辅助德教的实施并对德教加以保障；另外，司法权本身也必须受到制约，行使司法权力者必须有良好的道德自律能力，如此才能防止司法权变成一种盲目的非理性力量。董仲舒推崇的司法原则是'原心论罪'，该原则的实质在于将道德引入司法审判，对于一个道德上一贯表现良好的人来说，他的偶然犯罪往往并非因为其主观恶性，而是一时糊涂或认识偏差所致，故对其从轻论断是适当的；而强调对首恶的严惩，实际上是对法家株连无辜（连坐）思想的否定。从整体上看，原心论罪这一原则带有一定的人道倾向，是对当时酷吏暴虐司法的一种抑制。从董仲舒司法思想的价值取向看，他强调司法活动必须符合'仁道'（人道），应当以'泛爱群生'为基本目标；掌握司法权的人应该明白'德生于和，威生于平'的道理，坚持'以中和理天下'的施政方针，注重司法公平、道德教化，从而实现'世治而民和'的理想社会。"[①] 董仲舒所谓"仁道"（仁爱之道）与今日的人道主义虽然有区别，但是在尊重人、关心人、爱护人，特别是重视人的生命价值方面有相通之处。正是在此点上，儒家的"仁道"学说才有了古今"共情"之处。

《董仲舒法律思想研究》一书还指出："我们不能寄希望于曾经的历史文明完全的正确和自圆其说，其必然带有时代的局限性，但这并不妨碍其所具有的现实和理性的光芒，董仲舒提出'春秋决狱'便是中华法律儒家化的重要标志，直接开启了中华法律儒家化的道路，它将道德伦理融入法律领域，使得道德与法律共同作用，直接服务于皇家集团的专制统治。"称董仲舒开启了法律儒家化的道路是有道理的，

---

① 崔永东：《中国传统司法思想史论》，人民出版社2012年版，第106页。

其"春秋决狱"不仅将儒家道德原则引入了司法实践，更是通过撰写《春秋决事比》将儒家道德原则引入立法实践（"比"在汉代也是一种法律形式），从此一场影响深远的法律儒家化运动开始了，直至唐朝，随着"礼法合一"的《唐律》的出现，这一过程才基本结束。

该书还指出："犯罪是阶级社会独有的现象，我们还无法给其一个完全消亡的具体时间，其产生于具体的社会环境，社会环境的不断优化必将不断减少犯罪的发生，刑法立法中要全面理解刑罚的本质和目的，要把握刑事政策与刑法所各自适用的领域。刑罚的本质，在社会主义刑事法治中应当体现为惩罚与教育相结合。目前我国刑事法治中重刑主义的倾向还有相当的市场和影响，这种倾向忽视了刑罚本身还有教育的作用。"上述见解是深刻的，但是，如果作者能对董仲舒犯罪防治思想再设专章加以探讨或许更有价值，更有助于读者领略董仲舒法律思想的全貌。可以说，董仲舒的犯罪学说不仅对犯罪原因进行了深度分析，而且还提出了一系列防治犯罪的对策，其中一些思考和建议至今仍对我们有启发意义。

是为序。

崔永东

2023年1月5日于青岛鳌山湾海滨

目 录

绪 论 ………………………………………………………………… 1

第一章 两相骄王董仲舒考 ………………………………………… 9
第一节 董仲舒生平事迹 ………………………………………… 10
第二节 董仲舒思想体系略论 …………………………………… 17
  一 董仲舒的春秋公羊思想体系 ………………………… 17
  二 董仲舒法律思想的理论基础 ………………………… 32
第三节 董仲舒的历史地位及其影响 …………………………… 47

第二章 董仲舒法律思想的时代背景与渊源 ……………………… 56
第一节 董仲舒法律思想产生的时代背景 ……………………… 56
  一 政治经济背景 ………………………………………… 56
  二 社会基本矛盾的变化 ………………………………… 59
  三 中央与地方之间的矛盾 ……………………………… 62
第二节 董仲舒法律思想的渊源 ………………………………… 67
  一 董仲舒对儒家政治法律思想的继承和发展 ………… 68
  二 董仲舒对黄老思想的利用 …………………………… 82
  三 董仲舒对法家思想的吸收 …………………………… 87
  四 董仲舒对墨家思想的汲取 …………………………… 94
  五 董仲舒对阴阳五行学说的借鉴 ……………………… 96
第三节 董仲舒法律思想的儒家化 ……………………………… 102

一　法律思想儒家化的原因 …………………………………… 103
　　二　法律思想儒家化的途径 …………………………………… 104

第三章　董仲舒法律思想的主要内容 …………………………… 110
第一节　董仲舒法律思想的根源——法之本源出于天 ………… 110
　　一　法的根源：天 ……………………………………………… 120
　　二　立法主体：圣人 …………………………………………… 127
　　三　立法方式：天人感应 ……………………………………… 136
第二节　董仲舒法律思想的基础——法之神形成于地 ………… 141
　　一　董仲舒理论的地域特征 …………………………………… 141
　　二　政治一统的地理决定论 …………………………………… 142
　　三　德主刑辅的气候示范性 …………………………………… 146
第三节　董仲舒法律思想的外化——法之宽见之于礼 ………… 148
　　一　礼的本质 …………………………………………………… 151
　　二　礼的内容 …………………………………………………… 153
　　三　礼的作用 …………………………………………………… 163
第四节　董仲舒法律思想的内核——法之用求之于心 ………… 175
　　一　无讼的追求价值 …………………………………………… 175
　　二　重志的审理原则 …………………………………………… 177
　　三　深远的历史影响 …………………………………………… 183
第五节　董仲舒法律思想的依据——法之决依之于经 ………… 184
　　一　董仲舒推动了春秋决狱实施 ……………………………… 188
　　二　春秋决狱的主要思想原则 ………………………………… 194
　　三　春秋决狱的利好与弊端 …………………………………… 203

第四章　董仲舒法律思想的时代价值——法之魂传之于今 …… 207
第一节　以民为本发展为主权在民的执政基础 ………………… 207
第二节　礼法并重发展为依法治国和以德治国 ………………… 210
第三节　无讼慎刑发展为包容和谐的社会建设 ………………… 214

第四节　立法、司法层面注重案例和自然社会规律 …………… 217

结　语 ……………………………………………………… 221

参考书目 …………………………………………………… 226

后　记 ……………………………………………………… 231

绪　　论

多数学者从哲学的视角认为，现代新儒学经历了三个阶段：第一阶段是1920—1949年，以梁漱溟、张君劢、熊十力、冯友兰、贺麟和钱穆等学者为代表，这一阶段以唯心主义认识为主，部分实现了从唯心到唯物的转变；第二阶段是1950—1979年，以唐君毅、牟宗三、徐复观、钱穆、东方美等学者为代表，从"返本开新"或"内圣外王"的角度来试图融合民主和科学，沟通儒学和现代化之间的关系；1980年开始，现代新儒学发展进入了第三阶段，代表人物包括杜维明、刘述先、成中英、余英时等先生，因为在现代化过程中西方哲学出现了诸多弊端，而"东亚四小龙"的儒家资本主义模式的成功给相关研究者带来了慧解和希望。笔者冒昧地提出，1980年以后的研究至党的十八大可以谓之一个阶段，在这个阶段中，我们虽然从批判思维中发现了儒家思想中的历史价值和唯物价值，但是往往集中于学说的体系研究和考证工作，虽有部分域外的研究在宏大叙事的基础上提出儒家思想现代化的路径，但研究的工具和视角并不全面规范科学，在改革开放的部分时期，传统文化中的治世经验没有得到合理的重视，在学术研究中，我们也多是对外来文化的价值阐释。

研究儒家的思想一般有道统、学统和政统三个角度，大约分别是从道地传承、个人的求学修身和儒学在政治上的实践及经验总结三个方面开展相关研究工作，我们不是以纯儒学的视角来研究董仲舒，而是选择了浓聚社会治理经验的法律思想作为研究方向，但其法律思想不可能与三个角度均无关联，是多有涉及，更多的是政统角度的分析和研究。儒家学者为了儒学的地位和人生价值，一直走的是积极入世的渠道，孔子曾周游列国，宣传自己的政治思想，以求实现自己的理想，并在鲁国积累了一定的执政经验；孟子也曾在齐国等宣传自己的政治思想，在著述中讲了自己认为的治国路径；荀子、韩非更是结合自己的认识提出了其所处时代解决社会问题、治国理政的具体而实用的方法。他们一直本着入世的路径汲汲而进，但是因为时代的原因，在动荡分裂寻求国家统一的过程中，儒家的治理方法很难实现有效的征伐结果，故当时兵家、法家等为世所重。而儒家一直没有放弃自己成为正统学说，参与政治或者说获得统治者的认可和尊重的尝试。汉初叔孙通定礼，贾谊等人积极参与王朝的统治，书写资政建议，与黄老学说对抗争论，最终等到了汉武帝时期大一统的局面和帝国需要儒学为大一统局面服务的机会，董仲舒给汉武帝的政治建言中包含了丰富的内容，主要体现在"天人三策"中，其法律思想是他政治思想的重要内容，虽然近代以来因为社会变迁，导致我们对传统文化和社会治理经验的信心有所丧失，甚至弃之如敝履，但是儒学在新时代的复兴已经渐露端倪，其在社会治理中的经验值得我们去研究，以增益我们的社会治理。实际上某些经典的理论和学说每隔一定时间会焕发新的生机和活力，往往会出现所谓的经典回归，也就是说，因为时代的变化，我们会发现过去的某些理论可以通过重新阐释来解决我们当前所遇到的问题。在社会结构、矛盾和基础性问题发生变化的时候，儒家思想原有的思维方法、政治价值和道德标准可能不再适应当时的社会需要的时候，部分儒学精英往往超越当时的种种已受禁锢的学说观点，从"原典"出发，体悟寻找，根据时代和社会需求而立言，董仲舒则是其中代表之一，他选择当时儒家关注较多的《春秋》"公羊学"，吸纳阴阳家之流的天人感应学说，建立了一个人与天、天与皇权、皇权与人的立体关系，根据"天人三策"奠定了五经的政治地位。

从发现自然或者说"天"以来，在法律思想发展史上，自然法具有创始性的地位，就今天我们从一般概念讲的"法"的概念而言，古希腊的柏拉图、亚里士多德和罗马法学家西塞罗等曾有诸多论述。西塞罗曾在其《论共和国》中对自然法做了如下定义:"真正的法律乃是正确的理性,与自然相吻合,适用于所有的人,稳定,恒常,以命令的方式召唤履行义务,以禁止的方式阻止犯罪行为,但它不会徒然地对好人行命令和禁止,以命令和禁止感召坏人。企图改变这种法律是亵渎,取消它的某个方面是不被允许的,完全废止它是不可能的;我们无论是以元老院的决议或是以人民的决议都不可能摆脱这种法律的束缚,无须寻找说明者和阐释者,也不会在罗马是一种法律,在雅典是另一种法律,现在是一种法律,将来是另一种法律,对于所有的民族所有的时代,它是唯一的法律,永恒的、不变的法律。"① 在欧洲中世纪基督教思想家托马斯·阿奎那(Thomas Aquinas)将法分为永恒法、自然法、人法和神法,在论及自然法时,其认为人是理性动物,其参与之永恒法,即为自然法。他以自然法连接永恒法和人法,并以之作为人法的演绎原点,或者说渊源。康德哲学中法权的概念是"按照一条普遍的自由法则,一个人的任意与另一个的人任意可保持一致的那些条件的总和,就是法权"②。

19世纪以前的中国存在着两类规范,第一类是调整性规范,规定人们应当做什么、可以做什么、不得做什么的规范,主要以礼的面目出现,体现为纲常制度;第二类是惩罚性规范,规定人们违反了第一类规范即行为准则的后果,主要表现为中国的"律"或者"法""刑"。"礼制"与"刑律"一起构成了当时的法律,出礼则入刑。只有把传统中国的礼和律融合在一起研究,方能理解当时的法律思想和制度文化。不同专家学者关于礼的起源有着不同的认识,有起源于礼物交换、宗教祭祀、社会常俗或者综合多元等不同的说法,从某种角度而言,"礼"在中国古代与刑、律具有几近相同的含义,近现代以来,古代称之为"礼"的一定内容也进入了法律。古代"礼"的范

---

① [古罗马]西塞罗:《论共和国》,王焕生译,上海人民出版社2006年版,第251页。
② [德]康德:《道德形而上学》,李秋零、张荣译,中国人民大学出版社2002年版,第238页。

畴比"法"更广泛，内容更丰富，很多礼制具有法律效力，需要强制执行，也属于法制的一部分。所以，在中国古代，"礼"与"法"的关系十分紧密，我们很难从礼的内容中分割出柔性约束的道德部分和强制约束的法制部分。对礼、法、刑、律的这种认识是我们分析董仲舒法的精神和价值的立论前提。历史学派的观点认为，法本源于民族精神、民族风俗和相关习惯，德国的历史法学派法学大家萨维尼（Friedrich Carl Von Savigny）是法律发现论的代表，在他著名的《论立法与法学的当代使命》一书中提出，法律关联于民族的内在性格："法律首先产生于习俗和人民的信仰，其次乃假手于法——职是之故，法律完全是由潜沉于内、默无言声而孜孜矻矻的伟力，而非律制定者的专断意志所孕就。"① 只有对民族的习惯和传统进行深入的研究，才能从中发现真正的法律，萨维尼认为，法律并非源于立法者的创制，而是源于对民族精神或习惯的发现、记录和确认。法律的发展具有历史的连续性，一个民族的法律，只有通过民族生活才能够被理解，因为法律本身就是那个生活的一部分和表现形式，法律是大多数学科中最具有历史取向的学科，尊崇传统、先例、仪式、习俗，在中国当代全面依法治国的时间方位，只能是"后礼法"阶段，我们的社会治理中，中国传统的"礼"已不再显性具体地规范人们的生活，但基于内在的隐性因素，因为思想甚至超过基因的沉淀，实质上还在许多领域发挥着规范的作用，支配着相当部分人群的思维、情感、行为，让他（她）们按照预定的模式去生活和处理周围事务，我们必须对传统的"礼与法"给予应有的关注，构建中国特色社会主义法律体系，形成我们独有的话语体系，保持自己的独立性和文化个性也必须向上溯源，寻找独有的根基和命脉，现代性的中国法理学话语在对外兼容的同时，必须向上兼容，兼顾新旧两种规则，只有这样才能形成中外法学的良性互动。马克思主义法学家认为分析法的本质时不能离开物质制约和阶级本质，这是马克思主义法学在法的本质领域的两大支柱，

---

① ［德］萨维尼：《论立法与法学的当代使命》，许章润译，中国法制出版社2001年版，第11页。

也是唯物史观的体现，这也是我们分析研究董仲舒法律思想的方法立场。

中国古代法律思想对权利考虑较少，此为典型的"义务中心"或"义务重心"。法律的价值本身具有多元性和"不可公度性"（不能对多元价值进行一般和抽象的排列），这也是我们研究董仲舒法律思想的价值探究的一个原则，时代的法律只能承担时代的责任，适应决定于时代，而不是超越，当然这并不否定其有部分有价值的思想或制度模式为后代所继承。中国古代主张的"德主刑辅"，道德系"仁"与"礼"的统一，刑法是一种单纯的惩罚手段，道德是法律的渊源，提供原则和准则，法律则作为工具存在，提供违反道德的惩罚，董仲舒的"引经决狱"实现了法律与道德二者的互换转化，先将人的基于道德的原则规范等形成法规律条，进而以法律引导道德，确立道德的权利义务，并使之为社会主体遵守，实现道德法律化、法律道德化。但是我们需要注意的是，新的时代法律的归法律，道德的归道德。法律强制道德会使道德僵化而失去道德自身的活力，缩小人的自由范围；道德强制法律会使法律泛化，使人们无法自由从事可以从事的事业，无法过应当过的生活。例如，旧社会因通奸而被残忍浸猪笼而死，便是道德法律化的极端体现。但是我们要注意避免"法律万能观"，尤其是刑法万能观的增长，对法律自身的局限性要有清醒的认识，在社会治理层面，法律，尤其是刑事法律不能包打一切。法国大革命中雅各宾派专政时期，将人民的审判视为绝对的正义化身，用道德代替法律，结果法国并没有走向法治和宪政，而是通过盲目的人民主权抹杀个体的权利和自由，剥夺人之为人应享有的权利，用直接的普遍民主制，将国家推向革命暴力和恐怖，简单的多数人的强势意义规则会导致对少数人的暴政。在哲学认识论、宇宙论和人生论的分野中，中国儒家学者是人生论的思考者和践行者，中国哲学的开端便是天人关系，是人在天的视野下的位置勘定，人与天各安其位，人与人各安其分，层次和秩序有时也具有某种积极的价值意义。

儒学是中华民族发育成长的根脉，对其不应斩断而应"返本开新"，在儒学的分类中有政统的儒学、道统和学统儒学的区分，政统是儒学经世致用最重要的方面，儒家的法学思想是政统儒学的重要内容，但因为对礼的重视，容易出现道德的法律化，高鸿钧等学者将春秋战国时期法家的一家之法和明末清初黄宗羲启蒙思想的"天下之法"法治思想作为中国历史上法治思想的两次高潮或高峰，但是作者认为董仲舒的法律思想是两者之间的顶峰，出礼入刑、春秋决狱、秋冬行刑、灾异赦宥等等将儒家思想法律化的具体操作，奠定了封建社会儒家思想的走向社会治理的工具途径。《汉书·刑法志》作为十三篇刑法志的首篇，大量引用了儒家学者孔子、荀子等人和《诗经》《尚书》等儒家经典的内容，但是具体引导儒家思想进入社会治理的是董仲舒无疑。早期的儒家学者们如孔子、孟子等忙于四处奔波，宣传自己的思想，国家纷乱割据，没有一个统一的、集权的政府来实验儒家的政治法律思想，秦朝崇尚法家学说，立国较短，自然也没有儒家施展抱负的机会，董仲舒在《春秋繁露》的大量篇章中提出了自己的法律思想，同时通过春秋决狱的具体案例，将儒家思想切入融合到政权的治理实践、司法实践中。《汉书·刑法志》可谓董仲舒倡导的法律思想和具体司法实践在两汉时代的总结，当然我们也不能把汉代法律儒家化所有的功劳归于董仲舒一身，在其前，叔孙通制定朝仪，贾谊倡议"刑不上大夫"；在其后，汉宣帝诏令认可"子为父隐"等等，都显示两汉时期是法律儒家化的一个孕育和逐步确定的时期，董仲舒则是这一时期的集大成者。中国古代法的繁体"灋"和"刑"字在西周铜器铭文中都已出现，但作为法律意义的"灋"要略晚于法律意义的"刑"，刑的意义除了刀割、杀戮、惩罚外，还包括模型、规范、法则的意思。有些古文字研究专家如冯时等认为，廌实际为"法"的缔造者蚩尤部落的图腾，在时代的变迁中，廌的形象忽明忽暗，虽有似牛、羊、鹿、麒麟诸说，但始终和皋陶关联，成为法的图腾或代表。中国古代，"礼"为最重要的"名"，礼教是至重的名教，"礼治"是西周以后政治生活的最高准则，在法律领域则是法律规范的宗法化，其从最初的祭祀仪式发展到范围广泛且具有和法律一样约束功能的礼仪法度。透过"刑"和"礼"的关系来审视法律的缘起，我们可以从文化层面深入社会层面，以明晰法律的社会性和政治性。中国古代社会，礼是法律的本源，礼也高于法律，而法律则是维护礼的屏障。先秦天人合一，发展到汉代则是天人感应，可以体悟出一种在"天"和"人"二元框架下，综合天理和人事思考的认知模式。中国传统的"法"通过法"天""道""自然"来缩短天人之间的间隔。"礼"一方面体现为道德规则，而同时也具有法律的意味，"礼"与法二者均从传统的伦理中分化而得，形成自己的独有逻辑和适用模式，二者并行，有异却并不对立，而是互补共生。法律规则和道德规则"礼"同时从传统的伦理生活中分化出来，形成两个不同却互补的行动规范，并列出现。

董仲舒的法律思想，集合了观察者、参与者和操作者的多方视角，其想通过天地"灾异赦宥"的角度，使封建社会受政治控制的法律能影响制约一下君主的绝对权力。我们需要注意的是现代法律存在着一种国家主义的倾向，即试图通过一部或几部完整的法律，把所调整领域的一切事务，或存在的问题全部解决，达到关注细节的"青蝇之眼"和囊括全局的"苍鹰之眼"的统一，这种倾向会导致法律规范的急速扩张，使社会的活力丧失，董仲舒"引经决狱"的部分观点虽然不能契合当今的所有实际，但是可以给我们在法律体系创建和完善的过程中提供某些参考。当然我们不能通过学习参悟其内容，简单地进行移植，现代意义的法治内容有基本的要求，要求首先有普遍的法律，而且法律为公众知晓、可预期、明确、无内在矛盾、可循、稳定，法律高于政府，司法有权威且公正是法治的基本原则。我们也不能将古人现代化，用现代的思想和标准去衡量、描述、苛求古人，只有从历史的真实背景出发，我们才能得出客观的有益的结论。在研究中还要注意的是古文字语意的前后变迁，要准确理解古人的思想，必须在其相应的语境中去诠释。研究法律思想的依据有典籍和法律制度，但是也离不开古老的风俗习惯和其发生成长的地域文化。儒家法律思想文化，到董仲舒时代，远承孔孟，近取荀韩，兼收阴阳五行思想，外示孔孟而内用荀韩，形成了正统的也是一统的法律思想。当然一统的法律思想并不是说明其是一元的，中国的法律思想和传统规则是二元的，礼治和法治并存，重成文法的法治和重判例法的礼治自董仲舒起，方在治国理政层面合为统治规则。西学东渐以后，在法律的研究中逐渐出现了法系或者"法族"研究的说法，多者有学者认为存在十多个法系，少者学者认为存在中华、英美、罗马三个法系，无论如何划分，中外多数学者认为中华法系是一直存在的，至于具体特征往往也众说不一，但多数学者认为中华法系存在"诸法合体"，受儒家伦理道德影响而重视"礼"的作用，立法中以"天理"以及代表"天"的意志的皇帝的思想为指导等基本特征。在清末修律中，基于对大陆法系国家刑事成文法典和司法模式的复制性移植，我们将古老的判例法传统完全抛弃，确实甚为可惜。当然，随着我们司法制度的日益完善，最高法、最高检开始以定期公布典型案例的方式来指导司法，以之为司法活动的参照，既是对大陆法系和英美法系法学思想的兼容，也是对古有的判例法传统的继承和发扬。

第一章

两相骄王董仲舒考

董仲舒是在秦始皇焚书坑儒后，儒学在历经百余年沉寂之后出现的又一大家，是汉代最著名的经学家、哲学家。《汉书·五行志》中言："景武之世，董仲舒治《公羊春秋》，始推阴阳，为儒者宗。"[①]从中可以窥见其在儒家学者中的显赫地位，谓之汉代儒学领袖也并不过分。其以传统儒学理论为主体，兼采法、道、墨以及阴阳五行等各家思想之长，创造出一种新的儒学思想，并在汉武帝时期成为我国封建社会的正统思想。

纵观整个儒学发展史，毋庸置疑，孔子、董仲舒、朱熹均是儒家学派乃至中国古代思想史上的里程碑式人物。孔子是儒学的开山鼻祖，在春秋末期开创了儒家学派；董仲舒作为经学大师将儒家思想正式推上了政治舞台，成为封建社会的正统思想；朱熹则作为儒家学派的集大成者，建立了庞大的理学体系，被后世统治者奉为圭臬，成为官方哲学。这三位儒家代表人物的思想学说，是儒学在不同社会制度、时代背景下的产物，也是中国思想史上的重要节点。自董仲舒将儒家思想正式引入封建统治者的庙堂之后，儒学在历史长河的变迁中不断顺应社会发展的趋势，迎合不同时代统治者的需要，牢牢占据中国封建社会统治思想的地位，绵延两千余年，铸就了中华民族的传统文化和时代精神魂魄与根脉。董仲舒吸取百家之长，"罢黜百家，独

---

① 班固：《汉书》卷二十七上，中华书局2007年版，第216页。

尊儒术"，使儒学在汉朝之后成为独尊，改变了中国古代政治法律思想的走向，对中国古代政治法律思想的发展具有无法磨灭的影响。因此，董仲舒作为中国思想史上的里程碑，他的学说思想对我国的影响极为深远，不仅盛行于古代而且及于近代和现代，所以，我们有必要深入了解董仲舒的生平事迹和主要思想，并从中探寻其时代价值。

第一节　董仲舒生平事迹

据史料记载，董仲舒出生于汉高祖年间，据周桂钿教授推测，董仲舒出生的具体时间约为公元前198年，[①] 卒年不详。古人最讲地望，对董仲舒出生地的研究可以说较为详细，司马迁、班固在各自所著的《史记·儒林列传》《汉书·董仲舒传》中均记载董仲舒为"广川"人士，任继愈、周桂钿、季桂起、梁国楹等多位学者和多部学术著作中对董仲舒出生地进行过研究，虽具体地点莫衷一是，或为景县、枣强、德州等地，且各有史料文献等支持，然其系"广川"人并无异议，造成分歧的原因是"广川"这一古地名的不断变迁。简单说来，西汉时广川设县同时置国，包括德州、河北景县、河北南宫等地，东汉、三国时期即有所变化，为清河县和广川县，但治所仍称广川（景县广川），西晋时起则将枣强纳入广川县或广川郡、广川镇的辖区，有时作为治所所在地，其间隋初曾将德州一部设为广川县，后更名为长河；自民国和中华人民共和国成立以来，广川以村、公社和镇为名，分别为景县、吴桥的一部分，德州于2000年设置广川街道办事处。根据史料和遗留的祭祀痕迹等，笔者也倾向于董仲舒出生于河北景县广川镇附近村落；但其活动范围上，因为现德州辖区自尧舜禹时期即有农耕开拓，疏浚河道，有河湖之利且物阜民丰，经济发达，且生活较为便利，其曾在此地域内长期讲学，德州曾有古董子读书台旧

---

①　参见周桂钿。董仲舒的生卒年份在史料中并未有明确记载，周桂钿教授在《董学探微》（北京师范大学出版社1989年版，第5页）中对之做了详细推论。

址，也是其在此活动的见证。董仲舒的埋葬地点至今未有定论，大多认为其埋葬于陕西西安的"下马陵"。

董仲舒少年时期便喜欢读书，研读了许多儒家经典著作，至于其具体师承，多数认为师承不详，而何休在《春秋公羊传注疏》中认为，董仲舒系孔子传《春秋》与子夏，子夏授予公羊高，后其后辈平、地、敢、寿等相继承学，董仲舒为公羊寿弟子，而何休自认为董仲舒为四世弟子。① 另有部分认为董仲舒求公羊学于鲁地大师胡毋生，但从史料所载二人交往情况等看不存在师承情况，二人应均为当世系统阐发公羊学的大师，但二人的方向略有不同，董仲舒更加侧重于经国治世之道。客观讲，就当时文化的发达程度，书籍皆藏于有传承之序的饱学世家，董仲舒少年之时虽家有资财，但很难提供丰富的书籍供其学习，其曾游学齐鲁各地，刻苦自修应该是准确的，至于向谁学习的，何休一家之言难以为证，且不排除何休为争《春秋》正统且美誉自己之嫌。董仲舒的刻苦自学，四处游历求学，为其后来成为汉代儒家的代表人物打下了坚实的基础。汉景帝年间，因董仲舒博学多才，被荐为博士。董仲舒是汉朝研究《公羊春秋》的第一人，并且在其中杂糅阴阳学说，被后世称为"儒者宗"，是当时儒家学派的顶级学者。董仲舒的学生据传已经超过了孔子，根据汉书记载，大约有7000人，可谓桃李满天下。司马迁在《史记·儒林列传》言："仲舒弟子遂者：兰陵褚大，广川殷忠，温吕步舒。褚大至梁相。步舒至长史……弟子通者，至于命大夫；为郎、谒者、掌故者以百数。"② 从中可以看到，董仲舒培养出的学生许多在后来也官居高位，这些人为后续经学的发展以及董仲舒法律思想精神的传播起到了不可估量的作用。据说，由于拜董仲舒为师的学生太多，董仲舒只能垂帘授课，按照资历天赋划分等级，只向那些少数拜师较早、天赋较高的大弟子传授他的思想学说，再由大弟子向后来学生传道授业。这种"转相传授"的教学方法，类似于西方的导生制。导生制又名贝尔—兰卡斯特

---

① 参见何休《春秋公羊传注疏》，上海古籍出版社2013年版，第3页。
② 司马迁：《史记·太史公自序》，中华书局2006年版，第704页。

制,是由英国教会的贝尔和公益会的教师兰卡斯特所开创的一种教学组织模式。它的组织形式是这样的：教师上课时先选择一些年龄较大或者较为优秀的学生进行教学,然后,由这些学生作为"导生",每个导生负责把自己近期学得的传授给一组学生。其实,现代高等教育中的导师制也是由此缘起。可见,董仲舒当时的教学模式也可谓是极为先进的。但是即便采用"转相传授"的教学模式,在当时还是有很多的学生无法进入董子门下进行研究学习,并且其门下的许多学生虽跟随董仲舒学习已久,但仍与老师素未谋面,有的学生在三年的时间里也未见董仲舒在花园闲坐过一次。《汉书·董仲舒传》中记载："董仲舒,广川人也。少治春秋,孝景时为博士。下帷讲诵,弟子传以久次相授业,或莫见其面。盖三年不窥园,其精如此。"[1] 从中可以看到董仲舒对于治学著书可谓心无旁骛,"业精于勤荒于嬉"的治学精神在董仲舒身上体现得淋漓尽致。当然,这种神秘的讲学方式,某种意义上具有神圣的仪式感,能够引起人们的好奇和追捧,且极易产生崇拜情绪。"帷"是一道纱,挡住了常人的好奇视线,吊起了世人的探求胃口,现代人称之为禁果效应。我们在分析历史逻辑真相的同时,也看到了其中的商业宣传价值。实际上,董仲舒在中国古代教育的发展上也具有非常突出的贡献,但是囿于本书研究的是董仲舒的法律思想,兹不赘述。

建元元年（公元前140）,武帝登基。汉武帝刘彻下令"举贤良之才"。汉代地方各州长官每年都会从全国各地举荐百余位仁人志士入京参加考试。元光二年（公元前134）,"举贤良文学之士前后百数,而仲舒以贤良对策焉"[2]。当时,董仲舒、公孙弘等人通过层层选拔,最终凭借"贤良"的身份进入殿试,受到汉武帝的亲自考核。在朝廷三次殿试中,董仲舒的表现十分出色,从殿试中脱颖而出,获贤良对策第一,这也成为董仲舒人生中的一个重要节点,从此在长安城踏入仕途,开启了其并不平顺的政治生涯。

---

[1] 班固：《汉书》卷五十六,中华书局2007年版,第561页。
[2] 班固：《汉书》卷五十六,中华书局2007年版,第561页。

第一章 两相骄王董仲舒考

汉武帝在考核董仲舒的策问中说：他考虑的是"大道之要"，所要知道的是"至论之极"。夏商周三代受天命而兴起，它们的符瑞在哪里？世界上的灾异变化因何出现？"故朕垂问乎天人之应"，即他最关心的是天人关系问题，如何能够领悟上天之意，持久地得到上天的眷顾。从汉武帝的策问中可以很清楚地看出，他竭力想从天命神学中寻找维护和巩固其统治的根据，想找到维护汉朝长治久安的思想理论基础。董仲舒在三次对答中阐述了"天人感应"的学说，论证了神权与君权的关系；主张实行"大一统"，加强君主专制；罢黜百家，独尊儒术，加强对人民的思想统治；"改正朔，易服色"，"正制度，宣教化"，宽以待民。在政治、经济、思想上实现"一统"之治，从而维护汉朝的统治。

董仲舒是以"贤良"的身份到京师长安对答皇帝的提问的，在当时成为轰动朝野的事，人们称之为"贤良对策"。这次对策是西汉时期学派斗争的一个转折点，黄老之学和儒家的其他学派，渐渐淡出汉朝视野，自此以后，百家之学虽仍有存在，但儒家从此正式取得了封建思想的正统地位。汉武帝本来有意擢拔董仲舒，想将其留在身边辅佐自己，以备随时顾问，但是时机未到。西汉之初，基于社会形势和经济发展的需要，以黄老学说为本确立了"无为而治"的指导思想，黄老学说对于恢复汉初因长年战乱损伤的元气以及促进经济社会发展的确起到了非常重要的作用，当时汉武帝的祖母，曾经执掌西汉王朝权柄的窦太后尚在人世且十分推崇黄老学说，董仲舒提倡的"罢黜百家，独尊儒术"对于窦太后而言并没有任何吸引力。汉武帝此时登基时间并不长，尚未建立起自己牢固的政治基础，窦太后的权力与威严在朝堂之上尚无人敢直接挑战，碍于种种因素，汉武帝不好直接废除黄老学说"无为而治"的指导思想，将儒家思想扶上正位，故只好派遣董仲舒去江都国辅佐其哥哥刘非，任江都相。

江都王刘非，生性彪悍，目中无人，是一个不易对付的武夫。他野心勃勃，内藏不臣之心，而且很希望得到在当时享有盛誉的大儒董仲舒的帮助，他对董仲舒说："越王勾践与大夫泄庸、种、蠡谋伐吴，遂灭之。孔子称殷有三仁,寡人亦以为越有三仁。桓公决疑于管仲,寡人决疑于君。"① 很明显,刘非想要董仲舒像管仲辅佐齐桓公成就霸业那样,辅佐他来夺取西汉中央政权。而董仲舒是主张"春秋大一统",加强中央集权的,自然不能同意江都王的谋划,董仲舒借古喻今,规劝刘非道:"臣愚不足以奉大对。闻昔者鲁君问柳下惠:'吾欲伐齐,何如?'柳下惠曰:'不可。'归而有忧色,曰:'吾闻伐国不问仁人,此言何为至于我哉!'徒见问耳,且犹羞之,况设诈以伐吴乎?由此言之,越本无一仁。夫仁人者,正其谊不谋其利,明其道不计其功。是以仲尼之门,五尺之童羞称五伯,为其先诈力而后仁谊也。苟为诈而已,故不足称于大君子之门也。"② 董仲舒以古之故事,讽谏暗示江都王不要去干那种称霸的事情,借古喻今用仁义之道纠正他的错误,取得了刘非的敬重。任江都相期间,董仲舒经常给江都王讲授儒家经典著作,以礼义之道来矫正刘非的野心与逆行,董仲舒曾以"仁人者,正其谊不谋其利,明其道不计其功"来劝诫江都王,避免了诸侯之乱在汉武一朝的再次发生。这在一定程度上巩固了汉武帝的统治基础,也契合了董仲舒王朝"大一统"的思想主张。

在辅佐江都王期间,董仲舒对阴阳学派的理论主张进行了细致研究,并著书立说,极力推行他的阴阳灾异之说,《春秋繁露》中的《止雨》《求雨》就是此时期董仲舒关于阴阳灾异的代表作。"以春秋灾异之变推阴阳所以错行,故求雨,闭诸阳,纵诸阴,其止雨反是;行之一国,未尝不得所欲。"③ 董仲舒对阴阳灾异之说的研究并非简单地用阴阳五行之论来推演灾异,而是通过灾异之论,在天人之间确立一个沟通和反馈的渠道,进而以此来"曲君而伸民"限制天子的权力,使天子——封建王朝的权力最大和最集中者能够有所敬畏,爱惜民力,体恤民情。他倡导这种阴阳灾异之说,还碰到过几乎杀头的危险。公元前135年(建元六年),辽东郡之高帝庙、长陵园殿发生大

---

① 班固:《汉书》卷五十六,中华书局2007年版,第570页。
② 班固:《汉书》卷五十六,中华书局2007年版,第570页。
③ 班固:《汉书》卷五十六,中华书局2007年版,第570页。

火,董仲舒以此为机,想宣扬他的"天人感应"的谴告说,并纠正当时之弊,写了一个奏章草稿,想规劝汉武帝纠正杀戮"骨肉大臣"的错误。"中稿未上,主父偃候仲舒,私见,嫉之,窃其书而奏焉。"①主父偃看到董仲舒尚未完成的奏章,出于嫉妒之心,将此事上奏汉武帝,武帝看后大怒,判处董仲舒死罪,后来得到赦免而侥幸逃脱了杀头之罪。从此以后,"仲舒遂不敢复言灾异"。董仲舒因为这件事被武帝罢免了江都相职务,"废为中大夫",官降一级,② 于是董仲舒便重操旧业,教授《公羊春秋》,专注修学著书。

原来同董仲舒一起攻读《公羊春秋》的公孙弘此时已位极人臣,做了丞相。他治《春秋》不如董仲舒,董仲舒也认为他过于阿谀奉承,看不起他。公孙弘忌恨董仲舒,在武帝面前说董仲舒的坏话,让他去担任屡次杀害国相的胶西王刘端的国相。公孙弘想借刀杀人,陷害董仲舒。"胶西王亦上兄也,尤纵恣,数害吏二千石。弘乃言于上曰:'独董仲舒可使相胶西王'。"③ 武帝听信了公孙弘的谗言,于公元前125年(元朔四年)任命董仲舒为胶西王相④。胶西王听说董仲舒是大儒,待他很好,但是胶西王也是一个恣意蛮横之人,董仲舒怕长久下去要得罪胶西王,便果断急流勇退,退出政坛,以病为由辞相告退,其仕途也在胶西相位上终结。从此他不复出仕,专门修学著书,连家人生产之类的事情都不过问,"三年不窥园"所记录的董仲舒的行为的既是董仲舒专心于治学,也是表达其对家中生产的漠不关心,同时也表达了其让利于民的思想。董仲舒所担任的江都和胶西国相,其实际地位都不算特别高。当时两国都是不满二十万人口的小国,其国相职务和地位,大体上只相当于郡守。中大夫的职位比诸侯国的相的职位更低些。总的说来,董仲舒在政治上并未得到武帝的充分信任,其仕途并不平顺,在为官之道上远不及公孙弘以及主父偃,

---

① 班固:《汉书》卷五十六,中华书局2007年版,第570页。
② 参见周桂钿《董学探微》,北京师范大学出版社1989年版,第20页。
③ 班固:《汉书》卷五十六,中华书局2007年版,第570页。
④ 参见周桂钿《董学探微》,北京师范大学出版社1989年版,第15页。

董仲舒在两个骄王身边为相十余年，受丞相公孙弘嫉妒排挤、陷害，甚至因为主父偃的告发差点丢了性命，其仕途遭遇和贾谊差不了多少，董仲舒的政治生涯可谓如履薄冰。

董仲舒辞职家居以后，"朝廷如有大议，使使者及廷尉张汤就其家而问之，其对皆有明法……年老，寿终于家"①。虽然董仲舒辞去了官职，但是每当朝廷有大事决议，汉武帝还会时常派遣使者到他府上请教，董仲舒每每对所议之事均有明确的看法。董仲舒虽然辞官居家，但是仍然十分关心朝政大事，甚至在临终之前，还上奏汉武帝，坚决反对盐铁官营的制度。据周桂钿教授考证，董仲舒约卒于元封四年（公元前107）以后，太初元年（公元前104）之前，②但是死亡的具体时间史料中并未记载，只能根据相关事实和资料进行推算。据传，董仲舒死后葬于长安西郊，有一次汉武帝经过墓地时，还下马致意，以表彰其对西汉王朝的忠诚。此后，董仲舒的墓地便被称为"下马陵"，在后人的口口相传语音之误中，也有"虾蟆陵"的称谓。但是关于董仲舒的真实埋葬地点史书中也并未明确记载，"下马陵"由于流传较广，便被大多数人认为是董仲舒的墓地。

董仲舒一生的著作很多，"仲舒所著，皆明经术之意，及上疏条教，凡百二十三篇。而说春秋事得失，闻举、玉杯、蕃露、清明、竹林之属，复数十篇，十余万言，皆传于后世。掇其切当世施朝廷者著于篇"③。同时，《汉书·艺文志》著录，在"春秋"类有《公羊董仲舒治狱》十六篇，儒家类有《董仲舒》百二十三篇。《汉书》作者班固的生辰离董仲舒不远，其所记应视为相当可靠的原始记录，对研究董仲舒的著作情况十分重要。其后，《后汉书·应劭传》中言"董仲舒作《春秋决狱》二百二十三篇"，这指的是董仲舒辞官居家以后，朝廷如有大议，派廷尉张汤就其家而问之，董仲舒以《春秋》经义附会法律规定，判案量刑，将二百三十二个判例汇编成书。但是遗憾的

---

① 班固：《汉书》卷五十六，中华书局2007年版，第570页。
② 参见周桂钿《董学探微》，北京师范大学出版社1989年版，第9页。
③ 班固：《汉书》卷五十六，中华书局2007年版，第570—571页。

是，董仲舒的著作大部分都散佚了，当下流传下来的只有《春秋繁露》十七卷八十二篇（三篇缺文）和《汉书·董仲舒传》里的《举贤良对策》。还有部分资料散见于《汉书》的《食货志》《五行志》《匈奴传》等篇中。这些材料大部分已由后人编入董仲舒的文学作品丛集。《春秋繁露》中的篇名和《汉书·艺文志》及本传所记载的不尽相同，可能它经过后人的附益修改。《繁露》原来在本传中只是一个篇名，到隋唐以后才有《春秋繁露》书名出现。我国现存最早《春秋繁露》的版本，是南宋嘉定四年（1211）江右计台刻本。注本有清凌曙的《春秋繁露注》、苏舆的《春秋繁露义证》等。1975年中华书局以凌曙的《春秋繁露注》为底本，并参照其他版本，加以标点，出版《春秋繁露》上、中、下三册。

第二节 董仲舒思想体系略论

一 董仲舒的春秋公羊思想体系

谈及董仲舒的思想理论学说，就不能避开《春秋》和《公羊春秋》这两本儒家经典著作，它们对董仲舒新儒学思想体系的形成、发展和成熟起到了至关重要的作用。

《春秋》是儒家"五经"之一。虽有"孔子作春秋而乱臣贼子惧"之说，但是参照《论语》所述，孔子自己并未对《春秋》做过任何阐述，甚至连"春秋"一词在其学说中都没有提到过。孔子主要是作了增删等修改工作，当然在增删等工作中不可避免地灌注了孔子的思想和观点进去，突出了孔子对记载的史实的价值判断。直到孟子时代开始讲述《春秋》，并把《春秋》推到了至高无上的地位，给予了最高的评价。在孟子眼中，古代中国漫漫历史长河的进程中，有三个至关重要的转折点，第一个是禹止大水，天下归于太平；第二个是周公和夷狄驱赶凶兽，百姓生活归于安定；第三个就是孔子著春秋，乱臣贼子心生畏惧。因此，孟子将上述三位人物称为"三圣"。据孟子所言，孔子以历史经验为例，来警示和惩罚那些心生叛逆之徒，从而使他们从内心产生惶恐，不敢造次。但是，《春秋》中所惩戒的叛逆之人，都是手握大权的国君和大臣，只有天子才能惩罚他们，孔子作为一个普通人，按理说没有身份和权力去惩罚他们。《春秋》作为维护礼乐制度的儒家经典，一字之褒贬重逾千斤，维护的是等级秩序，上下尊卑，是最重视"名分"的，也是最强烈反对以下犯上的"僭越"行为的。孔子虽曾短暂做过鲁国司寇，但多数时间是以游学的学者身份出现，其却要以笔为刀，对处理事务和言行失当的君主和官员实施惩戒褒贬，即便这些人真是其所言的"乱臣贼子"，孔子也无实际权力和理论基础行这种天子之事，因为这本身就是对君权最大的无视，这也是"僭越"，这一儒家设定的理论怪圈对儒家学说产生了极大限制。面对这种理论上的矛盾与冲突，孟子也无法加以说明。因此，他不得不说："《春秋》，天子之事也。"① 孟子还说，这件事情连孔子自己都不能说清楚。所以，他必须用孔子的一句话来解释："知我者，其惟《春秋》乎！罪我者，其惟《春秋》乎！"② 后世汉朝春秋公羊家们也模仿孟子的这一借口讲："孔子曰：'后世知丘者以《春秋》，而罪丘者亦以《春秋》'。"③ 显然，春秋公羊学也正是效仿孟子的这个借口，用虚构的理论和历史，将孔子惩戒叛逆的问题，以更合理的角度来说明。后来儒家学者不断将孔子神化，以解决这个问题，将孔子神化为万世不易之"素王"，虽因时运不济未能成为一国或一朝君王，但其使命是精神文化之王，故可垂万世而为师表，故也可以褒贬任何君王、官吏，儒家人物也托孔子之力，为孔子代言，则也拥有了可以批评时政，匡扶帝王过失之权了。

《春秋公羊传》是子夏的学生公羊高所著，上起鲁隐公元年，下及鲁哀公十四年，相传《公羊传》起初只是口头流传，直至西汉景帝时传至玄孙公羊寿，将《春秋公羊传》书写于竹帛之上，故《春秋公羊

---

① 赵清文译注：《孟子·滕文公下》，华夏出版社2017年版，第137页。
② 赵清文译注：《孟子·滕文公下》，华夏出版社2017年版，第137页。
③ 司马迁：《史记·孔子世家》，中华书局2006年版，第300页。

传》大抵成书于西汉初年。书名中的"传"一字,是注释、注解的意思,同时期还有《春秋左传》《谷梁传》,三者合称为"春秋三传",《春秋公羊传》也被称为《公羊春秋》或者简称为《公羊传》。据史料记载,孔子所述《春秋》,有许多直言进谏之策,但是这些"微言大义"并不符合当时战乱频发的时代背景,并未得到重视。此外,《春秋》中还描述了一些"奇异之论",在当时看来,这些言论都可能引来杀身之祸。为了避免遭到所谓的"政治迫害",在当时孔子并没有将其记录到竹简锦帛之上,而是通过口头相传,直至《春秋公羊传》成书,《春秋公羊传》中就有一篇幅讲述了孔子"受命于天"之事。换言之,孔子在著《春秋》惩罚乱臣贼子之时已非普通百姓,而是接受天命的"新王"。天此时会建立与人沟通的渠道,同时会发出一种信号,此信号就是"受命之符"。《春秋公羊传》中讲,孔子在当时的"受命之符"就是"西狩获麟"。那么,"西狩获麟"又是何事?战国时期鲁国有一农夫上山伐薪,无意间打死一头长相奇特、身形巨大的怪物,这只怪物被认为是传说中的"麟"。故《春秋》中记载:"十有四年,春,西狩获麟。"[1]《公羊春秋》中又言:"何以书?记异也。何异而,非中国之兽也。然则孰狩之?薪采者也。薪采者,则微者也,曷为以狩言之?大之也……有王者则至,无王者则不至。"[2] 参考《公羊春秋》中的载述,《春秋》中的"狩"字就已经说明"获麟"之事的重要性。这是上天向世间百姓传达重要事情的载体与信号,"天"要在此时告诉万民中国自此有了新的帝王,而"麟"的现身就是上述所言的"天"交给孔子的"受命之符"。通过这种"天"与"人"的交接仪式,使孔子可以著书《春秋》,掌握权力去惩戒那些离经叛道的乱臣贼子。《春秋公羊传》中记载:"君子曷为为《春秋》?拨乱世,反诸正,莫近诸《春秋》。"[3] 通过这种杜撰的方式,公羊学派解决了孟子无法解释的孔子何来天子之权的矛盾,《春秋》的地位也在西汉年间得到了进一步提高,并且董仲

---

[1] 黄铭、曾亦译注:《春秋公羊传·哀公十四年》,中华书局2016年版,第771页。
[2] 黄铭、曾亦译注:《春秋公羊传·哀公十四年》,中华书局2016年版,第771页。
[3] 黄铭、曾亦译注:《春秋公羊传·哀公十四年》,中华书局2016年版,第771页。

舒后来所极力宣扬的"天人感应"理论就是来自《春秋》中的"西狩获麟"以及《公羊春秋传》对此事的阐述，这为推动儒家思想走向高位弥补了最后一处漏洞，奠定了坚实的理论基础。但是需要注意的是这一理论使孔子具有了"人间素王"——不系于政权的万世帝王——的角色，使儒家学说开展走向宗教化和神秘化，谶纬之说亦逐渐开始兴起。

汉武帝统治时期的汉王朝，虽然摆脱了汉初因战乱导致的社会经济的萧条，但是内外部仍然面临着三个问题亟待解决。首先是汉初实行的分封制导致诸侯过多，诸侯经过长时间的发展，权力迅速扩张，形成了割据势力，割裂了中央集权，对国家的集中统治产生了强烈冲击；其次是封建地主制度导致贫富差距逐渐增大，两极分化日趋严重，对社会稳定形成了一定程度的破坏；最后是在外部，汉高祖"白登之围"后虽然达成屈辱和约，但匈奴仍经常入侵骚扰北部边疆，难以有效防御，严重影响到国土安全与人民生活。在此背景下，汉武帝举贤良对策，听百官之言，以求能够找到有效化解内忧外患的合理方法，找到巩固与维护中央集权的路径。据此，董仲舒在其《天人三策》一书中详细论述了"天人感应"学说，解释了人与天之间的关系，阐述了王权与神权之间的联系，并且为了解决汉武帝的忧虑，巩固汉王朝的统治基础，提出了要"罢黜百家，独尊儒术"，即通过加强思想控制的方式来化解汉王朝遭遇的危机。董仲舒在此期间梳理出一系列有利于维护汉朝大一统的策略，受到了皇帝的认可。

"春秋大一统者，天地之常经，古今之通谊也。"[1] 董仲舒主张诸侯不能独断专行，必须听从皇帝的命令调遣，这是古往今来必须遵循的历史规律，是无法改变且不能改变的，否则国家定会陷入战争与灾难之中。汉朝伊始虽然将黄老学说奉为官方思想，推行无为而治，但是毕竟汉承秦制，法家思想的影响仍然较为深刻，并且经过汉初几世的发展，儒家已经从焚书坑儒的巨大伤害中恢复了元气，日渐壮大。

---

[1] 班固：《汉书》卷五十六，中华书局2007年版，第570页。

诸子百家思想上的不一致造成了治国理政方略的不同，同时也使法律制度在制定过程中不断出现争议，这对实现政治上的大一统也会产生消极影响。为了确保治国理政方案的统一和政治与法律之间的协调，需要一个统一明确的指导思想。故董仲舒在提出"大一统"后，旋即进谏汉武帝："今师异道，人异论，百家殊方，指意不同，是以上亡以持一统；法制数变，下不知所守。臣愚以为诸不在六艺之科孔子之术者，皆绝其道，勿使并进。邪辟之说灭息，然后统纪可一而法度可明，民知所从矣。"①董仲舒关于思想统一的建议最终被汉武帝采信，武帝后来便将除儒学之外的诸子百家打入冷宫，将儒学思想确立为正统思想，这就是"罢黜百家，独尊儒术"的开端。自此，儒家学说正式成为我国封建时代的官方指导思想，走向历史舞台，成为维护封建统治的思想工具，对以后中国封建社会的发展产生了非常重要的作用。

"罢黜百家，独尊儒术"，加强思想上的控制，并不是汉武帝对儒家学说有多么热爱，而是为了巩固中央集权制度而做出的选择。为了迎合统治者的需要，董仲舒提出了在民与君的关系上"屈民而伸君"，他深知王权的稳固是实现政治统一的先决条件。所以他主张在实际生活中"民"可以受到委屈，但"君"不可以。这里的"民"，既包含了普通百姓，也包含了分封制下的各诸侯王以及各级官吏，君之外皆民。董仲舒清醒意识到，秦国之所以能够兼并六国，实现统一，除其自身经济、军事实力的强大之外，也与他们推行法家思想有关。法家的思想是有"刑无等级"（《韩非子·定法》），"法不阿贵，绳不挠曲"（《商君书·赏刑》）等内容，体现了"信赏必罚"。

但是法家思想相当重要的方面是强化王权，法家把王权摆到一个至高无上的位置，君主能够快速集中决断国家的任何事情，从而使得国家政策的执行极具穿透力，甚为高效。但是这在秦朝建立后也变成法家理

---

① 班固：《汉书》卷五十六，中华书局2007年版，第570页。

论上的一个很大不足，由于没有任何约束王权的理论与举措，致使统治者君王的权力无限扩张，国家的兴衰过度依赖君王个人的能力，秦的优势显而易见地变成了致命缺点。二世胡亥无治国理政的才能且为奸佞所蒙蔽，庞大的帝国出现了运转失灵，各地不能实现有效控制，最终导致民众起义和六国旧贵族的叛乱，秦王朝历经两世而亡。

法家之所以能将君王置于权力架构的顶端且实现高效的统领，主要依赖于奖罚制度，秦国军人通过征战可以获得军功、田地、爵位，可以免除赋税徭役，农夫也可以通过垦荒等获得奖赏，而这些统统是建立在法令之上的，但是随着国家的统一，这样的机会、概率大大下降，这套行之有效的法家管理模式和执政理论便遇到了问题。董仲舒在此问题上，试图将王权神化，将君主与天绑定在一起，皇帝为天之子，代表天来统治万民，其行为是天意在人间的落实，天神圣不可侵犯，滋育万民万物，天下之民服从于天，也应该服从于天子，使诸侯服从君主有一个理论上的依据，他创造出了一套全新的天人感应学说，上升到天人关系的高度来论证"君权神授"的理论。

同时董仲舒又提出了"屈君以伸天"的观点，即君王为天子，必须服从天的旨意，以天意来抚育万民，不能违背天意，而天意从何而来，天意通过天象——祥瑞和"灾异"来进行反映，这是中国古代祥瑞思想、灾异赦宥制度滥觞的源起，出现祥瑞即代表执政者的仁德感动天地，符合天意，而出现地震、洪涝、旱灾、瘟疫等灾异则是执政者未能遵从天意，应该通过审录冤狱，赦免囚犯等来挽回天心，通过祥瑞和"灾异"赦宥制度，董仲舒设计了对君权的限制。董仲舒以天为其统治思想的理论原点，具有合理性，更具有神圣性的外衣。但是为了突出"天"的重要作用，将"天"在民间的显示，依据阴阳五行之说，过多地集中于天象和人及事物之外象，没有继承发扬天心即是民心的儒家观点。《尚书》云"民为邦本，本固邦宁"[1]，"天视自我民视，天听自我民听"[2]；孔子云"使民如承

---

[1] 王世舜、王翠叶译注：《尚书·五子之歌》，中华书局2012年版，第369页。
[2] 王世舜、王翠叶译注：《尚书·泰誓中》，中华书局2012年版，第436页。

大祭"①；孟子曰"民为贵，社稷次之，君为轻"②，这些儒家先贤均将民作为传达天意，为统治者所贵所尊的存在。董仲舒通过其学说虽然找到了"屈君"的具体可操作的手段，但是将民本思想神秘化、宗教化和庸俗化了。董仲舒的"屈君"之论，显示了中国古代主权在"天"还是在"君"的分歧与弥合。先秦法家强调在"君"，重视现实权力；先秦儒家认为主权在"天"，天道即是天心，也是万民之心。这种权力来源，甚或也包括分配的分歧一直在封建社会的治理中存在，儒家据天心、天道与皇权抗衡，掌握着具体的行政权、司法权；皇权虽然是军事、行政、司法等所有权力的汇总，至高无上，却受制于"天"。但儒家为了能够进入国家的庙堂，必须拿出具体的治国理政的方略，这一方略的首要前提便是皇权的认可，所以不得已在儒家群体成长为封建社会官僚阶层前，通过推崇皇权代表天意、皇帝是天的代言人、是"天子"，弥合皇权和天意的分歧，获得了政治活动的入场券。这里需要补充的是在法家和儒家治国理政观点的分歧上，我们不能简单地以"人治"和"法治"进行区分，法家思想中有许多"人治"的内容，而儒家思想在诸多方面强调了"法治"。

董仲舒为了论证天人感应的合理性，言"善言天者必有徵于人，善言古者必有验于今"③，以往事验天意，经过诸多验证，董仲舒得到的结果是："臣谨案春秋之中，视前世已行之事，以观天人相与之际，甚可畏也。"④ 很显然，"天"是一种威严，连皇帝都要对"天"心存畏惧，不敢违抗。要实现这个目标，就必须化解以往宗教观念或者各家学说中至上神之间的冲突，给予神学一定程度的实践和实证；而要实现儒家的专制，则必须将儒家思想宗教化，以保证儒家思想的基础和神学的最高范畴保持内在统一，并使神学从一定程度上能够证实儒

---

① 杨伯峻译注：《论语译注》，中华书局2009年版，第121页。
② 赵清文译注：《孟子·尽心下》，华夏出版社2017年版，第330页。
③ 班固：《汉书》卷七十一，中华书局2007年版，第567页。
④ 班固：《汉书》卷七十一，中华书局2007年版，第562页。

家思想。因此，董仲舒又将目光转向了儒家与神学中共有的"天"的概念，并在此基础上，对"天"进行了一次神学与儒家思想皆认同的再阐述。① 董仲舒所讲的"天"是第一性的，是超越世间万物的，没有天就没有其他任何东西的存在。董仲舒言："天者，万物之祖，万物非天不生。"② "天者，百神之君也，王者之所最尊也。"③ "天者，百神之大君也。事天不备，契虽百神犹无益也。"④ 在董仲舒看来，"天"是万物之本，是一切事物的根源，"天，仁也。天覆育万物，既化而生之，有养而成之，事功无已，终而复始，凡举归之以奉于人。察于天之意，无穷极之仁也"⑤。"为生不能为人，为人者天也。人之为人本于天，天亦人之曾祖父也。"⑥ 没有什么是比天更为尊贵的，天孕育了所有的生命，养育了世上的所有人，故人与天之间是有着极为密切的联系的。由于天是世间万物的造物主，是众神之君，故天便成为至上神，而人是天的后代，也是无比尊贵的。因此董仲舒讲："天高其位而下其施，藏其形而见其光。高其位，所以为尊也；下其施，所以为仁也；藏其形，所以为神；见其光，所以为明。故位尊而施仁，藏形而见光者，天之行也。"⑦ 在董仲舒的哲学体系中，"天"作为万物之本源而存在，不仅有其意识和目标，而且还有其性格和喜好。"是故天数右阳而不右阴，务德而不务刑。刑之不可任以

---

① 参见周晓明《"人"与"天"——前期儒家与自律精神的确立》，《华中师范大学学报》（人文社会科学版）2003年第5期。

② 张世亮、钟肇鹏、周桂钿译注：《春秋繁露·顺命第七十》，中华书局2012年版，第557页。

③ 张世亮、钟肇鹏、周桂钿译注：《春秋繁露·郊义第六十六》，中华书局2012年版，第541页。

④ 张世亮、钟肇鹏、周桂钿译注：《春秋繁露·郊语第六十五》，中华书局2012年版，第536页。

⑤ 张世亮、钟肇鹏、周桂钿译注：《春秋繁露·王道通三第四十四》，中华书局2012年版，第421页。

⑥ 张世亮、钟肇鹏、周桂钿译注：《春秋繁露·为人者天第四十一》，中华书局2012年版，第399页。

⑦ 张世亮、钟肇鹏、周桂钿译注：《春秋繁露·离合根第十八》，中华书局2012年版，第190页。

治世也，犹阴之不可任以成岁也。为政而任刑，谓之逆天，非王道也。"① 所以，在董仲舒"天人感应""德主刑辅"等吸收了百家之长的新儒学思想的支撑下，汉武帝刘彻采取的"外儒内法"的统治手段，以及"罢黜百家，独尊儒术"的思想控制举措，其实质上已经将神权和王权结合在一起，兼具神学和儒学的色彩。

仁乃天之心，天是以仁义为本的，人的道德行为是效法天地的必然结果。"今善善恶恶，好荣憎辱，非人能自生，此天施之在人者也，君子以天施之在人者听之，则丑父弗忠也。天施之在人者，使人有廉耻。"② 天的仁义必然会施之于人，这是天赋予人所独有的品格。明确了"天"第一性的地位之后，就要论证人与天之间到底存在何种联系以及如何联系。董仲舒主张，人与天之间是可以相互沟通的。依照其相同种类的事物之间可以相互感应的理论，那么人与天必定是同种类的事物，彼此之间才可产生相应的联系与感应，天是万物的祖先和开始，万物都是因天而生，天是人的祖先，"为人者，天也"，人之所以来到这个世界是为了实现天的某种旨意，人在世就是天的化身。董仲舒为了论证其思想的合理性，提出了"人副天数"说，即人所有的一切都是来源于"天"，人不是由人创造的，而是由"天"创造的，人的身体、血液以及德行是从"天"的数、志、理演化而来，人的喜好、心情、寿命也均自"天"的阴晴、寒暑、四季变化中而成，人的喜怒哀乐之变化分别对应春夏秋冬四季之更迭，所以，"天"是人的造物主，故人之本源即为天。

董仲舒首先肯定了作为天的缩影的人是天地间最崇高的存在，而人与天能够产生联系与感应，则是由于人的结构与天十分相近，又如，天造人是依照自身的结构而生，这与基督教里的天主自己造人很像，这里董仲舒所讲的"天"就带有了一种宗教的意味。这里需要单

---

① 张世亮、钟肇鹏、周桂钿译注：《春秋繁露·阳尊阴卑第四十三》，中华书局2012年版，第418页。
② 张世亮、钟肇鹏、周桂钿译注：《春秋繁露·竹林第三》，中华书局2012年版，第62页。

独说明的是，部分研究儒学的学者如任继愈、季羡林、蔡尚思、李天纲等专家学者认为儒家具有宗教性，但是笔者认为，中国儒家学说早期与道家学说互相融合，在西汉末年佛教传入我国后，出现了儒、释、道三家学说观点和部分修身养性规则的融合，儒家在其传播思想的观点的过程中，在和皇权结合的过程中不可避免地借助了"天""神"等神秘理论来推行"君权神授""天人合一"学说，尤其是以《尚书纬》《春秋纬》《易纬》为代表的七经纬书中充斥了大量的谶纬图录等观点，但是就其性质和儒家群体认同和适用范围而言，并非儒家学说的主流，方士儒家可以算作儒家的一个流派，这一流派的观点多少影响了所有当时儒家人士的内心，或者说部分人士认同甚至于遵循其观点，但并不代表或者说明，儒家人士陷入了宗教之中，儒家为宗教。儒家积极入世，立德、立言、立功，寻求的是现世的价值，道家的根本是以内外丹的修炼寻求长生或白日飞升，而佛教信徒力求通过遵从仪轨禁欲修行，达到涅槃境界，不生不灭，脱万世苦海，其追求目标不同。儒家对人和事的处理应对，以人间纲常伦理为准则，自身修德靠读书养气，处事依仁、义、礼、智、信的准则，并没有什么神秘的仪式，所以认为儒家是宗教是不恰当的，儒家具有某些宗教性这不可避免，因为来源于古代的绝大多数学说带有某些神话因素，每个学说都试图借助神秘的天地力量，但这不是儒家学说的主流或主要特质。儒家虽然追求将来的荣誉声名，但期待的也是史家的据实褒奖，所以儒家是现实的，活在现世的，追求也是当代的价值。

人与天属于一族，所以根据董仲舒相同种类的事物之间可以相互感应的理论，人与天之间必定存在沟通交流的渠道。董仲舒曾言："此物之以类动者也。其动以声而无形，人不见其动之形，则谓之自鸣也。又相动无形，则谓之自然。其实非自然也，有使之然者矣。物固有实使之，其使之无形。"[①] 同类事物之间存在不同的感应交流方

---

① 张世亮、钟肇鹏、周桂钿译注：《春秋繁露·同类相动第五十七》，中华书局2012年版，第484页。

式，但其存在固定的交流媒介，而"阴阳"之气就是人与天之间互相感应的载体。"天地之间，有阴阳之气，常渐人者，若水常渐鱼也。所以异于水者，可见与不可见耳，其澹澹也。然则人之居天地之间，其犹鱼之离水，一也，其无间。若气而淖于水，水之比于气也，若泥之比于水也。是天地之间，若虚而实，人常渐是澹澹之中，而以治乱之气与之流通相殽也。"① 天地间，到处都是阴阳二气，人在阴阳二气之中，就像是在水里游动的鱼儿，往往会感觉不到世界的虚无。其实，整个世界都被两种能量所填满，这就是人和天之间维系感应与交流的媒介。天地将自己的意念，借着阴阳二气传递给人。

在很长的历史时期内，由于"气"虚旨无形，本身无法直接感知的物理属性，还有科技发展水平的限制，"气"论很难用实验的方式来验证，以至于人们对于董仲舒宇宙观的态度一直处于灰色地带，多持否定态度，或者认为其是神秘主义哲学。随着自然科学的进展，在20世纪下半叶诞生的量子场论，结束了董仲舒宇宙观无法验证的时代。"气"在量子场论中或存在等价的概念，或可以用量子场论的概念来表述。量子场论中的"场"即是中国古代哲学中"气"。根据量子场论，场是宇宙中无处不在的物质。场的基态是场能量最低的状态，就是真空；场的激发态就是粒子；场从激发态转化为基态（真空）表现为粒子的消失；反之，场从基态转化为激发态表现为粒子的诞生。② 中国古代哲学则是把宇宙中的一切现象都归结为气的运动形式，而在量子场论中，场的两种基本形式为真空和基本粒子。万物都由基本粒子构成。董仲舒宇宙观以"气"为天地万物之宗；量子场论以"真空"为天地万物之源。因此，"真空"即"气"。对于"气"无法直接感知的属性，物理学家狄拉克的量子场论是这样解释的：由于"真空"是各种场能量最低的状态，所以"真空"不能释放出能量而给出可直接测量的信号。"气"和"真空"物理属性的一致性更

---

① 张世亮、钟肇鹏、周桂钿译注：《春秋繁露·天地阴阳第八十一》，中华书局2012年版，第650页。

② 肖振军、吕才典：《粒子物理学导论》，科学出版社2016年版，第16页。

好地表明，它们所指代的是同一物理实体。董仲舒对"气"的描述和量子场论对"真空"的描述相似。根据量子场论，可以对描述气的概念"阳"与"阴"给出科学的解释。量子场论认为，"真空"是一个充满各式各样虚粒子的海洋，虚粒子在其中自发地不停地产生和消失。① 董仲舒所谓的"阳与阴"就是指虚粒子"存在与隐没"的两种状态。虚粒子在"有"与"无"之间相互转化，也是一切事物作为过程而存在的反映。对于虚粒子无法直接感知的属性，不确定性原理给出了科学的解释。由于不确定性原理的制约，虚粒子在真空中存在的时间很短，即使是借助于现代物理仪器也无法直接测量到。虚粒子虽然不能被直接观测，但是它们的间接效应却可以测量。② 总之，虚粒子是无法直接感知的真实存在。

卡普拉说："场论中的物理真空，不仅仅是空无一物的状态，而是潜在的含有粒子世界的一切形态。"③ 这个真空中潜在的粒子世界的一切形态就是指各式各样的"虚粒子"。在量子场论中，虚粒子在一定条件下可以自发地在真空中凝聚而成为真实的粒子。天地万物浸没在虚粒子的海洋里，借助于虚粒子，相互联系成为一个动态、有序、不可分割的整体。万物和虚粒子相互包涵。万物寓于"虚粒子"之中，"虚粒子"也寓于万物之中。"虚粒子"寓于万物之中即"气"寓于万物之中。朱熹说："在天地言，则天地中有太极；在万物言，则万物中各有太极。"④ 而道家开创者老子的宇宙观中也说"万物负阴而抱阳，冲气以为和"，说明"冲气"是寓于万物之中的，"冲气"的作用就是将阴阳联系起来而生成万物，"冲气"也是道的别名。虚粒子是气，但气不是虚粒子，气始终处于虚粒子不断产生和隐没的状

---

① ［美］劳伦斯·克劳斯：《第五元素：宇宙失踪质量之谜》，杨建军等译，上海科学技术出版社2005年版，第39—49页。
② 肖振军、吕才典：《粒子物理学导论》，科学出版社2016年版，第16页。
③ ［美］F. 卡普拉：《物理学之"道"：近代物理学与东方神秘主义》，朱润生译，北京出版社1999年版，第207—208页。
④ 朱熹著，吕祖谦撰，严佐之导读：《朱子近思录》，上海古籍出版社2000年版，第135页。

态中。近年来施一公等不断研究的暗物质理论等也是对"气"论的诠释和印证。董仲舒生活的时代尚未构建物理理论来解释自己的朴素认知，只能以生活中存在的普遍现象为例来证明自己的学说，言"天将阴雨，人之病故为之先动，是阴阳应而起也"①。在天阴雨的时候，人身上的旧疾便会发作，因而他认为人与天是相互感应的，天有所变化，人的身体也会相应地作出反应。这种例证虽然将"天人关系"和"天人感应"予以庸俗化，但是更加有利于人们来理解其观点，也有助于其观点的传播。

由于天凭借阴阳二气来传达其心意，所以人们应该从气象的改变中领悟到天意，董仲舒说："天意难见也，其道难理。是故明阳阴入出、实虚之处，所以观天之志；辨五行之本末、顺逆、小大、广狭，所以观天道也。"②人既然是上天所造，自然要顺应天意，而逆天而行，则会引来天谴，而天也会借着"阴阳之气"这两股力量，来进行谴责与惩戒。"天地之物有不常之变者，谓之异，小者谓之灾。灾常先至而异乃随之。灾者，天之谴也；异者，天之威也。谴之而不知，乃畏之以威。《诗》云：'畏天之威。'殆此谓也。凡灾异之本，尽生于国家之失。国家之失乃始萌芽，而天出灾害以谴告之；谴告之而不知变，乃见怪异以惊骇之；惊骇之尚不知畏恐，其殃咎乃至。"③世间之事物，有不同于平常的变化，可以称之为灾异。灾祸总是先于异动到来，灾祸是来自"天"的警告，异动是"天"的惩罚，如果上天已经进行了警示而不知悔改，"天"就会采取更加严厉的手段来对其进行惩罚，甚至会改朝换代，选择新的代理人。《诗》中所讲的"畏天之威"，就是源于此处。董仲舒等儒家认为，灾异的本源均来自国家政策或者制度方面的错误，如若国家经过上天的多次警示仍不能改

---

① 张世亮、钟肇鹏、周桂钿译注：《春秋繁露·同类相动第五十七》，中华书局2012年版，第480页。
② 张世亮、钟肇鹏、周桂钿译注：《春秋繁露·天地阴阳第八十一》，中华书局2012年版，第650页。
③ 张世亮、钟肇鹏、周桂钿译注：《春秋繁露·二端第十五》，中华书局2012年版，第176—177页。

正其所犯之错，那么定会走向灭亡。这便是"灾异谴告说"，董仲舒用这个理论来解说春秋历史，并将之用到现实的政治生活中，虽然并不科学，但确系儒家为了限制君权，且又不激怒皇帝的无奈选择，托名于天虽系西周以降民本思想的后退，但是却获得了儒家进入政权的入场券。孟子是儒家思想的划时代人物，孟子深入阐述和发扬了孔子思想，后世多以孔孟并称，但孟子系民本思想的鼓吹者，其明确提出了"民贵君轻"的观点，由此也为历代封建统治者所不喜，在儒家思想奉为圭臬的封建社会，孟子也曾多次被逐出孔庙，由此可见，限制封建社会皇权的难度，即使是抽象意义上的他统治下的"万民"或民心也不可以，董仲舒在自己的思想中虽托天以言事，既是为了封建帝王容易接受，也可能是一种策略，他应该能够认识到或者知道孟子的民本思想，但是他放弃了相对激进的路线。

作为最高统治者，为了维护自己君权的神圣性和神秘性，在代天行事的过程中，受天的制约和警示，君王容易接受认同，这是一种互为表里的依附寄生关系，这也是君王为了维系家族持续统治的无奈选择，因为他们也知道，没有这种神圣性和神秘性的加持，封建王朝很难实现长久有效的统治。古代历史记述历代帝王均有奇异之相和奇异之事，其始作俑者往往是历代帝王自己，其目的就是为了增加自己的神秘性和神圣性，突出自己和上天的某种独特的关联和源自上天的唯一信任。民众对这种讹传不但确信无疑，而且有时还加入了自己的丰富创造，人们往往对身边的熟悉的事物没有敬仰，而对自己所未知的领域，包括人和事，充满了期待、畏惧、敬仰，源自天威的最高统治者更容易让他们服从。

袁世凯称帝时，一是不断塑造自己系真龙转世的形象，并不断散布这种谣言，连身边侍女在打碎瓷器时也以"见龙身显现而畏惧"此种话语来免其追究；二是真到自己坐上龙椅之时，仍然畏惧太和殿内藻井龙口所悬之圆球（轩辕镜），怕自己并非真正皇帝，而被识别出来，球砸到自己头上，命令将龙椅后移。由此可见，"君权神授"之说的影响力，可见其对维护皇权的深远作用。董仲舒在对策中对汉武

第一章　两相骄王董仲舒考

帝说："国家将有失道之败，而天乃先出灾害以谴告之；不知自省，又出怪异以警惧之；尚不知变，而伤败乃至。以此见天心之仁爱人君而欲止其乱也。自非大亡道之世者，天尽欲扶持而全安之。事在强勉而已矣。"① 这样一来，天与人君的意志便合而为一了，人君执行的是天的意志，百姓顺从君主便是顺从天意，人君如果背离了天的意志，天也会出现谴告性的灾害。古代的明君圣主都是遵循着"道"来治理国家的，"道者，所繇适于治之路也，仁义礼乐皆其具也。故圣王已没，而子孙长久安宁数百岁，此皆礼乐教化之功也"②。"道"是通过仁义礼乐来实现的，国家若要长治久安必须尊道而治，而尊道治国的前提是：人君须先"正心"，然后端正行为，唯此才能通过仁义礼乐教化百姓。当人君的行为符合天意的时候，天就会降下祥瑞进行奖赏；相反"至周之末世，大为亡道，以失天下。秦继其后，独不能改，又益甚之，重禁文学，不得挟书，弃捐礼谊而恶闻之，其心欲尽灭先圣之道，而颛为自恣苟简之治，故立为天子十四岁而国破亡矣"③。周秦因失道而失天下，这也是上天的惩罚。因而"为政而宜于民者，固当受禄于天。夫仁谊礼知信五常之道，王者所当修饬也；五者修饬，故受天之祐，而享鬼神之灵，德施于方外，延及群生也"④。君主统治国家，施行仁政，为百姓着想，使自己的行为符合仁、义、礼、智、信的五常之道，就会受到天的佑护，德泽四方，仁、义、礼、智、信便是天道的表现。

至此，董仲舒完成了"屈民而伸君，屈君而伸天"的理论架构，而天的意志表现在现实的国家社会生活治理中便是仁、义、礼、智、信的五常之道，这正是儒家思想的核心，而"天"也占据了儒家的最高地位，人君则成了儒家政治理念的执行者，在董仲舒所设计的政治体系中，儒学则上升为国家的意识形态。

---

① 班固：《汉书》卷五十六，中华书局2007年版，第562页。
② 班固：《汉书》卷五十六，中华书局2007年版，第562页。
③ 班固：《汉书》卷五十六，中华书局2007年版，第564页。
④ 班固：《汉书》卷五十六，中华书局2007年版，第564页。

应该说，董仲舒的主要思想是围绕着"大一统"而构建的，它的首要目标是在儒家的意识形态下保持王权的集中统一行使，并在一定程度上限制君主的权力，这是为实现封建统治而制定的一项切实可行的策略，也为儒家士子正式跻身庙堂，成为封建政权的服务者和规则制定者开了先河。从某种程度上看，儒家服务巩固，甚至可以说创造了长达两千余年的封建政权制度，封建社会的天下是封建君王的天下，也成为儒家思想、儒家人士的天下。在董仲舒的劝谏下，汉武帝在思想方面采取"独尊儒术"的战略，将儒家与国家治理融合并形成了体制上的正式意识形态，由此形成了"三纲五常"，并由此形成了封建时代的道德规范，进而深刻地影响了中国两千余年的封建社会。汉武帝虽然承认"君权神授"和"屈民而伸君"的思想，但也刻意地排除了"屈君而伸天"，董仲舒的治国理论框架在汉武帝时期实际的政治活动中，皇帝的权力没有受到足够的约束，也直接导致了在对匈奴的征伐中，使国家财政出现了赤字，从而对人民的生产和生活产生了极大的负面作用，这当然是其理论运行初期，在为帝王选择时不可避免的结果。在其后的不断运行完善中，儒家代民、代天而"屈君"开始出现并形成一套相对完整的体系，比如官员巡查上奏、设置登闻鼓来反映民间民意，钦天监以天象来反映天意，通过天意和民意来限制君王权力的任意行使，董仲舒的"天人感应"也渐渐成为大臣们对皇帝进行规劝的理论依据，王权在一定程度上也可以说是被制约的。董仲舒以维持封建统治为宗旨，以阴阳五行说、天人感应说为理论依据，实际上维护了汉王朝的封建统治。

二 董仲舒法律思想的理论基础

秦汉之际的政治制度与思想都经历了一场翻天覆地的变革，先有"百家争鸣"，各派学说寻求解决当时社会问题，而确立各自晋身之道，后逐渐形成以兵家、法家为主的战国改革和七国之间的互相征伐，后秦因其改革彻底，以法家谋强，以兵家谋战，最后统一六国，取得天下。但国家统一后，秦王朝未能及时适应形势变化，将谋国统一之道与治国长远之道相等同，仍然以法家统治天下，以严刑峻法治理百姓，最终导致民怨沸腾，二世而亡。汉初统治者吸取秦亡的教训，一改秦政的严苛，以休养生息为国策。但随着历史的发展，以黄老之说治理国家的弊端逐渐显现，休养生息的政策和西汉的国力及高效集权要求已不相符，不能适应中央集权"大一统"政治的需要。于内有诸侯叛乱之忧，汉景帝时期发生了"七国之乱"；于外有匈奴侵扰之患，北方的匈奴不断进犯，边境居民的生产生活受到很大影响。内忧外患给汉王朝带来了巨大的威胁。因此，汉王朝的统治者需要一种新的统治思想维护秩序，对内实现中央集权，对外以强大武力和高效运作机制来开疆拓土，巩固边陲，达到长治久安的目的。这时，结合法家思想又杂糅诸子百家的"新儒学"开始登上历史舞台。这是一个漫长的历史过程，其间甚至多次付出血的代价，自汉高祖时期的叔孙通、陆贾开始，经过文景之时贾谊、晁错，包括董仲舒的弟子以及再传弟子，以至西汉后期的刘向父子等，都为此极力建言，努力倡导，而董仲舒无疑是其中最重要的一员，具有奠基性的作用。

董仲舒专治公羊《春秋》，并从中引申出较为系统的法律思想。首先，在董仲舒向汉武帝建言思想大一统的指导下，强调法律思想也必须一统，不用混杂不一的法律制度来治理国家，不朝令夕改，这样才能"法度可明，民知所从矣"。而且，法令政策必须明示于天下，这样老百姓才能有所遵从，避免出现思想混乱，法度不明，人民不知所守的状态，起到统一法律思想，修明法度安定民心，维护秩序的政治目的。其次，董仲舒所尊奉的是儒家化的法律思想。董仲舒融合先秦儒家及其他各家思想，构建新的儒家思想体系，并将它作为治国方略提出来，确立了儒学为一尊的法律思想基础。最后，董仲舒引《春秋》大义，将儒家的道德伦理内化到法律当中，指导法律活动的开展，并且形成具体的法律制度与原则，人们普遍认为这实质上是将儒家的经典"法典化"。中国古代政治和法律是融合在一起的，政法一体，有时很难分清什么是单独的行政命令，有些是具体的法律规定，君王言出法随，法作为维护封建统治的禁止性规定，虽体现于某些具体条文和幕僚府吏烂熟于心的案例，但其核心要义统一于国家的大政方针政策。包括现在我们的社会治理中，党的政策与法律都是国家治理体系的核心组成部分，为国家治理提供了基础性的、彼此区别而又相互补充的路径选择。常态下二者受历史条件的制约和政治、经济、文化的影响，一直处于相对精致的平衡和制约中，在非常态情况下也不排除对某一方面适用较多的情况。另外，虽然在对任何事物进行研究表述之前，我们往往不得不对其进行一个概念性的界定划分，如政治和法律之间，法律和政策之间，君王谕令和政策、法律之间，试图得出各自清晰的界限，但往往这些概念或界定并不能正确地表达我们想要表达的内容，在古代更是如此，人类正是在不断地修正已有概念，力求其达到自己所需要表达的本原意义的过程中不断强化我们的思维和逻辑理性。

（一）君权天授

董仲舒认为，君权天授。君王从天那里得到授命，拥有最大的人世权力，代表上天来治理天下。《春秋繁露·顺命》中说"天者，万物之祖"[1]，"天"是世界万物之本，不仅地位至高，而且具有绝对的权威性和公平公正性。人在生理构造、精神情感等方面，与天同类，天人之间相互感应。同时上天之意难以预测揣摩，只有圣人才能明晰洞察，而圣人依据天意制定的规则就称为"法"，君权因是上天授命，所以也要效仿天道，按照圣人制定的"法"来规制身居高位的一国之君，一定要遵从天意行事，"王者承天意以从事"[2]，不可肆意妄为，如果君王做出违法的事情，也就是违反了天意天道，上天就会以灾异进行谴告。《春秋繁露·奉本》中说"人之得天、得众者，莫如受命之天子"[3]，天子从上天接受天命，但得受天命就可以称为"天子"

---

[1] 张世亮、钟肇鹏、周桂钿译注：《春秋繁露·顺命第七十》，中华书局2012年版，第557页。
[2] 班固：《汉书》卷五十六，中华书局2007年版，第563页。
[3] 张世亮、钟肇鹏、周桂钿译注：《春秋繁露·奉本第三十四》，中华书局2012年版，第356页。

了吗？当然不是，还要以"德"得民心，得百姓意，才是真正的天子，否则就会像桀纣一样，虽高居人君之位，却不过是一个失去民心的独夫罢了。董仲舒在给天子戴上这个紧箍咒的时候就指出，天子既然得命于天，其言行一定要体现天意，听从圣人之法，要"奉天法古"，"畏天命，畏大人，畏圣人之言"①。董仲舒将天与君主联系起来，是为了对世间神话君主权力，从而为"君权天授"取得理论基础。董仲舒主张，天不仅统治着自然界和人类社会，同时也创造了统治人民的国家，而君主则是天的化身，君主制定的政策就是天意。董仲舒将君权神化，使之成为象征着天意的无法撼动的权力。董仲舒试图通过利用人们对天的敬畏来确定帝王的权威地位，但本质上是通过加强思想控制的手段来统一或者说控制民众的言行举止，从而在意识形态上达到巩固统治的目的。

同时，董仲舒在天人感应理论中还糅合了阴阳家阴阳五行说之下的"阴阳灾异"学说。另外其根据王朝更迭，提出了"三统循环"理论，古之夏、商、周三代，分别为正黑、正白、正赤三统，互相更迭，当然其服色也是分别为黑色、白色、红色为尊，三统循环论和五德始终说均系封建王朝维护自身气运，巩固自身政权，昭示自己取得政权合法性的理论，五德始终说即朝代按照金、木、水、火、土五德更替，互为始终，互相有共通之处，也有逻辑的分歧，三统之说在更迭循环之际和五德之说自然会出现互相不一致之处，董仲舒虽然提出了阴阳五行理论，但是没有提出完整的五德始终说，按照三统循环理论，秦为黑统，汉为白统，但是多数封建社会儒家学者认为秦朝国祚短暂，且施行苛政厉法，认为其并没取得上天之命。而按照"五德始终说"，秦为水德故尚黑，汉则应继之为火德，色尚赤，但是《史记·高祖本纪》记载刘邦为赤帝子，斩白蛇而起义，取其以火克金之意，多数学者认为司马迁传承了董仲舒的观点，"三统说""五德始终说"也是董仲舒天人感应理论中的一个主要内容，但董仲舒较多地

---

① 张世亮、钟肇鹏、周桂钿译注：《春秋繁露·郊语第六十五》，中华书局2012年版，第531页。

阐发了"三统说"。无论是"三统说""五德始终说"实际都给帝王下了一个紧箍咒，也就是国祚并不会一直不变，若是失德，丧失了天的庇佑，就会改朝换代。董仲舒认为，当帝王忤逆了天道，做了罪恶的事情，天就会发出警示和作出惩罚。"凡灾异之本，尽生于国家之失。国家之失乃始萌芽，而天出灾害以谴告之；谴告之而不知变，乃见怪异以惊骇之；惊骇之尚不知畏恐，其殃咎乃至。"① 其意在追求"天心之仁爱人君而欲止其乱也"②。天人感应中的阴阳灾异学说，要求君王遵从天意，虽然本质上这只是董仲舒为巩固封建专制统治寻找的理论依据，但是在某种意义上对于约束君王无限的权力起到了一定的积极作用，对于维护汉王朝的长治久安产生了正面效果。董仲舒通过天人感应理论，努力实现"屈民而伸君、屈君而伸天"的追求，力求以圣人之法来限制君权。这种圣人依天意制法，限制君权的立法思想被后世法典所沿袭，影响深远。

(二) 德主刑辅

君王怎样才能既得天命，又得民心呢？董仲舒认为，最初的法是圣人效仿天意而制定，这种"法"是完备的，通过礼、乐、刑、政四种手段组合，就可以起到规范人们行为的作用，共同确保法的功能的实现。但是这四种组件的地位和功能是不一样的：礼乐是体现道德教化的，是根本；刑政是体现法令惩罚的，是末端。儒家历来重视道德教化，反对不教而诛，认为"教，政之本也"③。只有重视对百姓的礼乐教化，百姓才懂规矩，有荣辱心。施以教化之后，如果再有触犯法律的行为，对其施以刑罚才是合乎仁道的，否则就是"不教而杀谓之虐"④，不实施教化，只使用惩罚杀戮的手段，就是虐待百姓。所以，君主要以道德教化为主，以惩罚为辅，这是得民心的根本，也是

---

① 张世亮、钟肇鹏、周桂钿译注：《春秋繁露·二端第十五》，中华书局2012年版，第176—177页。
② 班固：《汉书》卷五十六，中华书局2007年版，第562页。
③ 张世亮、钟肇鹏、周桂钿译注：《春秋繁露·精华第五》，中华书局2012年版，第96页。
④ 杨伯峻译注：《论语译注》，中华书局2009年版，第208页。

司法理念的关键所在。在中国古代法律史上，德与刑的问题历来是争论的焦点，专任法制还是专任德政，德主刑辅还是外儒内法等等争辩不休，也是中国古代法治思想的中心议题。董仲舒在阐述德与刑的关系时同样从人人敬畏的"天"谈起，在阴阳、五行、天地、人这个体系中论证其"德主刑辅"的法律思想，使之系统化和理论化，从而成为中国正统法律思想的重要组成部分。

董仲舒在《春秋繁露》中对阴、阳两气的转化与德、刑的联系进行了详尽的论述。董仲舒讲："阳气始出东北而南行，就其位也。西转而北入，藏其休也。阴气始出东南而北行，亦就其位也，西转而南入，屏其伏也。"① 阴阳二气各有自己的方位，阳的位置在南方，北方是阳气休整的地方。也就是说，阳在南方工作，在北方休息。阴刚好相反，在北方工作，在南方休息。阴阳二气沿着相反的方向运行。阳气从东北出发向南行进，阴气从东南向北行进，各自寻找自己的位置。阳处在北方休息时，进入地下。阴处在南方休息时，必须躲避阳，始终在阳的下方运行。阳，有德的属性，在南方正当其位时，就会有大暑热，主长养；阴，有刑的属性，主肃杀，在北方正当其位时，就会有大寒冻，但是这个寒冻不是阴在起作用，而是阳入地下的原因。所以董仲舒说，阳的运行是"出实入实"，出入都发挥实际的作用，而阴的运行是"出空入空"，没有实际发挥作用，只是在辅助阳的事功。中国古代时空观念演进过程中四方和节气之四气紧密关联，东、西、南、北四正位分别寓指春分、秋分、夏至和冬至，四正位结合四气，运行的是天地阴阳二气的变化，也是人间生活方式和理政方式的变化。上天是"任德而不任刑"，崇尚德而不崇尚刑，"不任刑"并不是不用刑罚，天道虽然尚阳，但如果阳得不到阴的辅助，也无法完成成岁的任务。治理天下也一样，如果不用刑罚，也无法完成治理国家的任务，因此，德刑兼具，尚德缓刑是依据天道而行政事。

董仲舒同时认为，阴、阳之气的属性和产生的季节也相关。《春

---

① 张世亮、钟肇鹏、周桂钿译注：《春秋繁露·阴阳位第四十七》，中华书局2012年版，第438页。

秋繁露·王道通三》中说,"阴,刑气也;阳,德气也。阴始于秋,阳始于春"①,阳在一年开始的春天运行,阳属于德气,要行德;阴在一年快要终了的时候运行,阴属刑,应当行刑。"是故先爱而后严,乐生而哀终,天之常也",从一年的季节的轮回看,天道运行的规律是先施加仁爱,乐于帮助万物生长,然后严厉,导致万物衰亡。而且,关于春夏秋冬四季,《春秋繁露·阴阳义》说:"是故天之道,以三时成生,以一时丧死。"② 就四时来说,四季中有三季是帮助万物生长的,只有一个季节让万物死亡,凋零枯落,所以德的施加也应多于刑罚。君王掌握世间的生杀大权,应当如同四时通过暖、清、寒、暑变化保证万物的生长一样,也要善于掌握事物变化的趋势,恰当地表达喜怒哀乐,以仁德教化为主,刑罚法令为辅,以保证万民生活安定。中国人民在进入农业文明的过程中掌握了丰富的天文学知识,天文学或天学的概念指导农业耕作的同时也指导着国家政权的规律运行,这不是简单庸俗地比附,而是内在融合下的深层次联结。

在五行与德刑的关系方面,首先来看五行与四时的对应关系。董仲舒说,五行与四时相对应,木主春、火主夏、土居中央主仲夏、金主秋、水主冬。《天人三策》中说:"春者天之所以生也,仁者君之所以爱也;夏者天之所以长也,德者君之所以养也;霜者天之所以杀也,刑者君之所以罚也。"③ 春天万物生长,君王要施以仁爱;夏天是万物成长的季节,君主应当施以恩德;秋天以后是万物萧瑟衰落的季节,君主应当施以刑罚。"木,五行之始也",五行的运行从木开始,木对应春天,是万物出生的季节,君主应当施以仁爱。为方便农业生产,此时应当对罪犯实行从轻处罚等措施,以确保农业生产安全。与此同时,在监狱里,录囚赦免,降低犯人的数量,并预防春天的传染病蔓延,对犯人尽量采取人性化的手段,解除无必要的酷刑。其目的是为了确保农事,

---

① 张世亮、钟肇鹏、周桂钿译注:《春秋繁露·王道通三第四十四》,中华书局2012年版,第426页。
② 张世亮、钟肇鹏、周桂钿译注:《春秋繁露·阴阳义第四十九》,中华书局2012年版,第445页。
③ 班固:《汉书》卷五十六,中华书局2007年版,第567页。

不耽误农时。秋天和冬天是执行刑罚的季节。"金者秋，杀气之始也"，五行中的金对应秋天，是肃杀之气的开始。这个季节应当对在押的犯人集中进行审理，对判处死刑的囚犯集中执行死刑，并修整兵器，警示百官。"水，五行之终也"，冬天与水相对应，此时应当对城市实施封闭，寻找罪犯，审判犯罪，执行已经判决的刑罚，并且阻止人们四处迁移。由此，五行运行的终始都与四时相对应，君王须应天而化。董仲舒通过朴素的五行学说，配之以四季演变规律，给西汉和其后的封建王朝设置了一个执政的基本理念，施政以德行德政为主，以严厉刑罚为辅，二者如阴阳、四时一样不可偏废，即"德主刑辅"；同时通过五行和季节推演，提出了一个为封建社会遵从的司法规律，即春夏录囚，实施赦免等宽政，秋冬审判，执行死刑等刑罚，这和《礼记·月令》等的观点基本统一，《尚书·舜典》中有"眚灾肆赦，怙中贼刑"的语句，即对过失或不可抗力而造成的杀人可以宽免处罚，而对故犯和累犯杀人要处以重刑，在量刑时考虑到了区分故意过失，秦律中则在立法层面考虑了故意和过失、共同犯罪的相关内容以及累犯、自首、未遂等定罪量刑情节，但董仲舒将如此来做的理由叙述得更加充分，赋之以其认为科学的理论依据。

总体来看"德主刑辅"、秋冬行刑等观点具有朴素的合理性，它减少了社会的分化对立，培植了执政的基础，是我国现在实行的"宽严相济"刑事政策、"少捕慎诉慎押"刑事司法政策的源头，中国儒家传统文化因素对当代刑事政策和刑法立法具有积极和消极两方面影响。刑事立法在某种意义上说是一项文化工程，除了现代犯罪产生的背景，构成条件与刑事政策问题，规范理论架构和一般刑事立法原理的考量因素外，如何形成社会民众的法律共识，建立共同信赖的价值观念体系，进而寓教于刑的目的是重要的文化课题。刑事立法的过程就是"对特定的社会文化价值加以确认而予以相关法定的类型化合理化，以实践法律正义的过程，从而刑法的修正工作，并不只是立法者的意见归纳，更是一项社会整合的文化过程，必须广泛地从相关的法律思想、理论契机、民众共识、社会生态、社会心理、法律实务经验等因素等加以缜密观察，本着立法中立化的原则去发现真正的刑法意旨"①。我国传统文化中的重刑主义和儒家文化对我国刑事政策和刑法立法影响重大，在中国古代法治思想中，并没有具体的现代意义的法的价值的系统思考和研究。以董仲舒为代表之一的中国古代儒家法律思想家以儒家文化为精髓，追求的是社会秩序、统治的稳定，法的功能在于治理、统治，而这又必然导致刑罚适用中的重刑思想。立法不是目的，也不是为了推行某种理论，而是为了解决实际问题，调整社会关系。传统文化重视礼治的作用，将儒家纲常融入立法，在立法过程中重视惩罚方式，忽视罪状描述。

为此要以历史眼光辩证对待我们现在的刑法立法，立法的犯罪化和非犯罪化及时适度。刑法是一种阶级社会现象，随着共产主义的到来必然随国家消亡。因统治阶级的不同，犯罪在不同的阶级统治时期有不同的定义、范围和刑罚适用。而随着人类不断地拓宽自由的领域，刑法所规定刑罚的适用范围在多数领域尤其是某些传统领域是不断缩小的。刑法现代化以来随着社会经济和国家政策的变化，犯罪的范围也在不断地变化。刑法需要及时更新修订，但任何法律尤其是基本法律更具有一定滞后性。因此刑法立法在考量出罪和入罪时必须慎重。对社会危害性不断弱化的犯罪要适时降低刑罚，因社会发展和环境变化而没有社会危害性的要及时立法剔除；因社会环境变化而社会危害性渐显且日趋严重的行为要及时立法纳入犯罪予以惩处。但需要时刻注意的是新纳入刑事处罚的行为要充分考虑其形成氛围，考虑其适用的犯罪人群在总人口中的比例，不能将犯罪圈和治安处罚圈同圆，把刑罚处罚泛化，也不要制定刑法立法学者大脑中精确构思成型而现实司法实践中却没有适用对象的犯罪和刑罚。法国社会学家迪尔凯姆在论证犯罪作为一种社会存在的正常性的同时，系统论证了犯罪的积极功能，笔者也认为应辩证地看待犯罪现象，犯罪在某种情况下可以看作代表某种活力和对社会禁锢的合理突破。按照迪尔凯姆的观点，如果对犯罪做相应的换位思考，它就会以

---

① 严励：《问题意识与立场方法——中国刑事政策研究之反思》，《中国法学》2010年第1期。

全新的面目摆在我们面前。

其次，再来研究一下五行与汉代官吏制度之间的关系。董仲舒将阴阳五行学说与汉代的官吏制度联系起来，利用五行之间的"比相生而间相胜"的关系，以达到对中央长官权力互相牵扯、相互制约的目的，从而削弱中央长官集权力于一身的可能性，从而稳定汉朝封建中央集权的统治。在五官之中，司徒、司农、司寇、司马、司营分别代表金、木、水、火、土，互相之间相生相克，他们之间的关系是一个相互制衡的闭环模式，谁都无法将权力独揽，从中可以看出，董仲舒想设计出一种能够对政府官员权力进行约束的制度，这在两千多年前的封建社会，可以说是一种难得的成就。

总之，汉代阴阳、五行学说对学术的影响是深远的。董仲舒站在当时的语境和学术背景下，由天之阴阳五行到君、臣，再到政治、法律制度，建构起自己的一套新型的儒家治国理论体系，在这层神秘的天道阴阳的面纱下，董仲舒传达的是重视教化、德政为主、刑罚为辅的治国理念和法治思想。"德主刑辅"为当时统治者制定了一套既有欺瞒又有压迫的管理制度，董仲舒主张只有妥当地运用德行与刑法两种手段并将两种方式相结合，才能实现对社会的有效管理，从而保障统治阶级的利益，巩固封建社会地主阶级的政治基础。这种治国方略被后世历代统治者所继承，从汉朝至清末，成为维护封建专制制度强有力的思想武器。

(三) *春秋决狱*

董仲舒在司法领域提出了"春秋决狱"，也就是将《春秋》大义引入法律程序，也称"引经决狱"或"引义决狱"，如果官吏在断案时，碰到了法律没有做出明确规定的情况，有了疑惑，可以直接采用儒家经典阐发的大义作为定罪量刑的判断依据。其目的是运用法律的力量，使儒家的伦理道德真正成为人们的行为准则，通过法律的推动来实现儒家的道德教化。据《后汉书》记载，董仲舒退休回家后，朝廷经常就司法问题派廷尉来咨询，于是董仲舒写了《春秋决狱》一书，列举了两百多个案例，以《春秋》大义作为判案标准，指导司法实践，内容非常详尽。但这本书已经失传，近代史学家程树德的《九朝律考》也仅记载了少数几个案例，我们可以根据当时和后代其他著作的零星记载，来研究董仲舒"春秋决狱"的思想的同时，汉代其他"春秋决狱"的事例也可以作为一个参考，因为其他事例也是根据董仲舒的理论，或者比附其二百三十事所作的裁决，因为其时代相近，也能从中窥其思想的流绪。

1. 尊尊亲亲

根据《春秋》之义，"君亲无将，将而诛焉"①，弑杀君父没有所谓的"即将"，有这个打算就应该诛杀，这是"尊尊"，保护君父特权，这是一个适用思想犯的典型观点，体现了董仲舒在"春秋决狱"中"重其志"的原则，即重视犯罪人的思想，现在的刑法理论已经将思想犯排除在可罚范围之外，马克思说"对于法律来说，除了我的行为以外，我是根本不存在的，我根本不是法律的对象"②，在犯罪心理之外，考虑年龄、刑事责任等诸多要素，而把危害社会的行为作为犯罪构成的核心要素；"吾党之直者异于是：父为子隐，子为父隐——直在其中矣"③，这是"亲亲"，维系亲属关系，强调父子之间应当相互包庇，不得相互揭发犯罪行为，现代刑法中对父子之间严重的窝藏（藏匿或者提供资金等帮助犯罪嫌疑人逃跑）、包庇（做假证明意图使犯罪嫌疑人逃避处罚）、帮助毁灭证据（帮助犯罪嫌疑人毁灭重要作案工具和关键证据）等要予以处罚，笔者认为这不是刑法的严苛，而是在随着社会的发展，父子之间的人身依附关系在变淡，渐趋于一个权利义务平等的状态，二者互"隐"，影响了法治的建设，增加了司法的成本，而在当时，父子互"隐"，是因为父子之间具有极强的依附关系，一荣俱荣，一损俱损，"隐"是为了维护宗法关系和社会基本单位——家族稳定的无奈选择。现在发生的家人之间的轻微为"隐"的行为，也可以通过刑法的"但书"完全地加以解决，即可以

---

① 黄铭、曾亦译注：《春秋公羊传·庄公第三》，中华书局2016年版，第219页。
② 《马克思恩格斯全集》第1卷，人民出版社1995年版，第121页。
③ 杨伯峻译注：《论语译注》，中华书局2009年版，第137页。

不认定为犯罪。据史书记载，有这样一个案子无法判决：甲没有儿子，在路旁收养了一个弃婴，视为己出。等这个孩子长大后犯罪杀了人，甲知道后，就把儿子藏了起来，问应该怎样处理甲的行为？董仲舒说："甲宜匿乙。诏不当坐。"依据儒家父为子隐、子为父隐的传统，认为父亲应该把儿子藏起来，不能判罪。以儒家经义指导法律实践，是对秦和汉初法律的驳正，也是董仲舒对礼法关系的基本主张。

2. 反对株连

株连和连坐具有同样的含义，所谓株连是指因一人犯罪而使与犯罪者有一定关系的人连带受刑的制度，所受到株连的人不但包括亲友、同族，还有家奴、邻里、上下级甚至门生故吏等，而所受刑罚也分为族诛、肉刑、徒刑、笞刑、赎刑和资罚等。《尚书·甘誓》《尚书·汤誓》记载夏启和商汤对外讨伐时，对不用命的要予以"孥戮"，要罪及妻、子。自此之后，西周、春秋战国时期，株连制度一直存在。战国末期商鞅在变法中沿袭奴隶社会法律中的株连制度，"令民为什伍，而相收司连坐"，十家为伍，发现互相存在的问题要纠举揭发，否则连坐，管理乡里事务的里典和伍老也因其所管范围有人"犯罪"未检举会受到株连。封建王朝的法律中株连一直被沿袭至清。这是与中国古代以小农经济为特征的农业社会，保守、闭塞，宗法制度对社会和法律影响较大，容易形成许多团伙派系等原因分不开的。董仲舒则根据《春秋》之义，坚定地提出"恶恶止其身，善善及子孙"[1]，如果触犯刑律，做了恶事，则只限于惩处作恶的当事人，而不累及他人；而如果做了好事，可以善及后世子孙。可以说，董仲舒的这一思想是超越了封建社会这个时代的，是对自秦以来实施"连坐制"等严苛律法的纠偏和返正。中外只有到了近代以后才有"罪行法定"，"罪责刑相适应"等刑法原则的出现，强调判处一个人的刑罚要根据法律的规定，要和其所犯罪行相适应，没有犯罪的不应受到处罚，罪责自负。董仲舒根据儒家经典提出了反对株连的思想，具有积

---

[1] 黄铭、曾亦译注：《春秋公羊传·昭公第十》，中华书局2016年版，第654页。

极的意义，影响了汉代株连制度，尤其在具体刑法和刑罚适用中适度限缩了株连的范围。

3. 痛疾首恶

"《春秋》之义，诛首恶而已。"① 疾，是痛恨之意；"首恶"是第一个做这类坏事的人，也是为首做这个坏事的人。董仲舒将其引入法律，"首恶者，罪特重"②，对这一类恶事的首犯者要特别加重刑罚。《尚书（伪古文）·胤征》中最早记载了对共同犯罪的处理"歼其渠魁，胁从罔治"，强调歼灭罪魁祸首，而对胁从参加的可以不做追究；《尚书·酒诰》规定了对群饮的处罚；李悝在其《法经》中对众人越城如何处罚，加以规定；秦律对群盗如何区分责任，定罪处罚予以规定。总体看，《尚书（伪古文）·胤征》不排除系后人加工形成的情况，其余法律均在区分责任的同时，对共同犯罪采取加重处罚，其目的是维护统治秩序，防止群体性犯罪危及统治秩序，具体刑罚手段也较为残酷。董仲舒强调诛首恶，不但可以起到法律的震慑作用，在一定程度上杜绝类似的犯罪行为发生，还实现了刑罚的宽缓。"而已"，表达了其对其他从犯的处置方式，即可以轻缓不问，达到"省刑绝恶"的目的。从这一思想中我们可以看出董仲舒刑罚思想中"重其所重""轻其所轻"的实践价值，其目的还是实现刑罚的宽缓，避免刑罚扩大化。

4. 原志定罪

志是指心志、动机，实际上也是我们现在适用的犯罪构成四要件理论中的主观方面即是否具有主观故意。董仲舒的春秋决狱注重分析犯罪动机，犯罪人的主观心态，根据行为人主观上的出发点是否违背纲常伦理，来判断行为人是否有罪，或罪轻罪重。《春秋繁露·精华》中说："《春秋》之听狱也，必本其事而原其志。"③ "原其志"是最大

---

① 班固：《汉书》卷七十七，中华书局2007年版，第778页。
② 张世亮、钟肇鹏、周桂钿译注：《春秋繁露·精华第五》，中华书局2012年版，第96页。
③ 张世亮、钟肇鹏、周桂钿译注：《春秋繁露·精华第五》，中华书局2012年版，第96页。

限度地考虑罪犯的动机和犯罪的主观方面问题。

董仲舒的"春秋决狱"留下这样一则案例：父亲因与人争辩发生斗殴，那人用佩刀刺杀他，儿子甲怕父亲吃亏，就操起木棍去救援，不料误伤了父亲。汉官吏认为儿子甲犯了殴父罪，依律应处枭首之刑。董仲舒认为儿子甲的动机并不是殴打父亲，不应当治罪。他讲了《春秋》记载的一则类似的事例，作为参照。许悼公身染重病，他的太子许止好心弄来一服药，熬好后喂给父亲喝，结果导致其父死亡。《春秋》鉴于许止不存在"弑父"的动机，所以没有追究他的责任。儿子甲误伤其父案和许止喂药案一样，不存在主观故意，所以不应该处以枭首之刑。

因为注重动机和是否存在主观故意，所以在评判事件时就会出现"同罪异论"或"异事同论"。比如齐国的逢丑父和陈国的辕涛涂都欺诈三军，但他们的处罚结果却截然不同。董仲舒以前朝典故来论述和论证自己的观点，如逢丑父欺三军，尽管救了齐顷公的性命，却置国君于"大侮辱"的境地，应当被处死；辕涛涂欺诈齐军，是为了维护本国的利益，所以不应该受到惩罚，这是"同罪异论"。公子目夷是宋襄公的兄弟，在宋襄公打了败仗被敌人俘虏后，目夷扬言要代替宋襄公继位，以打消敌人灭国的妄念。后来宋襄公被释放后，目夷又把君位还给了他。祭仲是郑国的大夫，在宋国的要挟之下，假装答应把国君忽赶走，立公子突为国君，但回国后为避免发生内乱，并没有践行诺言立公子突。董仲舒认为目夷和祭仲虽然行事完全不同，但最终都是为了保全国家社稷，所以《春秋》予以肯定和褒扬，这是"异事而同论"。董仲舒列举这些有代表性的史实，是为了说明行为的原动机和主观犯意是最主要的，官吏在审查案件时要格外重视。

另外，董仲舒重视事实，讲"本其事"。也就是要探究案件的本来面目，依据事实真相，这是对案件真实性的把握，只有在事实的基础上裁断案件才能还春秋决狱以本来面目，也和我们现在四要件构成理论的客观方面相类似。然而案件发生后不可能还之以本来面目，法律真实和客观真实很难实现完全的一致，需要法官根据当事人的情况来寻找系列证据，在此基础上，根据个人的司法经验和智慧，作出综合判断。这样就对官员的德行和素质提出很高的要求，所以董仲舒认识到官吏的重要作用，也非常强调对官员的德行、政绩的考核，制定详尽的考核和监督制度，可谓用心良苦。

董仲舒的春秋决狱是在特定的历史条件下形成的特殊的法治方式，推动了法律儒家化的进程。这些制度和原则有效地补充了当时法律存在的空白，改变了秦法存在的繁复和仅仅依据客观方面的弊端，采取了一个多数司法者可以相对轻松掌握的入局方式——儒家纲常伦理，极大地完善了中国古代司法制度。董仲舒引经断案并没有脱离开法律，只是使法律条文的适用更富有儒家所提倡的人情味道，更具有了"情理"，其中所包含的注重心理动机、犯罪故意、宽以刑罚等思想是对秦汉以来施行酷法的一个平衡，他引经所断的案子基本上减轻了刑罚或免予刑罚，是重情理、重民本的体现。董仲舒以儒家思想统帅法律的观念，使法律与儒家礼义相结合，礼法兼备，这是法律最理想的目标。尽管司法实践中，基于标准难以客观统一，难免失之偏颇，存在主观臆断、枉法裁判等消极的一面，但董仲舒的一番苦心和努力产生了巨大的效果，通过刑法和刑罚来引导人们的道德，董仲舒倡导"春秋决狱"之后，德治的色彩日益浓厚，引经断狱风气日渐盛行。当然，"德"不单是道德规范，更是古老政治智慧的浓缩，其起源于政治，天子之德，为官之德均讲的是"政德"，而非私德。

我们在进行中国古代儒家法律思想研究的时候，应当借鉴西方的思想和研究范式，但我们不能以西方中心主义的立场来看待我们的儒家法律文化的价值，黑格尔认为中国古代历史毫无新意的循环往复的观点是错误的，我们应该转向中国中心观念，只有这样才能找到思想和文化出现的原因，存在的合理性和可利用借鉴的价值。中国传统文明根植于"天"，主要是因为中国作为农耕文化的先驱和代表，"天"代表着历法——观象授时下的信与德，也代表着立法和规范，中国传统的"天"文化，宏观博大，和而不同，注重阴阳思辨。掌握"天"

文化者，无论是黄帝、神农、尧、舜、禹等均具有带领人民从事生产，尤其是农业生产的本领，自然受到人民的拥戴，成为人民的领袖，也赋予了他们了解和沟通天意的本领，并掌握了统治万民的资格。儒家思想有许多的源头，而以"天"为内容的古代政令系统是其源头之一，其代表作品便是《尚书》，而在政令的执行中统治者注重阴阳变化和天道循环成为儒家思想的一个方面；另外中国上古的统治者在执政中一直有执"中"的思想，统治的驻地要在天下之"中"，执政的方式也要"惟精惟一，允执其中"，这也催生了"中庸"理论的产生，人们多以庸为庸俗，实际庸有庸常之意，常系平常，也体现为较为客观且恒常的规律，中庸即为按照规律去做，古之贮水工具或也名为"庸"，水少不立，水多倾覆，只有水量取中之时，可立之不倒，生动体现了"执中"的寓意。中庸主要讲的是通过精确的"时""权"之变而不断保持事物内部的稳定性，以此执中和用中，立法和司法层面也是如此，董仲舒作为儒者之宗，自然精通前述思想，虽然其借助"天"强调的是政权的集中和统一，达到"屈民以伸君"的目的，但其在具体的社会管理层面却以儒家的"执中"之论，在维护统治者权威的同时，突出了宽缓平和，反对严刑峻法和不教而诛。同时作为儒家君主观中，所伸之君应该是圣王明君，而非暴君民贼。总之，董仲舒的法律思想以"天"作为其学说的核心，对中国古代法的基本精神和价值观念产生了巨大的影响，并对中国近代的法治发展具有重要的指导意义。

第三节　董仲舒的历史地位及其影响

董仲舒于西汉建立在《公羊春秋》体系下的新儒学思想，其后的历代封建王朝，即便是在对其极度排斥"夷夏之辨"理论的元朝和清朝，均以其儒家"大一统""春秋决狱"等学说为指导思想来完善和巩固自己的政治制度，从中可以窥见，董仲舒和他的思想在中国古代封建社会的历史地位和深远影响。在先秦，荀子以儒兼法，提倡王道政治，希求中央集权君主一统，实为先秦儒家法律思想的集大成者，但是其务实而宏阔的学风未能在秦与西汉之初得以发扬，董仲舒虽是以治春秋作为自己新儒学的理论武器，但是笔者认为董仲舒实为荀子之学的最卓越继承和发扬广大者。董仲舒门下弟子众多，《史记·儒林列传》中讲，董仲舒下帷授徒，他门下的许多学生，虽然跟随老师学习春秋经法多年，但与董仲舒并未谋面，只能依靠自己的师兄来传递老师的教诲。《史记》中言："汉兴至于五世间，唯董仲舒名为明于春秋，其传公羊氏也。"① 根据司马迁在《史记》中的记载，从开国皇帝刘邦至汉武帝的五世年间，董仲舒对于《春秋》是最为熟悉的，他能够熟练地将《春秋》中蕴含的丰富理论运用到政治制度建设与司法审理之中，据说董仲舒的老师就是公羊寿，他继承了公羊氏的渊博学问。如前文所述，传说董仲舒门下弟子多过孔子，其中，在汉朝政府中位列中级官吏之上的就多达百余人。公羊春秋体系能够对后世产生如此大的影响，与董仲舒的教育和西汉对其学说的接受程度可谓息息相关。

从政治法律层面讲，儒学发展史也是儒学不断走向政治和治国理政不断结合的历史，孔子游说六国，推行自己的治国之道，但除了在鲁国短暂从事司法工作，担任司寇外，没有具体的政治实践，这也妨碍了孔子的理论设计，孔子将儒者群体的实践伦理敬神和经典伦理精神加以结合，设计了初步的政治—伦理思想架构，他的政治思想架构中没有从理论、制度及整个社会群体实践发展战略层面去考量，没有探索内圣外王之道的具体路径。战国时期孟子和荀子各自结合时代需求，分别从内圣和外王两个向度拓展了孔子内圣外王的思想。圣和王在第二层语意上或具有共同性，圣的第一层意思为道德至上的人，第二层为至高美好的政治理想的实现，儒家典籍《论语》《孟子》均在语义中体现了相应的内容。孟子以天人合一为理论根据，通过"尽

---

① 司马迁：《史记·儒林列传》，中华书局2006年版，第704页。

心—知性—知天"认知路径,养浩然之气,力求能够成就或者说接近上天之德而内圣;荀子则主要立足于外王的路径,开展了自己的理论探索,并且拓展了儒家的领域,开创了一条儒法相融、礼法结合的路径,提倡隆礼重法,以礼统法、以法辅礼,礼法一体,这成为董仲舒构建内圣外王,帝王一统之道的体制性、实践性路径的思想源泉。当然,荀子在这一过程中强调"天人之分",参天地化育而法后王,儒家多数学者包括董仲舒采取的是以圣人把握天道,"天人合一",法先王的路径;但董仲舒创造性地继承并且创新地发展了孔子内圣外王的治国理政思想,拓展了孟子内圣之道,深化了荀子外王路径,为儒家积极入世治国理政创建了具体路径,先秦儒家的内圣外王的入世理想便藉此变成了现实,其将儒家的修身和入世熔铸为具有一定张力的有机系统,为儒家锻铸了精神支柱。董仲舒在政治层面上确立春秋大一统的理念,社会之中构建三纲五常的道德体系,具体治国方略上确立了德主刑辅、礼法合用,儒法实现互补,政治和伦理融为一体,这是伦理政治化、政治伦理化的初步成型,标志着以趋善求治为特征的中国传统伦理政治型文化开始走向成熟。

有学者如俞荣根认为,在西晋时形成了古代司法中罪刑关系的格局,"法吏、中下级官员'守文据法',在这层次上罪刑是法定主义的;大臣、高级官员以'经传''原情定罪''议事以制',在这个层次上,罪刑是非法定主义的;君主可以'权道制物',作最后裁断,在这个层次上,罪刑是擅断主义的"[①]。这个论断笔者是赞同的,因为它较为清晰地将中国古代社会的司法者的不同阶层的司法原则做了区分,但需要说明的是,这个区分并不是完全绝对的,不同统治阶层间的思想有所区分如其所述,但是并非互不沟通渗透。不同阶层间开始出现前文所说的变化,实是秦朝重法家而任法严刑,西汉自董仲舒始尊儒术春秋决狱,互相冲撞结合而逐渐形成的体制,将"守文据法"给了基层吏员,后成为常操此业的固定群体如刑名师爷等;将根据经

---

① 俞荣根:《儒家法律思想通论》,商务印书馆2018年版,第109页。

义来宽宥犯罪的权力给了大臣和高级官员，多数为左右一方政务的州府县令；而法家和儒家都奉为最高统治者的君主，则融合了二者设计的目标，操司法之最终权柄，言出法随，虽然要考虑法律的规定和下级的意见，但可以通过对"天道"的自我或者群体认识，改变法律，无论是施行大赦或者是基于巩固统治的残杀等莫不如是。钱穆有一个董仲舒促进了"中国传统政治是民主政体"的观点，其认为：

> 中国传统政治，既非贵族政治，又非君主专制，则必为一种民主政体矣……中国传统政制，虽有一王室，有一最高元首为全国所拥戴，然政府则本由民众组成，自宰相以下，大小百官，本皆来自田间，既非王室宗亲，亦非特殊之贵族或军人阶级。政府既许民众参加，并由民众组织，则政府与民众固已融为一体，政府之意见即为民众之意见，更不必别有一代表民意之监督机关，此之谓"政民一体"，以政府与民众，理论上早属一体。[①]

但笔者认为，董仲舒确立的是皇权和代表大中小地主阶级利益的士大夫阶层共治的管理模式，在西汉确立儒家思想为正统之后，广泛开展儒学教育，选拔儒学人士进入官僚体系，辅佐协助帝王处理国家日常事务，这些儒家学者多为中小地主阶级出身，这在某种程度上体现了社会各阶层之间的共治，当然贫寒的佃农、雇农以及一般的自耕农是无法轻易地实现阶层跃升的，就皇权而言，和大地主阶级利益捆绑更多，有时皇权甚或是大地主阶级之间的游戏，董仲舒通过自己的努力事实上扩大了封建社会的统治基础，在为自己所在的儒家学派谋长久庙堂之禄的同时，促进了封建政权执政根基的扩大和稳固。

在董仲舒逝世二十余年后的西汉盐、铁经营制度会议上，亦能体现其思想学说对后世的深远影响，他对盐、铁经营制度的意见被当时的贤良之才反复引用，奉为圭臬。董仲舒提倡废除官营盐、铁制度，

[①] 钱穆：《钱宾四先生全集》第40册，台北联经出版事业公司1998年版，第6—7页。

由官营转为民营，从而缓解普通民众的生活压力。贤良之士提出，"今郡国有盐铁、酒榷、均输"，盐和铁官营、均输和平准在当时是"百姓之患"，由于其官营属性，致使盐、铁的价格较高，且流通性较差，增加了民众的生活成本；贤良文学据董仲舒的思想观点和主张盐铁官营的桑弘羊等人展开了论辩，最后以当朝采用贤良文学观点，罢盐铁官营归于民营为结束，桓宽以当时争议过程为题写了《盐铁论》这篇代表作。董仲舒虽然只是谈到"与民争利"和"与民争业"，并未更加深入的分析，但是贤良大多都以此为据，结合更加翔实、具体的事实依据来分析国家垄断食盐和铁经营的弊端，尤其是铁，其弊甚多。故而，他们提议"罢利官，一归之于民"，即取消盐铁官，将盐铁的经营制度由国家垄断转变为市场经营，可见董仲舒的主张，对西汉时期的仁人志士产生巨大的影响。从西汉盐铁会议上可以看到，董仲舒的新儒学思想体系在西汉时期极为盛行，影响到了国家政策的制定，其本人也被司马迁称为"儒者宗"。

西汉后期的刘向也非常欣赏董仲舒的才华，曾言董仲舒具有辅佐君王成就霸业的雄才伟略，管仲、晏殊尚不能及，公孙弘、主父偃等人更是难望其项背。刘歆和班固也都认为，汉朝初年继承秦制以来，因为朝代更替和汉初休养生息的需要，儒学的传播和发展仍处于谷底，并没有多少青年才俊学习儒家思想，正是董仲舒对"四书六艺"的潜心钻研，才使得武帝之后的思想趋于统一，董仲舒可谓儒家领袖。东汉时期的大思想家王充则认为，董仲舒虽然在政治上没有身居高位，只为诸侯两相，但是其谋略却在公卿之上，论君臣政治得失，"虽古圣之言，不能过增"，王充还曾说："文王之文在孔子，孔子之文在仲舒。"从中我们也可以看到，王充对董仲舒的崇拜与敬仰的程度，王充在才华谋略方面把董仲舒视作群臣之首，这也与刘向父子以及班固对董仲舒的评价是完全契合的。明之李贽将董仲舒列为经学名臣，以春秋经目对其事迹进行了记叙，其虽对在《史纲评要》中认为，董仲舒治学之"道之大原出于天"，误尽了诸儒，但在记叙西汉武帝政事时详尽地录写了董仲舒和汉武帝奏对的内容，直然称妙。董仲舒一生的政治生涯虽然并不算平顺，但是其思想的影响力是汉朝任何官员都无法企及的。

实际上，董仲舒的学说在东汉也广为流传，具有很大的影响力。其影响力主要包括两大部分：一部分是对政府制度建设的影响，另一部分则是对民间思想的冲击。对国家政治的影响主要体现在《白虎通》一书之中，而《论衡》中则主要记载的是董仲舒的思想对民间的影响。《白虎通》中引用了大量的儒家经典著作，其中又尤以《春秋》为多，虽书中并未提及董仲舒的名号，但是其必然无法绕开这位西汉时期的儒学领袖。其采用的董仲舒的思想观点，在文中可以说是随处可见。例如，《白虎通·爵》中所讲的"王者有改道之文，无改道之实"[1]，就是引申于董仲舒天人三策中的"论道"。而所谓的"士者，事也"则出自《春秋繁露》中的《深察名号》篇。《白虎通·封公侯》中所讲的"公九卿、二十七大夫、八十一元士"[2]也出自《春秋繁露》中的《爵国》，与董仲舒的说法完全契合。此外，《白虎通》还收录了董仲舒推崇的"灾异谴告"，用以警示皇权不要过于膨胀；性情与阴阳之说，也被《情性》篇所引用。以上几个例子，就足以说明董仲舒的思想对汉朝官方思想的重要影响。另外，东汉民间思想也受到了董仲舒新儒学思想的强力冲击，重新塑造了平民百姓的价值观。如《说文解字》一书中，许慎就以董仲舒的天人感应理论解释了"王"字的来源与意义，"王，天下所归往也。董仲舒曰：'古之造文者，三画而连其中谓之王。三者，天地人也。而参通之者，王也'"[3]。从"王"字中也可以看出董仲舒对"天"与"人"之间关系的理解，以及对汉代思想的深刻影响。

魏晋南北朝"玄学"兴起，儒家思想也随之遭受冲击。然而，董仲舒的思想在佛教的鼎盛时期依然经受住了挑战，并没有因此消亡，直到宋朝，董仲舒关于儒家思想"正统"地位的论述又重新焕发生

---

[1] 班固撰，陈立疏：《白虎通疏证》，中华书局1994年版，第15页。
[2] 班固：《白虎通》，中华书局1985年版，第65页。
[3] 许慎：《说文解字》，中华书局1963年版，第9页。

机,得到了统治阶级的追捧与推崇。宋神宗年间王安石推行变法,并在董仲舒思想的基础上有针对性地提出了"三不足畏",其中就提到了董仲舒所讲的"天不变,道亦不变"。由此可见,董仲舒的天人感应、天灾降罚,对北宋的统治产生了深远的影响。并且宋代两位著名的学者程颢和程颐也都对董仲舒赞不绝口,说董仲舒是最有智慧的人。

宋明时期儒学有两大著名学派,一是以陆九渊为首的心学,另一是以朱熹为首的理学,二者都吸收了董仲舒的思想。董仲舒对宋朝的理学,特别是对"义"的思想产生了深刻的冲击。朱熹曾经将"正其谊不谋其利,明其道不计其功"作为其私塾的学规,用来教育学生要养成良好的个人价值观。宋明时期的理学者沿袭了董仲舒思想的核心,"天"与"气"成为理学中道德观念的体现和本质特征。不仅及于理学,当时的心学也受到了董仲舒思想的显著影响。陆九渊曾在书中提到董仲舒:"三策之辞,大抵粹然有皋夔伊傅周召之风,使人增敬加慕。其首篇'王者宜求端于天,任德不任刑'之说,尤切时病。"[①] 陆九渊对董仲舒的关于"君权神授""德主刑辅"的理论是非常认同的。由此可以看出,董仲舒思想学说的超前性与合理性,即便中国封建社会历经多次朝代更迭,其思想仍能为现实所用,并产生一定的影响。

意识形态理论能够被社会、政治所接纳,大体上要以三个条件为前提,三者满足其一即可。第一个是符合统治阶级的利益需要,利益驱动统治者以强制力手段促使社会接纳;第二个是符合社会发展的现状,只要存在适合意识形态理论的土壤,思想就具有存在的必然性和合理性;最后一个是意识形态之中必须蕴含普适性的社会规律,所以即只要社会存在,该思想就不会灭亡。而董仲舒的思想在当时能够被汉武帝所采纳并且能够在后世延续的首要原因就是其思想的核心迎合了统治阶级的维护封建统治的利益需要,并且其符合当时社会发展的现状,

---

① 陆九渊:《陆九渊集》,中华书局1980年版,第357页。

经过历代学者的完善，董仲舒的思想都能够契合现实的社会条件。

董仲舒兼采百家之长的新儒学思想形成于西汉初期，在两汉时期十分流行，对中国封建制度下的国家发展方向起到了重要的指引作用，并且其选才、调均、兴教的思想具有旺盛的生命力，一直流传至今，对当代社会的发展仍有借鉴意义。儒家思想顺应封建社会历史社会发展的需求，是中国传统文化的灵魂和支柱。董仲舒将儒家思想与其他各家之长融会贯通，将儒学在汉朝正式推上了政治舞台，成为正统思想，绵延两千余年，在继承中国传统文化和推动社会进步的过程中扮演着极其重要的角色。董仲舒的思想理论与中国传统文化的建立和发展息息相关，是中国封建制度进一步确立和完善发展的理论依据。吕思勉先生曾精测论述儒学在西汉的兴起，"法制度，兴教化，乃晚周以来，言治者之公言，自秦始皇至汉文、景，非有所未皇，则谦让而不能就其事耳。至于武帝，则有所不让矣。夫欲法制度、定教化，固非儒家莫能为。故儒术之兴，实时势使然，不特非武帝若魏其、武安之属所能为，并非董仲舒、公孙弘辈所能扶翼也"[1]。大一统的封建王朝，亟待建设统一的制度、礼仪和文化，其属意以发扬六艺为业，注重尊卑秩序和礼法的儒术作为统治思想是一个双向奔赴的选择。但需要说明的是，在儒家以"天"为源头，赋予封建帝王及其代表的统治秩序神圣性的同时极大地豁免了被统治者即普通民众应当承担的责任，封建帝王系天子，其"德侔天地"，"故其德足以安乐民者"[2]，天意体现于人间的唯一代表，只有天子一人可以通过郊祭与神明之天保持必要的沟通，祈求福佑或者申领灾祸。民众是天子治理的对象，不具有与天沟通的资格，需要体现的是对代表天意的天子的归附，并不对天负责，虽然有时这种责任在封建社会后期有下移至地方主要官僚的情况。每一个王朝如何能够得到其治理的民众长久的认可和依附，成为历代统治者必须始终面对和不断努力解决的事关生死的

---

[1] 吕思勉：《秦汉史》，上海古籍出版社2005年版，第90页。
[2] 张世亮、钟肇鹏、周桂钿译注：《春秋繁露·尧舜不擅移汤武不专杀第二十五》，中华书局2012年版，第277页。

难题。董仲舒的政治法律思想在赋予人们对未知世界客观唯心的可知性，肯定经验的自然和社会世界具有相当规律性的同时，增强了统治阶层掌控事物和民众的自信心，但也大大消解了统治阶层甚或基层民众精细探索客观物质世界的好奇心。董仲舒借以现实经验为基础的观物取象的类比推理思维，构建了物质世界的阴阳二气转换和五行生克，人间社会"三统"循环，世界可知且有规律可循，在这一认识奉为圭臬的情况下，儒家学者和统治阶层甚至社会大众较多修行道德以干仕禄，很少去寻求自然科学的突破。

第二章

董仲舒法律思想的时代背景与渊源

第一节 董仲舒法律思想产生的时代背景

法律思想体系的产生离不开当时的经济、政治、文化等诸多背景，是社会经济、政治和文化发展到一定程度的产物。董仲舒法律思想体系的产生也与当时社会生产方式、政治和经济及文化的社会需求等紧密关联，其法律思想的形成是西汉王朝代表封建制生产关系，解决后代多数封建王朝遇到的疑难问题，追求稳定和发展的前提下形成的特定政治结果。

一 政治经济背景

秦汉之际的政治制度与思想都经历了一场翻天覆地的变革，秦先以变法而图强，进而统一六国奄有天下，统一后没有改变统一前的统治方式，仍然属意法家思想，以法家理论和方式统治天下，以严苛的刑罚治理百姓，导致民众怨声载道，最终秦朝也二世而亡。从现有文献资料《商君书》《史记·商君列传》《秦本纪》《汉书·食货志》等分析，商鞅变法主要是为了稳定增加赋税，保障兵源并强化战斗力，实现高效率行政管理这三个方面，具体措施体现为户籍的军民一体、分异法和军功授爵等方式，这种方式强化功利思想。西汉虽然代秦而统一，但立国之初，各地秦法未及更改，造成了汉初社会伦理失范。

第二章 董仲舒法律思想的时代背景与渊源

后来汉初统治者吸取秦朝灭亡的教训,一改秦政的苛政,以黄老之学为指导思想,以休养生息为治国之策。西汉前期,根据黄老学说"无为而治"的指导思想,汉武帝之前的几代君主实施了"轻徭薄赋""约法省刑"的社会治理方略,缓解了秦朝对农民的奴役与压迫,使得农业的生产条件相对稳定,治安相对平稳,因而有利于社会各个方面的快速复苏与发展。高祖之时,社会安定和谐,恢复了因为战乱损伤的元气。到了文帝景帝之时,赋税已经大幅度降低,百姓富足昌盛,其乐融融。到了汉武帝时期,社会和经济都有了很大的发展,物质生活十分富裕。传说当时,太仓的粮库所储存粮食因为多年未曾动用,新的粮食压过了老的粮食,老的粮食都烂掉了。因为很多年没有使用过国库存币,国库中铜钱上的绳子早就腐朽了,散落在地上,根本数不清。这充分表明了,经过西汉前期各位皇帝和臣民的努力,汉朝在社会和经济上都有了长足的进步。经济发展和物质条件的丰富,为西汉王朝确立新的统治理论和构建巩固的政权结构及开疆拓土提供了良好的物质条件。在汉朝建立七十余年的时候,社会经济得到了全面的发展,到了武帝时期,国家的综合实力也得到了极大的提高。

但是,盛世之下也有隐忧,部分矛盾开始出现并有激化的倾向。就政治层面来说,被统治者也就是普通民众,服从国家统治,乐于享受当时国家较少的由十五税一到三十税一的税负和相对轻缓的徭役,其统治的基础是牢固的。然而,新的阶层冲突开始显现。这个阶段,统治阶层的内耗日趋激烈,而在"文景鼎盛"的背景下,则显露出了严重的社会危机。在东周几百年间,皇帝的权力逐渐削弱,礼崩乐坏,各大贵族为了争夺中原而展开了激烈的竞争。但那个时代,这种权力斗争只局限在王公贵族和官员们的身上,他们之间的血脉和身份有着千丝万缕的联系,所以竞争的范围和激烈程度都是有限的。但是在秦王朝覆灭之后,封建贵族的统治受到了质疑,陈胜发出"王侯将相,宁有种乎"的呼喊使封建制度变得岌岌可危。自"夏商周"三代不断损益完善而确立的,依据血缘而建立的宗法关系失去了对君臣双方的约束力，血缘关系也被社会政治利益关系所取代。在布衣帝王刘邦建立政权、统治万民的一刹那，古代的神权政治和血缘的传承就被打断了。但是刘邦新建的汉帝国也面临着政权建设方面亟须解决的诸多问题。既然一个平民也可以凭借时势荣登皇位，那么君临天下的合法性又如何构建？在国家结构上又该如何选择，是分封制还是郡县制？分封制下的君主，时刻都在担心不断强大的地方势力会危及中央政权。任何权力在赋予之后都会不断地寻求扩张和自己利益的最大化，这是人性和任何机构运转的自我加速度使然，通过简单的血缘捆绑是难以彻底解决的，只有通过制度加以规制，设置合理的界限，强化统治阶层的利益。

在西汉之初，郡县制因秦朝短命而亡的历史被粗暴地否定了，新生的西汉政权要怎样选择才能稳固发展？经过再三权衡利弊之后，刘邦最终选择了分封制，希望借助他自认为可以信赖的血缘宗亲来维护刘氏天下的大一统。可是统治者最初的选择还是为后世埋下了分裂的祸根，分封的诸侯国不断膨胀的政治野心因不断的横征暴敛而不断壮大最终成为帝国内部战乱的起因，出现了相对严重的土地兼并，造成许多社会问题。在社会经济已经基本恢复的武帝时期，修复渐趋崩坏的家庭和社会伦理秩序，成为亟待解决的问题。

首先，随着经济的发展，地方诸侯的势力不断膨胀，渐渐出现与中央对峙之势。汉初文帝虽认同晁错"削藩"的观点，但是采取的是"重建"的姑息政策，也就是通过在原有封地之上增加诸侯国的数量，减少原有较大诸侯国各自的实力。虽然其统治期间多有诸侯叛乱被平定，但是没有从根本上解决问题。景帝时出现吴、楚七国之乱，晁错被诛，而"七国之乱"虽然也被平定，到汉武帝时，诸侯与中央争权仍是心腹大患，如何防止诸侯分裂，巩固统一的中央政权成为统治者急需解决的问题。

其次，官吏和商人的冲突也越来越明显。由于社会和经济的发展，有些商人积累了一些原始资本，通过食盐和铁进行了大量的掠夺，他们占山泽之利，开采矿产，积累了巨额财富，但却很少缴纳税赋，对国家的财政造成了很大的冲击。此外，自汉高祖"白登之围"后，西汉对北方的匈奴一直采取的是妥协绥靖政策，但匈奴却仍然连年犯边，掠夺粮食物资和铁器等，对汉人的统治构成了巨大的威胁，而"和亲"带来的短暂安定并不能使西汉统治者放心。在这种内忧外患的时代背景下，无为而治的思想已经不再能适应社会现状，在这种情况下，政治需要意识形态的统一，而统治阶层则更加迫切地希望能够形成一套能够维持中央集权的有效的意识形态系统。所以，当汉武帝要维护自己的统治地位，提升国家集权和高效运转的能力时，董仲舒的儒家观念和改革方向顺应了他的政治需求，故其提出的"罢黜百家，独尊儒术"最终被汉武帝所接纳。于是封建正统法律思想在西汉中期正式确立，经过董仲舒改造后有利于维护大一统政权的儒家思想重新获得了主宰地位。

二 社会基本矛盾的变化

由于秦汉时期的社会背景，秦汉封建王朝刚刚脱胎于奴隶社会不久，其所存在的社会矛盾，虽然总体上说农民与地主阶级的矛盾已成为社会的基本矛盾，但当时还存在着残余的奴隶与奴隶主及封建主的矛盾，特别是刘氏王朝内部的新兴封建地主阶级之间的矛盾，并且随着社会的进步与发展，中央王朝与地方割据势力的矛盾也逐渐显露出来，成为社会的主要矛盾。

秦汉王朝时期，虽然奴隶与奴隶主的矛盾已经成为该社会的次要矛盾，但并不是可以直接忽略的社会矛盾，而是在社会生活中还有较为广泛的存在，并且是需要认真解决的现实矛盾。在秦汉时期，尽管奴隶主已经不再是统治阶层，但是在社会生活中奴隶制度仍然存在，奴隶群体在此时期大抵可以分成两种，一种是官方的，另一种是私人的。官奴主要是通过掠虏和吏民犯令没入而来，也有从私奴与官员奴隶产子而来者，除此之外，还有"募民入奴"之事。私人奴隶的来源主要有三种渠道：一是为奴隶所生；二是在奴隶市场收买，也有因为贫穷而被迫卖身的；三是从皇帝那里得到的奖赏。

当然，该时期社会生产领域当中还有大量奴隶存在。譬如，在农业领域，封建主的耕地除了农民租种以外，他们还大量使用奴隶，以降低耕种土地的支出；此外，在手工业、矿业、商业，以及家务劳动之中，也使用奴隶。《史记·货殖列传》记载，蜀卓氏"即铁山鼓铸，运筹策，倾滇蜀之民，富至僮千人"①，又"而杨可告缗遍天下……得民财物以亿计，奴婢以千万数"②。这里的"僮"和"奴婢"均指的是奴隶，而不是身份相对自由的佃农和自耕农。所以，奴隶主与奴隶之间的矛盾仍是秦朝以及西汉初期一个重大的社会问题。

但是，此时奴隶主与奴隶之间的矛盾与奴隶社会下的矛盾完全不同，这时大部分的奴隶主人都不再是以前的主人，而是在封建社会下的统治阶级，即封建地主。奴隶也有了新的称谓"奴仆"。封建地主与奴仆之间的关系，与以往的奴隶制度基本一致，但有一点不同最为关键，即封建地主在法律上不再掌握奴仆性命的生杀大权，奴仆对封建地主的人身依附性与奴隶社会时期相比也有所降低。但是由于奴仆在实质上依然是私人的，因此，在秦朝以及西汉初期，封建地主还是存在着虐杀奴仆的现象。奴隶与"奴隶主"之间的矛盾冲突，始终是一个当时社会客观存在的事实。只是这种冲突已经不再是社会基本矛盾，它只是社会制度交替时无法避免的历史遗留问题。这种矛盾会在社会制度发展的过程中逐渐淡化，逐步与封建社会的根本矛盾——农民和封建地主之间的冲突相结合，甚至最终成为一个整体。

农民与封建主的矛盾应该说是秦汉时期社会所存在的基本矛盾，乃至可以说是贯穿整个封建社会的基本矛盾。此时，社会制度的变革也推动了生产和剥削方式的变化。从最初奴隶制度下的高度依附且无自主权的奴隶的生产和整体（包括人的生产）被剥削演化成了封建制度下相对自由的农民来进行生产、农民劳动成果受剥削。故整个社会的基本矛盾也随之发生了变化，即由奴隶阶级与奴隶主阶级的矛盾，转变成了农民阶级与地主阶级的矛盾。很明显，这个时期社会生产的

---

① 司马迁：《史记·货殖列传》，中华书局2006年版，第756页。
② 司马迁：《史记·平准书》，中华书局2006年版，第186页。

主力军已经不是绝对依附于奴隶主的奴隶，而是变成了拥有一定程度上人身自由，可以支配自己行为的农民，即便是作为封建地主私人财产的奴仆，也是享有一定的收入和人身自由的，因此，可以说这是中国古代社会制度的重大进步，这也是封建制度为什么能够延续两千余年的重要原因。

汉朝封建社会下土地制度有两种形式：一是领户制，亦即所谓封建领主制；二是豪族地主实行的租佃制。所谓领户制，其实就是在秦朝推行"赏田"的时候，发展出来的一种生产方式。秦孝公在位期间，商鞅开始实行变法，"废井田，开阡陌"，废除井田，开辟田地。起初是任其所耕，不限多少。后来孝公实行了初税亩，开始收租赋。在战国之秦，为了满足长期的战争需要，"收泰半之赋"，还要不断地封赏有功军士大臣，普通百姓负担较重，在统一六国后的秦朝耗费巨大人力物力修建秦始皇陵和阿房宫，赋税和徭役没有任何的消减，从而引发了一场轰轰烈烈的农民起义，最终导致秦朝灭亡。汉高祖刘邦从秦朝灭亡的教训中汲取了经验，注重休养生息，推行"约法省，少地捐，什伍而捐一"的赋税政策，汉文帝时期则颁布了"赐民十二年租税之半"，景帝则实行了三十而税一。如此一来，百姓的压力就小了许多。这是秦汉领户制下的生产剥削方式。当然，在西汉，农民所承受的不仅仅是田赋，还有徭役、口赋、算赋、更赋、户赋、献费等。豪族的租佃制度，则是指那些豪族人的土地，除了雇佣少数的农奴或利用少数的奴隶来从事农业之外，把大部分的土地租出去，以向那些没有土地的人征收田租。比起自耕农，租佃户受到的压榨更多，他们除了缴纳田赋，还要向封建地主交什伍税，受到了二次剥削。

上述两种生产、剥削方式，实际上是秦汉时期农民阶级与封建地主阶级这一基本矛盾下的生产关系的实质。因为在积极进取的法家"重赏"之下，秦朝的土地所有者拥有大量的土地，兼之奴隶制生产方式的遗留，秦朝的新兴地主阶级过分地控制了大量的农民，导致了被压迫农民的持续抵抗，致使爆发了多次农民起义，最终直接导致了秦朝的灭亡。这种对立，在封建时代，由于它尖锐且直接，中间的缓冲地带少，在一定程度上，已成了封建制度的痼疾。但是，这一矛盾随着社会秩序的相对稳定以及西汉王朝减赋政策的推行，其并不总是处于尖锐化的状态，因而并不总是呈现为社会的主要矛盾。比如，在西汉前期，这种矛盾明显不是主要的社会问题。这是由于西汉王朝的创立者刘邦也曾是一支农民起义军的领导人，在农民起义的风暴中，他深知过度剥削农民会产生的后果，并在执政之初就实行了尽可能地减轻农民负担的政策。另外，在封建社会阶级矛盾出现，且有渐趋激烈的发展趋向中，儒家思想是适合为皇权和地主阶级统治来服务的，它的诸多表述是缓和的，通过"仁""爱人""大同""民本""老吾老以及人之老，幼吾幼以及人之幼"等思想和治理方式，遮掩了阶级统治和剥削的实质，为阶级之间的倾轧披上了温情脉脉的面纱，这也是儒家能够进入庙堂成为封建社会意识主流的原因。当然，儒家思想，包括其法律思想在客观上关注并保障了基层普通百姓的利益，引导构建了封建官僚阶层社会治理的能臣清官廉吏思维。在主次矛盾的演变中，当一种矛盾逐渐弱化时，而另一种矛盾有可能会凸显出来，成为社会的主要矛盾，这就是下面我们所要进一步谈到的封建地主阶级内部的矛盾。这也是董仲舒提出政治经济改革的主要原因。

三　中央与地方之间的矛盾

在西汉的前中期，封建地主阶级内部也存在着尖锐且深刻的矛盾。首先是商人阶层和封建政府之间的冲突；其次是宗族地主和封建官吏之间的斗争；再次是地方诸侯与专制政权二者的争权。但三类矛盾结合在一起，就是以封建帝王为中心的专制政权与商人、宗族地主、地方诸侯之间的对立。这种封建剥削阶层之间的冲突，本质上也是中央集权与那些保留着奴隶的血亲家族之间的冲突。此外，这种剥削阶层的内部斗争已经成为当时社会的主要矛盾。此时，封建剥削阶级内部的这一矛盾，显然到了已经危及以皇帝为代表的封建政权存在的地步，以致必须通过最激烈的斗争方式来解决这一矛盾。董仲舒也就生活在这一主要矛盾逐步激化的西汉前中期。

首先，是关于土地的吞并和利用奴隶的问题。从西汉建国至文帝，当时战乱刚刚结束，社会趋于稳定，在汉初刘邦和几位具有远见卓识的大臣，除了颁布了降低地租的法令，还推行了许多限制土地兼并、解放奴仆的政策。如汉高祖五年，诏曰："民以饥饿自卖为人奴婢者，皆免为庶人。"汉文帝后四年亦云："五月，赦天下，免官奴婢为庶人。"这些诏书无疑都是针对着残余奴隶制的，也是针对着大量兼并土地的豪强的，因而是有利于缓和农民与地主以及奴隶与封建主的矛盾的，最终也是有利于巩固封建的经济基础及汉王朝的中央政权的。汉高祖推行的是轻租薄税政策，百姓安居乐业，社会上还尚未出现大量土地兼并的风气；汉文帝亦"务劝农桑，帅以节俭，民始充实"，故亦未形成兼并之害。而后经过汉景帝，至汉武之时，情况便发生了变化，出现了"兼并豪党之徒，武断于乡曲"的局面，以致武帝中朝不得不采取"限民名田"的政策措施。正是因为土地的大量兼并，致使大批农民陷入了破产的窘境，迫使大量农民背井离乡或者沦为富户的奴仆，最终沦为了奴隶。这对国家政权的稳定肯定是不利的。

其次，是关于盐、铁、铸币之争。很明显，这些都是与工商业的发展有着直接或者间接联系的。自商代以来，工商业发展就已经初露峥嵘，经过西周、东周、春秋战国时期，便有了所谓"万乘之国，必有万金之贾；千乘之国，必有千金之贾"的说法。当然，发展各种工商业，有助于提高农民的收入，也有利于农业和农村的发展。而在当时的社会生产力条件下，发展工商业的规模太大、太快，对建立以农业为中心的封建国家是不利的，这是因为工商业的过度发展，必然会摧毁以农业为主的自然经济，导致农民身份变化和土地荒芜甚至大量流民的出现。春秋之争时，齐国和鲁国在贸易战中，齐相管仲限制本国生产丝绸"齐纨"，通过诱使鲁国人大量劳动力集中于生产"鲁缟"导致田地荒芜，而不得不最后通过大量的资金而购买齐国的粮食，最后国力衰退而一蹶不振，这一故事反映了封建王朝对待农耕和商业的基本态度，无农不稳，农民和农业是封建社会安全稳定的根本，而工商业是封建社会的补充，有时甚至是点缀，封建社会正是建立在以农业为主的自然经济基础之上的。因此，在汉高祖时代，只是在政治上抑制商人走入国家统治阶层，而盐、铁专卖的经济政策则相比秦朝变化较大，到汉文帝时采取了"弛山泽之禁"的政策，允许当地居民富户开采矿产树木。这样，便把本来是王朝官府的专利让给了诸侯与商贾，大大增强了地方王侯与商贾的经济实力，使地方势力可以与中央王朝相抗衡，乃至以武力和战争相对抗，"七国之乱"时吴王刘濞就"煮海为盐，即山铸钱"，拥有了和中央对抗的经济实力，成为"七国之乱"的领头羊。西汉中央王朝正是在吸取了这些教训之后，才在经济上采取了抑商的政策。在汉高祖刘邦时，把秦朝颁行的原本是半两一枚的钱，改铸为三铢一枚的钱，古之一铢为古之一两的二十四分之一，而地方的奸商则又偷减为不足一铢一枚的钱。故而货币急剧贬值，以致米价高达十万钱。后来汉高祖发现了其弊端，曾下令禁止盗铸；吕后亦曾先后几禁铸钱中的弊病，均无效果；直至文帝之时，干脆"除盗铸钱令，使民放铸"，且改原规定巧伪者死罪为"黥"罪。正是由于封建中央王朝在盐铁及铸钱上的放纵政策，使得地方王侯、豪强宗族和富商大贾们极大地富足起来，以致最终酿成了"七国之乱"。后来在平定了"七国之乱"以后，到武帝时才采取了两项断然措施，使局面得以改观。这两项措施一是下决心取缔巧伪与盗铸钱币的问题。为此采纳了桑弘羊的建议：钱重与币值一致；铸币权严格集中在中央之手；改进铸作技术，以防磨铜盗铸。由此杜绝了地方王侯与豪强及奸商盗铸钱币的问题。二是任用齐地的大盐商东郭咸阳和南阳的大铁商孔仅为大农丞，领盐铁事，实行盐铁专卖。由此结束了地方王侯和奸商投机取巧的局面。正是通过这两项措施，最终沉重打击了地方王侯和各类富商大贾，大大增加了中央的财政收入和经济实力，为最终解决这一矛盾创造了条件。同时自汉高祖起至汉武帝曾采取大规模的迁当地豪强官吏入关中，"三选七迁"，将各地高资富人和兼并豪强及二千石以上的官吏迁入关中的措施，充实京师，也在一定程度上削弱了割据势力，加强了中央集权。

再次，围绕中央集权与地方割据的斗争。前两个方面应该说也都与此相关，而且最终也是为解决这一问题服务的。但这方面的斗争又有着自身的、与之更直接的内容。当然，西汉此时围绕集权和割据的斗争，与后来在中国封建社会类似的斗争又稍有不同。它实际上是秦灭六国之后，由废分封、建郡县所引发的地域化地主封建制与血缘宗族分封制之间矛盾的集中表现和二者斗争的焦点。它之所以成为主要矛盾和斗争焦点，其原因就在于以下几点。

第一，无论是围绕土地兼并所展开的斗争，还是围绕要不要实行官府铸钱及在盐铁业上实行政府专卖的斗争，实质上都是以皇帝为代表的中央王朝，与地方王侯、豪强宗族及富商大贾为代表的地方割据势力之间的斗争。

第二，正是鉴于上一点，所以豪强宗族与富商大贾总是与地方势力相互勾结，并依附和支持地方割据势力，使这一斗争长期得不到解决，以致酿成中央王朝与地方割据势力之间的战争。

第三，除开以上两点，封建诸侯在其统治范围内仍在坚持以血缘为纽带的宗法分封制，对中央集权制度的推行形成了极大的冲击。所谓的血亲家族制度，原为奴隶时代的一种政治与经济结合的制度。在古代封建社会，井田制是奴隶制度下的土地分配方式，是保障奴隶制度的经济基础，与之对应的是分封制的政治制度，也就是君王的血脉家族制度，并采取了世袭制。在这些诸侯国中，他们不仅拥有自己的法律、行政机构、官员和财政权力，同时也拥有自己的军事力量。自秦朝废分封、建郡县之后，这些诸侯王国虽然都已成为大封建主，但上溯其源，他们乃是由西周分封的诸侯延续而来。我们在此所说的地域化的封建制，即是政治上实行中央集权的郡县制，经济上实行地主经济和奖励军功的食邑制。这种食邑制与分封制不同，他们虽然也从皇帝那里得到封地，但既不能拥有私兵，也不得私设刑罚和擅发劳役，且亦非世袭的。故此，那些旧诸侯的残余势力也成了推翻秦王朝的一支重要力量。但他们的目的显然与农民和代表着新兴地主阶级利益的起义军不同。就此而言，在推翻了秦王朝之后，刘邦与项羽之战，正是代表着新兴的地主阶级与残余的奴隶制之间的决战。这场斗争虽然是刘邦取得了胜利，但是并未结束，而是一直持续到董仲舒所生活的西汉武帝时代。

在解决这一主要矛盾的过程中，汉高祖刘邦曾错误地以为可以利用"同姓一家"的血缘关系，来消灭限制异姓王国，并封了一大批同姓藩王，令其与异姓藩王"犬牙相制"，以收"夹辅"之效，刘邦后来将诸异姓王铲除后，立白马之盟，"非刘姓而王者，天下共击之"，要求只能封刘氏子孙为王，其间吕后虽然有所突破，但两汉基本遵循了这一制度。然而同姓绝非一定同心。历经几代帝王的更替，诸侯与皇帝之间、诸侯与诸侯之间的血缘联系已经没有汉高祖分封之时那么紧密，各诸侯国实力的强大以及自身利益的驱使，便极易发生叛乱。历史证明，正是这些同姓藩王，"大者跨州兼郡，连城数十"，从而形成了地方诸侯与中央王朝相抗衡的态势。在文帝之时，先有"淮南、济北之反"；到景帝时则发生了"七国之乱"；直至武帝之时，仍有闽越王攻南越王及淮南王、衡山王的谋反事。而中央王朝也只有通过不断用兵，才将这些同姓藩王的造反镇压下去。所以，直至武帝之时，虽然平息了叛乱，但是地方与中央之间的矛盾仍然对中央集权制度构成了极大威胁，而董仲舒的"大一统"思想也正在此时代背景下形成，迎合了汉武帝在政治上的迫切需要。

同时，社会治理人才，知识型官吏的短缺也成为帝国管理的重要问题。倡导无为而治之时，国家的政令制度和官吏的主动行为较少，需要的熟悉典章制度的官吏也相对较少，随着社会的发展，需要政府较为积极地介入到社会治理之中，这就需要大量的管理人才。在诸子百家的学说中，法家虽然可以培养效率型官吏，但是秦朝之失等诸多原因使得西汉放弃了这一选择，除此之外，百家之中只有儒家六艺经典在培育儒家人士个人品德的同时，实际也是培养听从皇帝诏令且具有一定行政才能的管理型官吏的教材方案，汉初吏治官员贪腐且知识水平低下，而在王朝根基日渐稳固的情况下，就需要一批有素能的官吏来治理国家，构建完善的制度和行政体系，而在已有的文献中，有关管理制度和行政治理的知识的典籍主要存在于儒家六艺文献，如《尚书》《礼》《春秋》之中。武帝之时期待所举的贤良文学，可以展现辅助帝王治国理政的实际能力，在这一过程中长于《公羊春秋》学的董仲舒和公孙弘为王朝所重用，大一统王朝体制之下，西汉王朝的统治思想和路径开始由黄老刑名转向儒家的五经六艺，以期重塑民间社会的伦理秩序，将政治仪式化礼仪化，并赋予其象征性意义，如文帝时就开始皇帝籍田，象征性耕种田地以劝课农桑，武帝封禅，"兴太学，修郊祀，改正朔，定历数，协音律，作诗乐，建封禪，礼百神，绍周后，号令文章"[①]。

第二节 董仲舒法律思想的渊源

董仲舒被后世的大多数学者归到孔子儒家学派的麾下，被誉为汉朝的儒士之首。然而，一些现代的学者却提出，董仲舒并不是儒学之士，而应该被归入"术家"。所谓的"术家"，指的是由荀子部分思想而引申开创，申子、韩非、李斯等发扬光大的学派，倾向于法家这一方面。从董仲舒现存的著作等资料来看，上述两个主张都有争议，皆有值得商榷之处。笔者认为将董仲舒视为诸子之集大成者较为稳妥，且比较符合实际。实际上，我们现代研究范式中的学科、学派同一切知识的发展程序大体相同，一般都经历了由开创者之"合"到承继研究坚持者之"分"，再由承继研究坚持者之分到集大成者之合的发展过程。在一系列由合到分，由分到合的具体环节里，分工逐渐趋于精细绵密，比较源起之时"合"的综合阶段较为粗疏的特征来，"分"是一种系统化的深入，但也极容易与相关的最初的知识观点有所割裂，流于繁复的片面。每每各种人文社科的流派知识积累发展到一定程度，就往往会出现且使人发现这种缺陷，这就需要通过第二个

---

① 班固：《汉书》卷六，中华书局2007年版，第52页。

综合阶段的系统梳理，进而取长补短，融合变通，建立起该学科或流派和各个知识领域或学科之间的相互联系并划分相关界限，克服知识割裂的缺陷的同时确定相对的独立性，以反映知识与学术的深化与统一。秦朝的速亡标志着法家"专任刑罚"主张的失败，而汉初黄老"无为而治"学说又不能满足汉武帝加强中央集权、维护政治大一统的需要，因此需要一种新的指导思想来满足统治者的需要。但法家和黄老道家之所以能在秦朝和西汉之初各自独尊，也说明其主张具有一定的合理之处，治国理政的方略或思想就需要过渡到第二个阶段——综合阶段，以一家之思想为本，杂聚众家之思想，取长补短，融合变通。这一重要任务则是由董仲舒来完成的。董仲舒的法律思想渊源，是在儒家学说的基础上融合了法、墨、道等诸子百家思想的精粹。在借鉴、吸收诸子百家思想精华的时候，又以儒家学说为指导对其他学说进行改造，使其更符合社会的实际需要，从而丰富、发展了儒家法律思想理论，创新了儒家政治法律学说，是继孔、孟之后儒家思想发展的新阶段。经过董仲舒的改造，儒家政治法律学说对维护君主专制，加强中央集权，强化地主阶级专政都有重要意义，更有利于维护社会的稳定和封建专制统治，为儒学在封建社会长期独尊和儒生进阶成为统治阶层创造了条件。

一 董仲舒对儒家政治法律思想的继承和发展

董仲舒是汉代儒家的代表人物，大多数古今学者都同意这一说法，认为董仲舒的思想是对孔孟思想加工创新的新儒学。董仲舒曾言："诸不在六艺之科孔子之术者，皆绝其道，勿使并进。"[①] 此外，在其著作《春秋繁露》中，董仲舒多次提到了孔子的"微言大义"和儒家的基础学说，并且直接引用孔子原问多达数十条。从中可以窥见董仲舒是发自内心地崇尚儒学，并将其视为其自身思想学说之母。他深受孔子的人性论、仁义、德治等诸多学说的熏陶，并对其进行创

---

① 班固：《汉书》卷五十六，中华书局2007年版，第570页。

新与发展,形成了自己的理论体系。儒家知识分子以积极入世,寻求国家治理之道为己任,治理国家的方式和方法自然是其研究和属意的对象,无论是孔子还是董仲舒均曾关注法律在国家治理中所起的作用。孔子曾任鲁国司寇,本身就是司法官吏,其思想中包含了隆礼重法的成分,以"仁"为本,出礼入刑,重视古老判例,在任职期间诛杀了少正卯。孟子在自己的著作中强调"仁政"的同时,对刑罚适用提出了"罪人不孥"的主张,省刑慎罚,认为刑罚应当止于自身,适用死刑时更应当审慎考虑,直到"国人皆曰可杀"方可执行死刑。治理国家单纯靠礼是行不通的,历代以儒家思想干进的儒生在其治国理政的理论中均有着法的成分,这是正反的两手或者说是阴阳之道。董仲舒的法律思想既直接继承于儒家思想,也吸收了法家思想的内容,其法律思想是他儒家治国理政思想的一部分。

另外,家庭是中国传统乃至当代社会的基本细胞,家庭所承载的伦理秩序是构成社会政治经济等多方秩序的重要基石,在自然经济为主的封建传统社会尤为统治者所看重。董仲舒所治之《春秋》系托春秋时期鲁国的历史而写成(历12君,242年),所重为以宗法血缘为基础的家庭伦理思想,"重宗庙""宗族称孝""同姓相亲"。董仲舒时期西汉王朝实现大一统,当其借助《春秋》构筑其家庭伦理思想之时,所依据和宣扬的只能是基于血缘关系的宗法伦理,强调为了保障家族宗庙的存续,国君可以牺牲个体利益,这也是西汉出现宗室子弟代继皇统,不时出现帝王之兄弟思谋皇权的原因,为宗族利益计,诸侯国国君可以择由公室之中的父子兄弟来继任而非专属子孙,如《诗经·尔雅·释亲》云"父之党为宗族",基于血缘认同的"孝"遂成为宗族伦理思想之核心。为宣扬"孝",董仲舒较为极端地提出:"《春秋》之义,臣不讨贼,非臣也;子不复仇,非子也。"[①] 为人臣子,要担负着为君父复仇之义务。自西汉始,各代多立朝以孝,因之,西汉及以后的传统社会多次出现为报父兄之仇而击杀仇人的案

---

① 张世亮、钟肇鹏、周桂钿译注:《春秋繁露·王道第六》,中华书局2012年版,第115页。

例，对该种案例的处置，封建社会均采取了宽缓的处置方式。董仲舒从"天道"当中引出"孝道"，根据《孝经·三才章第七》之论述，"夫孝者，天之经也，地之义也，人之本也"①，适度弱化了"孝"所内含的宗法血缘本质，其基本思路转变了孔子等原儒的"法古"（据《春秋》），转进到"奉天"之道。在董仲舒的天人感应理论框架下，"天"以五行之推演彰显君臣父子之秩序，五行之生象征君臣父子之相授，人子之孝"如火之乐木也"②。由此，人间之"孝"道即天经地义之天道，为"天之经"，使先秦儒家所阐释的伦理观具有了形而上的哲学层面的至上性和必然性。

董仲舒认为五行之中，土最为尊贵，"土者，火之子也……忠臣之义、孝子之行，取之土"③，承担着忠臣之义，孝子之行，具有忠义依附于帝王的本性，五行中央之"土"统摄宗法内的家庭伦理之孝道和朝堂间的上下尊卑之忠臣尊君之道，为家之尽孝与为国之尽忠于"土"合而为一，实现了"孝"道与"忠"君思想，家庭伦理和政治伦理的结合和统一。董仲舒移宗法家庭伦理之"孝"入政治尊君之"忠"，承继自先秦儒家"其为人也孝悌，而好犯上者，鲜矣"④的思想，但其通过五行学说的杂糅和转化，将人伦之"孝"和对国家之"忠"同构于一，尤其是将忠经转换赋予了源自于天的权威性。当然，在忠与孝二者关系中，出于对大一统秩序的维护和儒家进阶的思考，董仲舒强调，"是故圣人之行，莫贵于忠，土德之谓也"⑤，将别朝堂之上别上下尊卑的政治伦理之"忠"放到了宗法家族的家庭伦理之"孝"的前面，君臣之"尊尊"重于父子之"亲亲"。这一理论和社会关系构建模式，是董仲舒于先秦诸儒及春

---

① 《孝经注疏》卷第一，见《十三经注疏》中华书局1980年影印版，第2545页。
② 张世亮、钟肇鹏、周桂钿译注：《春秋繁露·五行之义第四十二》，中华书局2012年版，第407页。
③ 张世亮、钟肇鹏、周桂钿译注：《春秋繁露·五行对第三十八》，中华书局2012年版，第396页。
④ 杨伯峻译注：《论语译注》，中华书局2009年版，第2页。
⑤ 张世亮、钟肇鹏、周桂钿译注：《春秋繁露·五行之义第四十二》，中华书局2012年版，第408页。

秋公羊学的扩展与更化，更是大一统帝国体制下帝王追求君权至上目标的必然价值选择。董仲舒强调"同姓相亲"的同时，主张宗族内部也存在着明显且确定的等级和差异，不同层级之间的有序的等级隶属与控制关系是建立在血缘基础之上的，但这种"分"，却是保障并维护这个宗法族群乃至扩大到整个社会稳定、有序的关键，家庭伦理之间的尊卑等级是董仲舒"奉天"思想下所着力构建的宗法秩序。再者，董仲舒从为人臣子角度强调的"孝"，还有"承其意""序其志"的重要内容，这也是汉朝包括其后的封建王朝某种程度仍然存在特殊官职世袭的原因，如司马迁家族，先后几代从事史学，承袭太史令这一职务。

（一）儒家思想

孔子创立了儒家学派，以"仁""礼"为本为教；孟子基本上继承了孔子的衣钵，讲求"仁政"；荀子则是在孔孟的基础之上向前大迈了一步，使儒家思想更加经世致用，将儒家学派的思想发扬光大并流传后世，成为从汉代开始一直到清末为止两千余年封建社会法律思想的主流。总结孔子、孟子和荀子法律思想的特点，就可以看到整个儒家学派的法律思想的基本特征。

1. 推崇礼治

"儒"，原本是指以相礼为职业的人士，也就是专门从事教育和执掌礼仪的人。由于孔子一生除少数居官时间之外，大多以招收门徒讲学、著述或以"相礼"为业，因而由他创立的门派被后人称为儒家学派，从事继承儒学事业的思想家、政治家也被称为儒家。孔子晚年所整理《诗》《书》《易》《礼》等古代文献，为儒家学说的传播提供了理论资源。孔子的弟子及再传弟子编辑而成的《论语》是儒家学说形成的一个主要标志。孔子之后，儒家又分成了许多流派，虽各有特点，但都未失去作为儒家的共性。在儒家各派之中，孟子尤其继承并发展了孔子所创的仁学思想，丰富了孔子的德治思想。春秋战国时期，孔子、孟子和荀子等先秦大儒都对"礼治"作了阐述。孔子认为"道之以政，齐之以刑，民免而无耻；道之以德，齐之以礼，有耻且格"①，这说明孔子主张统治者应该以礼治国，施行德教。孔子还曾经告诫自己的后代说"不学礼，无以立"②。可见，孔子口中的礼，有时指的是治国手段，有时指的是个人的行为规范和出席重大活动及待人接物的方式。孟子对"礼"的研究不多，但也不能就此说他不重视礼。孟子曾对弟子说道"夫义，路也；礼，门也。惟君子能由是路，出入是门也"③。君子守义的目的是修礼，只有做到了"义"才能达到"礼"的标准。而且，孟子还认为修"礼"于统治者更重要。"上无礼，下无学，贼民兴，丧无日矣。"④ 这就是说如果统治者不讲究"礼"的话，臣民百姓更无从谈起，天下就会大乱。荀子是先秦儒家中谈"礼"最多，且把"礼"的地位抬得最高的一个。但荀子所谈的礼不同于孔孟之"礼"。荀子为了适应新兴地主阶级的要求，将儒家原来所维护的周礼改造成为维护封建官僚等级制的新礼，取消了旧礼中除君主嫡系以外的各级贵族的世袭制，并将原来的宗法等级制改造成为非世袭的官僚等级制。这种改造使整个上层建筑都发生了变化。一方面，新兴地主阶级取得了较为平等的地位，有了做官从政的机会。另一方面，由于取消了世袭，各级官吏改为由君主任免，也就必然使君权得到了加强。荀子的这些改造与宗法制并不矛盾。相反，荀子为了突出以宗法制为基础的等级制和等级秩序的重要性，对以确立等级制为核心的新礼大加赞赏。在荀子看来，礼既是治理国家的根本大法："礼者，治辨之极也，强国之本也，威武之道也，功名之总也。"⑤ 又有"礼者，法之大分，类之纲纪也"⑥。同时礼还是一种确定人们身份地位差别的等级制度。他认为礼的内容是博大的，它所讲述的道理是深刻的也是崇高的。

---

① 杨伯峻译注：《论语译注》，中华书局2009年版，第11—12页。
② 杨伯峻译注：《论语译注》，中华书局2009年版，第176页。
③ 赵清文译注：《孟子·万章下》，华夏出版社2017年版，第237页。
④ 赵清文译注：《孟子·离娄上》，华夏出版社2017年版，第145页。
⑤ 王先谦撰，沈啸寰、王星贤整理：《荀子集解》卷十，中华书局2012年版，第275页。
⑥ 王先谦撰，沈啸寰、王星贤整理：《荀子集解》卷一，中华书局2012年版，第11页。

第二章 董仲舒法律思想的时代背景与渊源

关于礼的作用，荀子从治理国家和改造人性等角度进行了说明。荀子言"故人无礼则不生，事无礼则不成，国家无礼则不宁"①，从人性这个角度看，荀子认为礼的作用在于矫正人的本性，使人不至于按照恶的本质发展下去。他还这样说道，"礼起于何也？曰：人生而有欲，欲而不得，则不能无求；求而无度量分界，则不能不争；争则乱，乱则穷。先王恶其乱也，故制礼仪以分之，以养人之欲，给人之求"②。

由此可知崇尚礼治是儒家学派最显著的特点。礼治思想在孔子、孟子及荀子的思想体系中都有体现。首先他们都极力维护礼的权威性。孔子主张"天下有道，礼乐征伐自天子出"③，礼是和战争具有同样重要作用的政治活动，其制作权力必须出于天子，对僭越礼制的行为极其反对，"八佾舞于庭，是可忍也，孰不可忍也？"④；孟子主张法先王，明礼义，行仁政；而荀子则认为礼是治理社会的最高准则，从而把礼的权威性提升到了一个最高的位置。其次，儒家学者都向往礼所规定的等级制度。孔子主张治理国家先要正名，严格维护君君、臣臣、父父、子子的社会等级制度；荀子则把体现等级特征的"明分使群"观点作为组织社会的基本理论。再次，儒家学者都崇尚仁。孔子首先引仁入礼，把仁爱之道看作礼的基本精神追求。孟子则极力推行仁政，认为仁、义、礼、智是社会的精神支柱，是国之四维。荀子的"先教后诛"，提倡对国民的教化，反对滥用刑罚的观点也体现出仁政的精神。最后，儒家学派还强调礼对刑法具有指导作用，礼从正面引导人们去做什么和不做什么，而刑则从反面禁止人们做什么，若做便会受到刑罚的惩罚，"出礼入刑"。从孔子到孟子再到荀子，对法的作用的重视程度逐渐提高，但大都强调了礼对法的指导作用，在二者之间重视礼的成分更重一些，强调社会治理中以礼为主。

---

① 王先谦撰，沈啸寰、王星贤整理：《荀子集解》卷一，中华书局2012年版，第24页。
② 王先谦撰，沈啸寰、王星贤整理：《荀子集解》卷十三，中华书局2012年版，第337页。
③ 杨伯峻译注：《论语译注》，中华书局2009年版，第172页。
④ 杨伯峻译注：《论语译注》，中华书局2009年版，第23页。

2. 重视德治

重视德治是儒家思想又一个重要特征。孔子、孟子和荀子都曾对德治问题提出过自己的看法和主张。"德"治的概念和寓意分为多个层次,从大的意义上讲,"德"指按照自然万物和社会的发展规律去执政,促进万物、万事的和谐共生,此是德治的最高层面,其源于对道的领悟和遵循;而微观层面指的是通过强化个人或执政阶层的品德,以品德榜样和品德约束来引领规范社会治理。我们现在的研究中较多地关注了微观层面,甚至在微观层面中较多地关注了统治者和被统治者的个人操守,没有从更广意义上去考虑和挖掘。

儒家学派的先贤们,首先都看到了民众的价值和德治之间的关系。孔子把民众的价值看作治理社会首先要考虑的方面,孔子在编撰《尚书》等古代文献时灌输了这一思想,"民为邦本,本固邦宁"(如前注《尚书·五子之歌》),"德惟善政,政在养民"[1],"天聪明,自我民聪明。天明畏,自我民明威"[2],这些文献和语句的选择,无一不代表了孔子想要表达的内容,为政以德,德政的根本,国家的根本,在于民,在于使人民的生活更加美好。这种思想后来被孟子继承并发展成为民本思想,孟子把民众看得比君主还重要,将民众放到了天意代表的位置,"天视自我民视,天听自我民听"[3],因为民是天的代表,在民和君的位置上则"民为贵,社稷次之,君为轻"[4],思想中高度限制了君权,因为孟子民本思想的强烈表达,后世封建帝王多有不喜,还曾经出现了朱元璋将其逐出孔庙配享的情况。荀子也清楚地看到了民众的价值,他把民众比作水,把君主比作舟,认为水可载舟亦可覆舟,所以要求统治者"裕民以政"[5]。

其次,孔子、孟子、荀子都十分重视教化的作用。记载孔子言行

---

[1] 王世舜、王翠叶译注:《尚书·大禹谟》,中华书局2012年版,第355页。
[2] 王世舜、王翠叶译注:《尚书·皋陶谟》,中华书局2012年版,第39页。
[3] 赵清文译注:《孟子·万章上》,华夏出版社2017年版,第206—207页。
[4] 赵清文译注:《孟子·尽心下》,华夏出版社2017年版,第330页。
[5] 王先谦撰,沈啸寰、王星贤整理:《荀子集解》卷六,中华书局2012年版,第175页。

的《论语》无处不体现着教化的内容，认为"有教无类""因材施教"，不教而杀是一种残酷的统治方式；孟子还为实施教化提出了许多具体建议，在家国关系上，提出了家国同构的概念，"天下之本在国，国之本在家，家之本在身"①，同时将对国家的治理，国之大政聚焦到君子的教化之上，"君子之守，修其身而天下平"②；荀子从人性恶的观点出发，更是希望通过教化来引导人性的发展，要"化性起伪"，通过教化来改变人性之恶，使人们兴起人之为——礼仪和法度，"故圣人化性而起伪，伪起而生礼义，礼义生而制法度"③，进而"明分使群"，明确各自位置和构成社会群体。再次，儒家主张少用刑罚，反对滥用死刑，"明德慎罚""德主刑辅"。与礼相比，刑法一直都在儒家思想体系中处于相对较轻的位置。孔子首开了重礼轻刑的传统，孟子则把"省刑罚"作为实现"仁政"的主要条件，是儒家学派中反对滥用刑罚最为突出的代表人物。荀子比孔子、孟子都重视刑法的作用，但他也同意孔孟关于反对滥用刑罚的观点，认为"杀一无罪而得天下，仁者不为也"④。

3. 强调人治

与法治比较，人治是儒家学派的一贯主张。礼治和德治最终要靠人去实现。因此，儒家在重礼尚德的基础上特别强调"人治"的作用。第一，儒家学者大都强调君主的决定性作用。孔子的一生主要维护礼仪等级，主张"正名"，其为《春秋》，首先宣告的是其维护君主最高等级地位的观点。孟子虽主张"民贵君轻"，但也强调君主在实行"仁政"方面的决定性作用。荀子则继承和发展了孔、孟强调君主作用的思想，把维护君主在国家中的最高地位看成是国家长治久安的必要条件，在其观点中的"法治"，更多的是君主统治国家的工具

---

① 赵清文译注：《孟子·离娄上》，华夏出版社2017年版，第150页。
② 赵清文译注：《孟子·尽心下》，华夏出版社2017年版，第342页。
③ 王先谦撰，沈啸寰、王星贤整理：《荀子集解》卷十七，中华书局2012年版，第424页。
④ 王先谦撰，沈啸寰、王星贤整理：《荀子集解》卷七，中华书局2012年版，第200页。

或者说是术数，在社会管理中要"明分使群"。第二，儒家思想还主张尊贤使能，也就是重视人才的培养和使用。孔子主张"举贤才"，有"近不失亲，远不失举"的主张，而且孔子在培养人才方面还主张不分贵贱，一视同仁。孟子则更重视人才的任用，主张从国君到各级官员都应当由有才之人担当。荀子也从人与法的关系的角度提出他的尊贤使能的主张。推崇礼治，重视德治，强调人治，是儒家法律思想的基本特点，而推崇礼治则是其中的关键。

（二）董仲舒的人性论与儒家思想

关于人性论，董仲舒有"性三品"之说。其关于人性的观点与儒家思想也有着密切的联系。孔子认为"性相近，习相远"，人类最初在本质上都是一样的，并无好坏之别；只是由于后天的环境和习惯使人性有了不同，他强调了后天的习惯对人性的影响。对人性谈论较多的是战国时期的孟子。"孟子道性善，言必称尧舜。"[①] 性善论是孟子对人性的主要看法。他认为人生下来都是善良的，后天的环境和个人的修为，造就了善恶之分。他说："人性善也，犹水之就下也。人无有不善，水无有不下。"[②] 善是人的本性，这种本性又具体体现在仁、义、礼、智四个方面。因为人本性善良，所以在社会交往中才能做到仁、义、礼、智。孟子从性善论的角度为孔子"仁"的思想找到了理论依据，善良的本质是天赋予人的本性，"尽其心者，知其性也。知其性，则知天矣"[③]。孟子的这句话表明在他看来，人、性、天三者都是相通的，这就为儒家后来的天人合一思想的产生提供了理论依据。到了战国末期，儒家的另一个著名代表人物荀子对人性提出了与孟子完全相反的观点。荀子认为人生来就是恶的，后天的教化使人有了羞耻善恶之别。他认为，"人之性恶，其善者伪也"[④]。董仲舒在先秦儒

---

① 赵清文译注：《孟子·滕文公上》，华夏出版社2017年版，第101—102页。
② 赵清文译注：《孟子·告子上》，华夏出版社2017年版，第244页。
③ 赵清文译注：《孟子·尽心上》，华夏出版社2017年版，第295页。
④ 王先谦撰，沈啸寰、王星贤整理：《荀子集解》卷十七，中华书局2012年版，第420页。

家人性论的基础上,整理提炼出了自己的观点。他对人性作了更加深入的探讨分析,既不同于孟子的性善论,也不同于孟子的性恶论,认为人性有善有恶。董仲舒认为,"性之名非生与?如其生之自然之资,谓之性。性者,质也。诘性之质于善之名,能中之与?既不能中矣,而尚谓之质善,何哉?"①,人之性为自然之材质因出生之气而不同,董仲舒又用阴阳附会人性,认为阳为善,阴为恶,这也是他继承孟子天人合一思想的结果。董仲舒对人性论最重要的发展是他的性三品说,将单纯的非善即恶提升到"三分法"。他将人性分为三个等级,"圣人之性,不可以名性;斗筲之性,又不可以名性;名性者,中民之性。中民之性……性待渐于教训,而后能为善"②。即上等为圣人之性,中等为中人之性,下等为斗筲之性。三个等级中圣人和斗筲之民都是极少的,中人之性才是最普遍的,而中性之民可善可恶,关键在于后天的教化。因此,董仲舒又特别重视教化的作用。这实际上是对孔子、荀子思想的一种继承和发扬。

总体看来,在人性问题上,先秦儒家以孟子和荀子为代表,已经有了认识上的分歧。孟子主张人性本善,荀子认为人性本恶,孟子由人性本善,源于天之"仁",引出天人合一,荀子重视后天教化,通过教化来化性起伪,而董仲舒则似乎杂糅其间,以三分法更加科学地分析人性,认为人性可善可恶。用我们今天的观点来看,这也是一种折中辩证的思想。

(三) 董仲舒德治思想与儒家思想

在德与刑的关系上董仲舒主张重德轻刑,德主刑辅。他的这种德治思想可以说与先秦儒家孔孟"仁政"思想是分不开的。孔孟"仁"的思想对董仲舒德治主张的形成有重要影响。

孔子是最先讲"仁"的儒家学者。他对"仁"有自己的理解。

---

① 张世亮、钟肇鹏、周桂钿译注:《春秋繁露·深察名号第三十五》,中华书局2012年版,第375页。
② 张世亮、钟肇鹏、周桂钿译注:《春秋繁露·实性第三十六》,中华书局2012年版,第388页。

他认为"仁者爱人","克己复礼为仁"①。另外孔子还提出:"君子务本,本立而道生。孝弟也者,其为仁之本与!"②不难看出,孔子认为孝是礼的根本,是仁的本质。同时孔子认为忠恕是爱人的体现,待人忠厚宽恕是仁的表现。孔子的爱人不是毫无区别地去爱所有的人,他的爱人是有等差的,是受礼所规范的爱人。孟子把"仁"同政治实践结合得更加具体。在性善论的基础上,孟子对"仁"的思想作出了新的阐释。他说"恻隐之心,仁也"③,又认为"仁,人心也"④,在孟子看来,仁与人心、人性、天都是相通的。孟子主张实行仁政,也跟他这种仁心观念紧密相连。他认为"以不忍人之心,行不忍人之政,治天下可运之掌上"⑤。其实,孟子就是告诉统治者要以德服人,实行仁政。对于主张性恶的荀子,他的基本思想也有与孟子一致的地方。但荀子在"仁"的实现上更注重礼制的作用。所以,荀子关于仁的思想更加现实化、政治化。

董仲舒的"仁"的思想是对孔孟思想的扬弃和改造,使之更加能适应西汉封建大一统的需要。董仲舒把"仁"提升到封建统治者治理国家以及妥善处理人际关系所必须严格遵守的法则的高度。他把孔子爱人的范围极大扩展,认为爱人不光要爱有血缘关系的宗亲,还要爱整个人类,甚至要爱虫鱼鸟兽。如果做不到这些,就不能称之为"仁"。"是以知明先,以仁厚远。远而愈贤、近而愈不肖者,爱也。"⑥ "质于爱民,以下至于鸟兽、昆虫莫不爱。不爱,奚足谓仁?"⑦ 这些言论都是董仲舒"仁"的思想的反映。他认为仁义已经不仅仅是个人道德品质的修养这一伦理范畴,而是关系到国家治乱兴

---

① 杨伯峻译注:《论语译注》,中华书局2009年版,第121页。
② 杨伯峻译注:《论语译注》,中华书局2009年版,第2页。
③ 赵清文译注:《孟子·告子上》,华夏出版社2017年版,第249页。
④ 赵清文译注:《孟子·告子上》,华夏出版社2017年版,第258页。
⑤ 赵清文译注:《孟子·公孙丑上》,华夏出版社2017年版,第75页。
⑥ 张世亮、钟肇鹏、周桂钿译注:《春秋繁露·仁义法第二十九》,中华书局2012年版,第316页。
⑦ 张世亮、钟肇鹏、周桂钿译注:《春秋繁露·仁义法第二十九》,中华书局2012年版,第316页。

衰的重大政治问题。董仲舒又给"仁"以新的哲学依据，认为"仁"乃天志的表现。他认为"仁之美者在于天，天，仁也"①。董仲舒把"仁"与"天"相结合，"天"成了他"仁"学思想的化身。这也是董仲舒在借助天的神威限制君主的暴虐，极力主张实行德政。所谓德政，就是让君主以其仁爱思想对待臣民，对人民施行教化，而不可以专任刑罚。因此，在他的天人三策中，董仲舒极力主张汉武帝实行德政。从上述分析中我们可以看出从孔子的"克己复礼为仁"到孟子的"不忍人之心为仁"再到董仲舒的"天心之仁"，在思想上三者是一脉相承的。董仲舒主张的德教和德政是直接由孔子的"仁学"和孟子的"仁政"发展而来的。

（四）董仲舒礼治思想与儒家思想

礼，作为制约规范人行为的准则，尤其是人从事重大活动的仪轨，一直以来都被认为是儒家法律思想的灵魂。作为儒家法律思想的继任者和创新者，董仲舒在其法律思想里也特别强调礼的规范作用。董仲舒继承并发展了儒家的礼治思想，他把儒家以礼治国的政治理想应用到汉中期的政治实践中，对礼治进行了种种发挥和补充，使之更加理论化、系统化。首先，董仲舒大大提高了礼的地位，认为礼是五常之一，并以宋伯姬为例证明了礼比生命还重要。"《春秋》尊礼而重信。信重于地，礼尊于身。何以知其然也？宋伯姬疑礼而死于火，齐恒疑信而亏其地。"② 可见，董仲舒也强调礼治的社会规范功能。董仲舒本人也非常重视自身的礼仪修养，"进退容止，非礼不行"③，同时代的学士都以他为楷模。同时，在董仲舒看来，礼是五常的内容，而五常又是上天赐给人间的行为准则和道德规范，所以，礼的教化作用也是秉承上天之意，是天道运行规律在人间的外化和外显。这就为

---

① 张世亮、钟肇鹏、周桂钿译注：《春秋繁露·王道通三第四十四》，中华书局2012年版，第421页。

② 张世亮、钟肇鹏、周桂钿译注：《春秋繁露·楚庄王第一》，中华书局2012年版，第5页。

③ 班固：《汉书》卷五十六，中华书局2007年版，第561页。

礼治的合理性找到了法律依据。因此，统治者必须以礼治国。为了表达对上天的敬畏，董仲舒非常重视祭天之礼。"所闻古者天子之礼，莫重于郊"①，"尊天，美义也；敬宗庙，大礼也，圣人之所谨也"②。他希望通过祭天之礼，使人们更加确信礼是上天的意志，使礼更加神圣化，尊礼就是遵从天的意志。

（五）董仲舒"三纲"学说与儒家思想

文字学意义上，纲为渔网之系即渔网的总绳，比喻为事物的关键性控制整体和全局的部分。君臣、父子、夫妇关系是阶级社会的基本人际社会关系，有多位圣贤和多家学说曾经展开过论述。郭店楚简《六德》篇大约出现在公元前300年之前，在董仲舒"三纲"观点出现之前已经成文，该篇中确立由六位、六职和六德组成的完整的位分伦理学思想体系，其所谓六位主要为夫妇、父子、君臣的三对六位结构。中国传统社会表现为化家为国的典型构造模式，这在西周体现得最为明显，家族型社会中夫、妇、父、子、君、臣等伦理位分极为重要，这是中国传统社会和传统政治的构成要素，在其中，夫妇、父子、君臣三对伦理关系多见于中国传统典籍，《左传》曾云："为君臣上下，以则地义；为夫妇外内，以经二物；为父子、兄弟、姑姊甥舅、昏媾姻亚，以象天明。"③《周易》曰："家人，女正位乎内，男正位乎外，男女正，天地之大义也。家人有严君焉，父母之谓也。父父，子子，兄兄，弟弟，夫夫，妇妇，而家道正。正家而天下定矣。"④《国语·晋语四》曾言："君君臣臣，是谓明训。"孔子对"齐景公问政"提出"君君，臣臣，父父，子子"八字（《论语·颜渊》）。先秦孔子和孟子对君臣关系有过论述，主要体现在双方的关系上，总体看孔子、孟子在强调臣对君要事之以忠的同时，君主也要对

---

① 张世亮、钟肇鹏、周桂钿译注：《春秋繁露·郊事对》，中华书局2012年版，第655页。

② 张世亮、钟肇鹏、周桂钿译注：《春秋繁露·祭义》，中华书局2012年版，第600页。

③ 阮元校刻：《十三经注疏》，中华书局1980年影印本，第2107—2108页。

④ 高亨：《周易大传今注》，齐鲁书社1998年版，第329页。

臣下有足够的尊重,"使之以礼","君待臣下要如手足",即二者的关系是双向奔赴的。同时,孟子根据其生活的时代,在《孟子·滕文公上》中结合相关认知概括出父子、君臣、夫妇、长幼、朋友"五伦"的概念,在"五伦"中,父子之间其要为亲、君臣之间其要为义和夫妇之间其要为别(职责分工)。荀子则在《荀子·王制》中提出父子、君臣、夫妇、兄弟之理为天地之至理,会经万世不变,所以之间关系要慎始如终,慎终如始,将五伦关系去掉了朋友而对其中四种加以强调。荀子的弟子韩非则从四者关系中抽取更为重要的君臣、父子、夫妻关系加以质性的表述,"臣事君,子事父,妻事夫。三者顺则天下治,三者逆则天下乱,此天下之常道也,明王贤臣而弗易也"[1]。认为三者关系必须理顺而为天下之常道。

由此我们推断,在董仲舒之前,"三纲"学说就已经萌芽出现,且形成了一定的逻辑抽象意义,董仲舒在前人基础上将"三纲"正式纳入上天之"王道",以正其为天地名分,神圣恒常;以阴阳之特质和转化之义及匹合、并兼之论来证"三纲"之合理,阴阳存先后、亲疏、主从之别,有互为兼摄之意,"君为阳,臣为阴;父为阳,子为阴;夫为阳,妻为阴",后《白虎通》释董仲舒三纲之义为:"君臣,父子,夫妇,六人也,所以称三纲何?一阴一阳谓之道。阳得阴而成,阴得阳而序,刚柔相配,故六人为三纲。"[2] 董仲舒以其天道观、阴阳学说为论证的理论武器,将三纲提升为天意在伦理世界的具体呈现。董仲舒根据先秦儒家"礼"中所强调的君臣、父子、夫妇等伦理纲常,并与"天人感应"和阴阳学说相附会,以天理外化为逻辑方式提出了一套带有神学色彩的"三纲"学说。君、父、夫为阳为尊,臣、子、妻为阴为卑,此为天地之常理,阳尊而阴卑,所以处于阴的三者必须服从位于阳的三者。"三纲"以"君为臣纲"为主,"父为子纲""夫为妻纲"从属于"君为臣纲",在"三纲"之中,荣誉和功劳要归于为"阳"的君王、父亲、丈夫,而过错和耻辱等要归于为

---

[1] 高华平、王齐洲、张三夕译注:《韩非子·忠孝》,中华书局2010年版,第740页。
[2] 陈立:《白虎通疏证》,中华书局1994年版,第373—374页。

"阴"的臣、子、妻，"三纲"之间若有所冲突，则以"君为臣纲"为纲，这与礼的精神原则"尊尊"中强调的尊君为首是毫无二致的。董仲舒的"三纲"和先秦儒家之礼的目的都是维护封建君主的至上权威，维护封建社会的等级秩序。通过比较我们可以看出在思想活跃的春秋战国时期，君主与臣子的关系是双向互动，互相具有选择的权利和机会，所谓"良禽择木而栖，良臣择主而事"，君臣的思想交流较为积极，民主的氛围较为浓厚；而到了董仲舒的理论构建中，君纲作为"三纲"之首，俨然是代表天意天道的存在，只能是正确和光荣的代表，父权和夫权也是在君权之下，沾君权之雨露而尊，这当然有利于巩固封建社会的统治和封建帝王的权威，也有利于塑造中国人民尊重权威，顺从天道，维护国家统一的民族精神，但是在一定程度上限制了中国个人人格的发展，在整体有价值的基础上出现个人面目的模糊和无价值。

二 董仲舒对黄老思想的利用

董仲舒为了定儒学为"一尊"，极力宣扬在统治学说的采用中"罢黜百家，独尊儒术"，但是他在自己政治法律思想的形成过程中和具体政治实践中，并未一概排斥其他各家思想，而是对其他各家思想采取兼收并蓄的态度。这首先表现在他对黄老学说（道家思想）的吸收方面。

（一）黄老（道家）思想

黄老学派指以黄帝、老子、庄子学说为宗旨的学派。其源于先秦道家思想，是道家的一个分支，而道家思想包罗万象，既包括国家治理理论，也包括修身养性的法门。由于黄老学派在政治上主张清静无为、与民休息，非常有利于生产力的恢复，因此秦以后的朝代，在经过战乱后的立国之初，大都以此作为指导思想，从皇帝到大臣均遵从这一理念，西汉汉高祖、文帝、景帝和萧何、曹参、汲黯都是这方面的代表。尤其是窦太后，坚信秉持黄老思想，尚节约，清静无为，辅助三代帝王，实现文景之治，也为汉武盛世奠定了基础。具有相对明确政治主张的黄老学派产生于战国中期,这一时期的黄老学派既崇尚无为而治,又因为战国争雄养兵固国的治理实际,强调法律的作用。当时一些著名的法家思想代表人物,如申不害、慎到等,大都出身于黄老学派门下,司马迁认为韩非也是内藏黄老之术,外示刑名之学,也有部分观点认为阴阳家源于道家。因此,黄老学派在这个时期具有明显的道法结合而以法治思想为主的性质。但汉初的黄老思想已不同于先秦时期的黄老学说。汉初统治者选择并发展了黄老思想,他们结合社会政治、法治的实际状况对原始的黄老思想进行了扬弃。主要发扬了黄老思想的清静无为、不事更张等方面,而且还吸取了先秦儒家对德礼教化的重视。这时的黄老思想已经不是道法两家的结合,而是被改造成为兼具各家思想之精粹,以儒道法三家法律思想为主的相互融会贯通的统一的结合体。其主要内容有以下几点。

1. 无为而治和与民休息

无为而治是指国家的大政方针依循陈制,统治者宽容待下,不大兴土木,不好大喜功,体恤民力,以求恢复社会生产力。西汉初年,由于多年战乱,社会经济遭到严重破坏,人民饥贫,国库空虚,天子车驾找不出颜色一致的四匹马,将相以牛车为交通工具,整个社会一片凋敝气象。这时最主要的任务便是让国家从战乱中稳定下来,使农民有地可耕,不再流离失所,以便迅速恢复和发展生产。因此,汉初统治者主张"为国之本,务在安民",要顺从民众的愿望而不破坏民众生产,不再劳民伤民,即在健全封建政治法律制度的前提下实行无为而治和与民休息的方针。在这样的政治方针的指导下,汉初统治者在经济立法上实行"薄赋敛,省徭役"等减轻农民负担的一系列休养生息的措施,大大促进了经济的恢复和发展。这样看来,汉初的无为并不同于老子的小国寡民,相反,汉初的无为意在有为。汉初统治者的精明之处就在于用一种清静无为的方式实现国富民强,而秦国却通过商鞅的大兴变革才成就了同样的目的。无为而治并不是消极无为,只是当权者针对当时的社会现状而选择的一种治国方略,与秦国的商鞅变法殊途同归,目的都是使国家变得富强,都是巩固统治秩序,都是维护统治阶级的利益。①

2. 文武并用和德刑相济

先秦黄老思想中就包括德刑并用的主张。在《黄帝四经》中就阐述了这样一个道理，刑德相养才能使万事的逆顺成理，汉初统治者接受这一观点并与儒家德刑关系理论相结合，反映了汉初黄老思想道儒结合的特点。

西汉初期，陆贾向刘邦阐明了马上可得天下但不能治天下的道理，主张治理国家既要实行法治这种武的手段，又要重视礼治这种文的手段，德刑兼施，二者相济为用。他指出汉家以武力取得胜利建立政权之后，应根据守天下的要求，效仿汤武，逆取顺守，以儒家的仁义道德和德教作为治国思想。只有文武并用才是国家的长久之术，所幸的是刘邦接受并采纳了陆贾的建议。而且，刘邦君臣重视道德教化的作用，并没有妨碍他们给予法律以同等的重视。德和刑都是治国手段，不同的手段有不同的作用。法律的作用是威慑和事后的惩罚，礼义道德的作用是教化和怀柔。"刑"可以惩罚已然之犯罪，"德"则可以预防未然之犯罪。因此，德和刑，一文一武，相辅相成，统治者只有将两种手段兼而取之，相济为用，才能使国家长治久安。陆贾把法治作为仁义道德的补充和调剂，将二者相"中和"，最终成为治理天下的一剂良方，这对我们当今社会来说仍具有深远的借鉴意义。另外，这一思想的提出和施行，反映出儒家思想在经历了一段时期的低迷之后开始重新受到重视，并为西汉中期儒法结合、外儒内法的中国正统法律思想的形成和确立奠定了基础。②

3. 约法省刑与罚不患薄

对于秦朝残暴苛酷的法律及其推行过程中造成的巨大消极后果，汉初统治者们耳闻目睹，是有深刻体会的。汉初黄老学派认为秦建国仅十几年就灭亡的重要原因之一就是秦法过于严密且过于残酷，对人民的压榨过于紧迫。因此，他们吸取秦亡的教训，提出了与秦朝轻罪

---

① 参见杨鹤皋《中国法律思想史》，北京大学出版社2000年版，第230页。
② 参见马小红《中国古代法律思想史》，法律出版社2004年版，第138页。

重罚思想完全相反的观点,刑不厌轻,罚不患薄,刑罚务须宽轻。他们认为治理国家的根本在于安民,因此绝不可以扰民、伤民、害民。法律作为国家的统治工具是必不可少的,但其作用在于兴利除害,尊主安民,所以不能像秦法那样繁杂而必须内容简明易懂,刑罚越轻越好。在立法上,刘邦入关之后与秦人约法三章,杀人者死,伤人和盗物者处以相应的刑罚。除此之外,苛刻严厉的刑罚一概废除。后来萧何在对秦律损益的基础上作了《九章律》。惠帝和吕后都曾对汉法进行了修正,废除了一些残刑酷法,文帝和景帝还在一定范围废除了残损肢体的肉刑。在法律的执行过程中汉初统治者务求宽容,不重严苛。对犯罪证据有疑问的一律从轻处断,宁可漏罚有罪之人,也不能错判无辜之人,只要对罪行有疑问就不能随意诛杀。这种约法省刑和罚不患薄的思想保证了国家的稳定,并为初建的国家带来了良好的社会风气。后世的帝王或多或少继承并接受了这种黄老思想,为汉王朝的稳定做出了贡献。

汉初统治者鉴于秦亡的教训,选择了黄老学派的法律思想来治理天下,主张约法省刑,与民休息。在此思想的指导下,汉初统治者主动减轻对人民的压迫,轻徭薄赋,为人民开创了一个比较宽松的生产环境。原来被秦朝的暴政及连年战乱严重破坏的社会生产迅速恢复并发展起来,社会秩序也得到了稳定,出现了"文景之治"的盛世局面。司马炎对黄老之学曾作过一个总的评价,他说黄老之学"因阴阳之大顺,采儒墨之善,撮名法之要,与时迁移,应物变化,立俗施事,无所不宜。指约而易操,事少而功多"[1]。由此看来黄老之学实际上是兼容儒、法、道三家法律思想的一种思想体系,其基本特点是以道家的清静无为为核心思想,兼容儒家之德治、礼治与法家之法治思想,实现了三派思想的统一。黄老之学在历史上的作用和影响是巨大和深远的。它以事实胜于雄辩的道理向世人证明了礼法结合的必要性与合理性。首先,黄老法律思想客观上对西汉初年的社会生产的恢复

---

[1] 司马迁:《史记·太史公自序》,中华书局2006年版,第758页。

和发展，人民的安居乐业起到了积极的促进作用。其次，黄老之学对我国法制从野蛮走向文明发挥了很大的推动作用。同时，黄老之学还是从秦朝以法家学说为统治阶级指导思想发展到西汉中期以儒家思想为主体的封建正统法律思想的过渡桥梁。秦朝在秦始皇和李斯的主持下，一直推行事皆决于法、专任刑罚的法治思想；西汉前期是道家和儒家、法家合流的黄老思想占据主流地位，而到了汉武帝时则按照董仲舒的建议施行"罢黜百家，独尊儒术"，儒家思想从此占据了官方统治思想的主导地位。短短七十年间就发生了从秦朝的专任刑罚到汉武帝的独尊儒术如此之大的转变，当中若没有黄老思想的承接和铺垫，这种巨大转变是不可能完成的。而且从中国正统法律思想形成与发展的整个过程来看，黄老之学在国家政治生活中的实施，也为中国正统法律思想的确立拉开了序幕。

（二）董仲舒对黄老之学的利用

董仲舒对黄老思想的吸收表现在很多方面。首先，他在自己的著作里大量引用了老子和黄老学派的主要观点和言论。"故为人主者，以无为为道，以不私为宝。"[1] "不见不闻是谓冥昏。能冥则明，能昏则彰。能冥能昏，是谓神人。"[2] 结合当时的历史背景来分析，他的这些言论其实是用道家语言阐述儒家德治，这也是董仲舒引道入儒的方式和方法。他接受黄老关于"天"的理论和原则，在董仲舒看来，天是至尊至上的。同时，人间帝王是天之子，是以天的名义来统治天下臣民。"故位尊而施仁，藏神而见光者，天之行也。"[3] 很明显，董仲舒吸收了黄老道家的无为而治的思想，他主张君主要顺应民意，求得民心。董仲舒的"以无为为道"主要体现在君臣关系和君民关系上。在董仲舒看来，君主既然受命于天，就要法天而行，即清静无为，深

---

[1] 张世亮、钟肇鹏、周桂钿译注：《春秋繁露·离合根第十八》，中华书局2012年版，第190页。

[2] 张世亮、钟肇鹏、周桂钿译注：《春秋繁露·立元神第十八》，中华书局2012年版，第199页。

[3] 张世亮、钟肇鹏、周桂钿译注：《春秋繁露·离合根第十八》，中华书局2012年版，第190页。

藏不露，而臣下要法地而行，按照君主的要求积极工作。君主无为，是说君主不必事必躬亲，而应该让臣下去处理。君主的主要任务是体悟和主持"天道"。但董仲舒同时指出，君主并不能仅仅依靠深藏不露来稳保江山，还要牢牢掌握权威。其认为"国之所以为国者，德也；君之所以为君者，威也。故德不可共，威不可分。德共则失恩，威分则失权"[①]。因此，为人君者要"固执其权，以正其臣"[②]。不难看出，董仲舒的这种"德不可共""威不可分""固执其权"的思想与庄子"无为而尊"的思想在本质上是一致的。董仲舒在君民关系上也同意无为而治民，他认为统治者要爱民恤民，安民保民。有些人据此认为董仲舒的这些爱民思想来源于儒家的民本思想，其实也有一定道理，董仲舒作为儒家思想在西汉的集大成者对自孔子、孟子以降的民本思想自然谙熟于心。但，我们仍可以看出他的爱民思想与黄老学派的"清静无为、与民休息"几乎如出一辙，许多观点、语言词汇共用，不能说二者之间没有联系。另外，董仲舒对道、法两家思想都有所吸收，也是受到了黄老思想融汇儒家、法家思想进行社会治理的影响。董仲舒效法黄老道家思想的兼容性，以儒家思想为母体，吸收其他各派思想之精华，重新创造出了一个百家思想的混合体——新儒学。黄老之学最终为董仲舒的新儒学所取代，这既是社会发展的必然，也是思想发展的必然。

三 董仲舒对法家思想的吸收

法家法律思想认为皇帝的地位至高无上，其权力在人世间不受任何束缚。无论是韩非、慎到，还是申不害都强调维护专制君主的绝对权威，他们认为维护皇权的至高无上是维护整个社会秩序的首要任务，皇权的牢固和稳定被认为是保持社会安定的决定性因素。无论是

[①] 张世亮、钟肇鹏、周桂钿译注：《春秋繁露·保卫权第二十》，中华书局2012年版，第204页。

[②] 张世亮、钟肇鹏、周桂钿译注：《春秋繁露·保卫权第二十》，中华书局2012年版，第204页。

则天立法，还是圣人立法，中国正统法律思想系奴隶社会神权法思想的发展，法家、道家和儒家均借助于神权法思想来使君主的绝对权威合法化。汉代董仲舒更是主张皇权至上、法自君出。他认为人间帝王都是口含天宪而生，皇帝的意志就是法律，皇帝可以造法，当然可以独断。维护君主的权威是臣民应当遵守的行为规范。董仲舒的思想也包含法家思想理论的成分，这是不容置疑的。下以法家代表韩非的思想为例，探讨一下董仲舒对法家思想的吸收和改造。

(一) 韩非的君主集权与以法"独断"的君权目的论

韩非极力主张建立君主专制统治国家，他的思想实际上是以君权目的论和法治方法论相统一为基础的。在韩非看来，法由君操，势为君处，术为君执，"法""术""势"都不过是君主实行法治的方法手段，而实行法治的根本目的就在于使天下大权尽掌握于君主之手，在于君主集权，在于实行专制统治。韩非继承了商鞅"独断"的思想，但韩非的这种君主集权"独断"思想与商鞅、慎到的"独断"——重视又限制君权的思想是有明显区别的。商鞅作为执政大臣，主张君主"独断"，但君臣有"共"，国家之权力在某种分工之下，可由君臣共掌；韩非却把一切人都视为觊觎君权者，他不仅要求君主在大政方针的决策上做到专断，而且要求君主对赏罚权、用人权等也实行独断。韩非一再提醒君主绝不可与臣下"共权"，必须保持"身贵""位尊""威重"和"势隆"这四美。尽管韩非主张君主集权，但其思想仍未超出法家的"法治"思想核心。他认为君主要擅势独断，只要采取正确的方法就行了。一方面他将君主的命令视为法，只有君主才可以制法造令，另一方面他要求臣民对君主的命令要绝对服从。君主治理奸民最有效的办法就是"治民无常，唯法为治"[1]。韩非虽然在秦国由于李斯的阻挠，没有受到重用，但其思想受到秦始皇的欣赏，为韩非的君主集权理论所吸引，二人曾彻夜谈论治国之法。一个强权霸主遇上一种集权独断的思想，当然是正中下怀，相遇恨晚。

---

[1] 王先慎：《韩非子集解》，中华书局2013年版，第473页。

第二章 董仲舒法律思想的时代背景与渊源

韩非继承了前秦法家商鞅的刑罚思想和重刑主张。"法不阿贵""信赏必罚"是韩非提出的执法要求,他认为执法应该不分亲疏贵贱,一律公平地依法行赏施罚。和商鞅一样,韩非也认为要利用法律统治人民,而法律中最有效的方法就是重刑,只有重刑才能令行禁止,使民众不敢为非作歹。韩非不仅提出了刑罚、重刑等法治主张,而且从多个角度论证了法治的必要性和合理性,为法家思想的系统与完备做出了重大贡献。一方面,韩非认为:"故治民无常,唯治为法。法与时转则治,治与世宜则有功。"① 意思是说,治国方法包括政治法律等各方面的制度都不应固守古制,而应该随着时势的改变而变化。韩非认为德治与人治的时代已经过去,战国时期是一个霸王成就伟业的乱世,是一个以气力服人的霸道时代,而法治正是一个霸道时代诸侯国实现富国强兵、一统天下最好的治国方略。另一方面,韩非还从人性的角度论证了实行法治的必然性。根据对人性的观察,法家认为人人都有好利恶害或趋利避害的本性。因为人性都是趋利避害的,所以用赏罚的法律手段来调和规制人的行为是最有效的统治手段,因此以韩非为代表的法家思想家都赞成行赏施罚。韩非曾言:"凡治天下,必因人情。人情者有好恶,故赏罚可用;赏罚可用则禁令可立,而治道具矣。"② 另外,韩非还认为法治之所以能够取代儒家所向往的礼治、德治和人治,不仅仅是因为历史的发展和人性的趋利避害,而且还因为法治本身具有礼治、德治和人治所不具备的多种优势。其一是法律具有强制力,并且有国家机器作为其后盾,因此法律比礼具备更强大更普遍的约束力。法律的作用首先在于定分止争,用国家强制力来确认保护业已形成的土地私有制。其二是法律通过规定人们的行为并运用相应的赏罚手段来促进功利,防止暴乱。其三是还可以通过公布成文法,让法律变为家喻户晓的规范,从而统一人们的言行。正因为法的以上特征和功能,在韩非看来,法治当然优于儒家的礼治和德治,而且也优于道家的无为而治及墨家的贤人之治,所以实行法治当然是

---

① 王先慎:《韩非子集解》,中华书局 2013 年版,第 473 页。
② 王先慎:《韩非子集解》,中华书局 2013 年版,第 427—428 页。

必然的,也是必要的。

(二) 韩非君主专制的"法治"理论

在韩非的整个思想体系中,最有影响的当是"法""术""势"相统一的法治方法论。一方面,法、术、势相统一是对先秦法家法治思想的总结和集大成,另一方面又从理论上为当时新兴的封建中央集权君主专制制度的建立和巩固寻找到了根据。法家的法治也与儒家不同,它更现实也更务实。法家不仅提出了法治的理论,而且为理论的推行制定了具体可操作的、切实可行的路径。因而战国时期各国君主也大都愿意接受法家理论。韩非的法治论包括这样一些内容:

1. 以法为本

以法为本就是要将法作为治理国家的根本,"以法为本"是韩非法治理论的核心思想。这个主张为管仲以来历代法家所坚持,但韩非在前期法家思想的基础上对此作了更系统更详尽的表述。韩非认为,法之所以能成为治国的根本,原因在于其关系到国家的兴衰。同时,法律也与君主的地位密切相关,君主如果能奉行法治就能保住至尊的地位,反之君主就会失去至尊的地位。

以法为本的前提条件是有法可依。要做到有法可依,首先要明白什么是法。因此韩非在《韩非子·难三》及《定法》中都对法的概念作了解释。他认为,法首先是一种成文规范,必须公布于众;其次,法是统治人民的工具,是维护君主专制政权的重要手段;再次,法是判断人们言行是非并进行赏罚的唯一标准,因而法具有权威性;最后,法的主要内容是刑。在申明了什么是法之后,韩非又具体提出了立法的原则,即法律要适应时势,合乎人性;法律要简明易懂并公布于众,法律是国民共同遵守的行为规则,所以制定法律的依据必须有普遍意义;法律的制定公布要统一和完善。只有遵循了这些立法原则,才能制定出理想的法律,从而为有法可依准备符合要求的法律,实现以法为本所要求的必要的前提条件。

法家人物,追求法律的最高权威、绝对权威和唯一权威,法令系判断人们行为的唯一准则，法令高于一切，法令一出任何人都必须遵守，君主更应带头遵守。对于那些敢于破坏法律的贵族大臣要做到"法不阿贵，绳不绕曲"①，打击权贵的特权，维护法令权威性。韩非还批判了儒家所赞赏的道德君子及一切有违于法的言行，认为是沽名钓誉，对社会的进步没有任何实质性的价值。在法家看来，人们的道德观念只有与国家的法令相一致时，才具有价值。只有国法才能体现公义，一切与国法相违背的言行和思想都是与公义相抵触的私行，因而应该为国家所禁止和制裁。为了树立法律的权威，法家甚至主张用法令统一人们的思想，避免人们的思想过度活跃，影响国家的统治，秦始皇的"焚书坑儒"可以说是韩非法家的观点在思想领域运用的一个例证。韩非在《五蠹》中提出了定法家学说为一尊的主张"以法为教""以吏为师"，即将法令作为教育的重点，向熟悉律法的官吏学习，遵从其治国理政之道。这样，法律的权威不仅体现在对上至君臣权贵，下至黎民百姓行为的束缚上，而且表现为对国民思想文化的控制上。董仲舒的"罢黜百家，独尊儒术"，也在某种程度上借鉴了法家要控制人们的思想的治国方式。

2. "擅势"与"独制"

在前期法家中，商鞅、慎到、申不害分别以重法、重势、重术著称，各成一派。最初提出三者必须结合的是齐国法家，韩非吸收三者指要，以法为根本，揉法、势、术三者为一体。他提出"抱法处势则治"的观点。"势"为权势，韩非以君主之权势为行赏罚之本，无权势则无法施行大政方针，法治国家就无法实现。因此，法和势必须结合。法和势是一致的，君主只有以法为根基，缘法而治才能维护其所应有的至上权威，另一方面君主只有具备至上的权威，才能推行法治。另外还提出了"法、术皆帝王不可一无之具"的观点。"术"指君主治国理政之策略和手段。韩非在总结前期法家理论时，认为商鞅的不足在于"徒法而无术"，申不害的缺陷在于"徒术而无

---

① 王先慎：《韩非子集解》，中华书局2013年版，第38页。

法",均存在严重的不足,导致政权巩固和国家治理的失败。韩非将法与术的关系比作"食"与"衣"的关系,这两者对于治国者就好比食和衣对于人类的生存一样,都是缺一不可的。韩非术治思想的基础是人性的趋利避害,君臣之间矛盾不可调和,君主必须掌握足够的权术,才能控制臣下,保持君主的权势,确保法令的贯彻和执行。

韩非是一个封建专制主义和中央集权的积极拥护者。他主张权势必须集中在君主一个人手里,封建君主应该"擅势",擅长利用大势,应该集大权于一身。他一再提醒君主要保持威严和大权,严防臣下篡权夺势。总之,韩非的法治理论是君主专制的"法治"理论,是君主统治属下百官和治理万民的方法。韩非所主张的是一个君主专制的政体,君主应该有至高无上的地位和独一无二的权力。为此,他一方面宣扬"法"是君主的命令,只有君主才拥有制定"法"的大权;另一方面,他还将君主说成"公益",认为君主既是国家的化身,也代表国家和各个阶层的利益。因此,韩非主张臣民对君主应当绝对服从,服从君主既是服从"公益",也是服从国家。[①]

(三) 董仲舒对法家思想的改造和吸收

董仲舒在何谓君权,君权如何行使等方面吸收了法家的思想,为适应中央集权的目标,实现"大一统"的政治目的,董仲舒强调君主集权和独断。为实现君权的集权和独断,必须赋予其无上的权威,而权威来源,董仲舒则离开了法家的藩篱,以"天人合一"和"天人感应"为论证基础,从阴阳学说,甚至神学那里寻找到了自己的落脚点。"天"为无上至高的人格神,无所不在,无所不能,无所不知,无所不晓,抚育天下万民,而人间最高统治者为天之子,受命于天,代天来进行统治、代天立法、立言,以君权神授论证了君主集权、独断的神圣性、权威性、合法性、合理性。换句话说,在董仲舒看来,君主的思想言论和相关指令均具有法律效力,也就是所说的"法自君

---

① 参见杨鹤皋《中国法律思想史》,北京大学出版社2000年版,第170—172页。

第二章 董仲舒法律思想的时代背景与渊源

出"。董仲舒通过神学角度的阐释，论证了君权神授、法自君出，继而强调君主的集权和独断，与法家追求的目的和对君权的设计是一致的，但是法家没有更多地考虑这种权力的来源，只是较多地归于权势和术等谋略、手段的实践操作层面，二者相较，董仲舒更加睿智，其思想更加寓意深远，解决的不是某个皇帝和王朝的问题，而是确立了整个封建皇权的合法性和神圣性。封建社会官方所修历代史书中对承继皇位之人或改朝换代的帝王均赋予神奇色彩，以表明其代表的天意。袁世凯因非君权神授之"天子"，复辟坐皇宫龙椅时的内心惶恐，惴惴不安，惧怕头顶藻井上的珠子砸中他的头。可见董仲舒"君权神授"理论影响之深远。

在具体治国策略上，董仲舒的主张和法家又有同有异，重视法律的作用，但更为重视德治，二者有主次和本末之别，即"德主刑辅"。他以儒家的德治思想为主、为本治理国家，强调统治阶级应该具备的公德和作为各阶级阶层应该秉持的伦理道德，社会个体的私德等多个方面；同时不反对法家的刑罚思想，认可刑罚的必要性和合理性，以刑罚为治国重要的辅助手段。以德禁恶于未然，来预防犯罪；以刑惩恶于已然，来惩罚具体犯罪，实现犯罪的特殊预防。他用阴阳来比附刑和德，认为两者虽有尊卑之分，主次之别，但是事物的两面，都是不可或缺的。"天出阳为暖以生之，地出阴为清以成之。不暖不生，不清不成。然而计其多少之分，则暖暑居百，而清寒居一，德教之于刑罚犹此也。故圣人多其爱而少其严，厚其德而简其刑，以此配天。"① 由此我们可以看出，董仲舒认为刑罚也是与天相配的治国手段，但是在两者比例上，董仲舒放大了德治的作用，以法治之用为德治的百分之一，显然是不合适的。董仲舒的在其著作里也大量引用了韩非的思想观点，一方面他认为应该明确法令，循名责实，"是故王者上谨于承天意，以顺命也；下务明教化民，以成性也；

---

① 张世亮、钟肇鹏、周桂钿译注：《春秋繁露·基义第五十三》，中华书局2012年版，第465页。

正法度之宜，别上下之序，以防欲也"①。由是观之，董仲舒是将儒法杂糅，既要重教化，又要明法度。另外，董仲舒也赞成信赏必罚，循名责实。董仲舒强调天子的权威，更加注重君主的专权。他的大一统思想包括政治大一统和思想大一统，其尊君思想与法家的君主集权和君权目的论紧密相连，思想上的大一统也从法家的统一思想中汲取了一些营养。

四 董仲舒对墨家思想的汲取

墨子（墨翟）所创建的墨家学派所持观点一直被认为是和儒家思想针锋相对，讲求"尚同""兼爱""非攻""节俭"。虽然据记载墨子曾求学于孔子，但他认为儒家礼仪繁琐，最终还是脱离了儒家学派而自立门户，创建了与儒家并立的显学之一墨家学派。儒学经几代儒家大师的发展传承到汉武帝时期被推崇到独尊的地位。墨家学派就没有这么好的命运，到秦汉时期似乎已经退出了历史舞台。表面上看，墨家思想到西汉时期似乎已经销声匿迹，其实不然，墨家的好多思想主张已经被董仲舒吸收到他所改造的新儒家思想当中。

（一）墨家思想

墨家作为先秦时期的重要学派一直以纪律严明而著称。前期墨家在当时有很多重要的影响，其思想主要涉及社会政治法律、伦理及认识论的问题。墨家的社会伦理思想主要以兼相爱为核心，提倡"兼以易别"，反对儒家极力宣扬的等级差别观念。墨家提倡人们之间要"兼相爱，交相利"，国家与国家之间也要"兼爱，非攻"。兼爱，就是爱人，人们之间要互爱互助，而不是互怨互损。兼爱在国家之间表现为大国不侵略小国，国与国之间无战争，和平共处，反对一切非正义战争，但墨子支持防御。他还认为天和鬼神是有意志的，即"天志明鬼"思想。天志，就是上天的意志，明鬼就是确信鬼神的存在。天是人类的最高主宰，鬼神代天意监督赏罚人间的君主，天的意志是不

---

① 班固：《汉书》卷五十六，中华书局2007年版，第567页。

可违背的。因此,无论是君王还是大臣、百姓都要遵从上天的意志,行为要"上利于天,中利于鬼,下利于人"①。墨子认为,首先"天志"要求"兼爱天下人";其次"天志"重"义",所有人均要行仁义之事;最后,"天志"要求统治者的一切决策都要有利于人民。由此不难看出,墨子实际上是借上天的神秘意志来告诫人间帝王一要宽厚爱民,二要实行"义政",三要重视人民的实际利益。

(二) 董仲舒对墨家思想的汲取

董仲舒思想体系以儒学为纲为本,杂糅诸子学说,在某些内容上,吸收借鉴了墨家思想。首先,董仲舒吸收了墨子的"天志"思想。董仲舒同墨子一样认为天是万物的主宰,人间的帝王应顺应天的意志,否则天就会降下"灾异"来警诫人类。因此,作为天子的人间君主也要受到"天志"的约束,"屈君而申天"。董仲舒"天人合一"思想中,也强调天的绝对权威,认为人间帝王的统治都是上天意志的体现。董仲舒仁爱的思想突破了孔孟的等级和血缘界限,要求爱所有的人,甚至连自然界的鸟兽虫鱼都在被爱的范围之内。由此可以看出董仲舒这种"仁爱"的思想,已经超出儒家思想的范畴,而吸收了墨家坚持的"兼爱"的思想观点。统治者做到"兼爱",就是顺应了"天志",就会得到上天的奖赏和鼓励。如《春秋繁露》中这样写道:"故天为之下甘露,朱草生,醴泉出,风雨时,嘉禾兴,凤凰麒麟游于郊。"② 其次,董仲舒还吸收了墨家的"义利"观。先秦儒家很少谈"利",孔子认为只有小人才谈论功利,孟子也重义轻利。墨子却认为义利是统一的,"交相利",利可以是自己之利,更是天下之利,他人之利。董仲舒继承了墨家这种义利统一的思想,"正其谊不谋其利,明其道不计其功"③,表面上看他好像不重功利,但事实上董仲舒是义利兼顾,"天之生人也,使之生义与利。利以养其体,

---

① 吴毓江撰,孙启治点校:《墨子校注》,中华书局2006年版,第290页。
② 张世亮、钟肇鹏、周桂钿译注:《春秋繁露·王道第六》,中华书局2012年版,第103—104页。
③ 班固:《汉书》卷五十六,中华书局2007年版,第570页。

义以养其心"①。统治者重视人民的利益即"利",就是最大的"义"。最后,董仲舒还吸收了墨家的"尚同"思想,人们的思想要集中统一,以便于有效地管理国家和实现国富民强。董仲舒在政治、思想上都主张"大一统",这和墨子"尚同"要求思想和政治都统一于天子的观点如出一辙,不能不说这其中具有一定的吸收和继承。

五 董仲舒对阴阳五行学说的借鉴

春秋时期的儒家学者,孔子不语怪力乱神,而战国时期的孟子也没有将"天"人格化,而董仲舒为确立儒家儒学的正统地位,必须让皇权选择儒家儒学,而皇权选择儒家的前提是儒家为其提供想要的思想产品,故而董仲舒寻找到了具有一定社会基础的阴阳五行说和自然天象等理论,以增强皇权的神秘、神圣程度,构建其合理化的基础,一方面构建天人感应学说体系,另一方面以之比附君权和德治教化。

(一) 阴阳五行的由来和发展

阴阳家思想的核心起于阴阳,后融合细分于五行,但最初阴阳和五行并不是一个整体概念,而是两个独立的概念。阴阳的概念在刚开始产生时是用来指称物体对日光的向背,向日为阳,背日为阴。以此为基础,通过概念的比附互联,将阴阳范畴不断扩大,由最初的解释自然现象的概念,逐步扩展到说明世界万事万物。首先,阴阳在西周时被演变为天地之气,接着为老子在道德经中所提及,后为《易传》作为解释世界上的所有现象的最基本概念。"五行"一词最早出现在《尚书·甘誓》中,书中这样记载:"有扈氏威侮五行,怠弃三正。天用剿绝其命。"② 后《尚书·洪范》中正式阐明五行为"一曰水,二曰火,三曰木,四曰金,五曰土。水曰润下,火曰炎上,木曰曲直,金曰从革,土爰稼穑"③。古人认为这五种物质就是世界的本原,

---

① 张世亮、钟肇鹏、周桂钿译注:《春秋繁露·身之养重于义第三十一》,中华书局2012年版,第330页。
② 王世舜、王翠叶译注:《尚书》,中华书局2012年版,第93页。
③ 王世舜、王翠叶译注:《尚书》,中华书局2012年版,第146页。

是构成世界万物的基本元素，实际这是人类基于遇到的自然现象进行总结而得出的抽象分类，与古印度人认为万物由地、水、火、风四种元素组成的朴素认知具有相通之处。又用木、火、土、金、水五种物质来比附五味：酸、苦、甘、辛、咸；五色：青、赤、黄、白、黑；五气：风、暑、湿、燥、寒；时序：春、夏、秋、冬；方位：东、西、南、北、中。最初五行对人们的影响并不大，人们最多只是用五行来解释一下天地自然的变化，此时的五行并没有任何的神秘色彩。这种状况一直持续到战国时，便开始有了变化。

《管子》杂糅五行和阴阳为一体，阴阳配于五行、四时、四季、日月星辰，阴阳五行学说初步形成。真正使阴阳五行说深入人心，并跻身于儒、墨、道、法等学派之林的是战国后期的齐国人邹衍。邹衍可以说是阴阳五行说的集大成者。他的主要贡献可以简单地概括为：用阴阳和五行生克来解释王朝的更替。他的一整套理论包括五德终始说和五行生克论。五德终始说在战国乃至汉初都是十分流行的，并且为统治者所信仰。五德指水、木、土、火、金的各自特性。水德以黑色为主色，木德以青色为主色，土德以黄色为主色，火德以红色为主色，金德以白色为主色。五行相生相克是指水、木、土、火、金相生相克。相生是说水能生木，木能生火，火能生土，土能生金，金能生水。相克是指水能克火，火能克金，金能克木，木能克土，土能克水。邹衍用五德始终说将五行相生克的理论与王朝更替相联系，他认为每一个王朝都对应着五行中的一种，王朝之间的更替都要受五行相克的规律制约。每个朝代兴起之前都会出现奇特的自然现象来预示新朝代所属的德性，如树木繁茂意味木德，雨水多意味水德，出现土中巨蝼意味土德兴盛。黄帝是土德，禹统治的时候是木德，木能克土，所以禹取代黄帝是顺应天意的。周朝是火德，秦始皇以水德自居，水能克火，因而为秦统一天下找到了合理根据。阴阳五行说也深深地影响着西汉人的思想，当时人们在政治、经济、文化意识形态等诸方面都受阴阳五行说的影响。因此，阴阳五行说在汉初得到进一步的发展。汉初的阴阳家们在前人理论的基础上建立了新的宇宙框架，他们以五行、四方、四时、五音、十二月、十二律、天干地支及数目等互相配合，同时又以阴阳观看待事物之间的相互联系和相互影响，希望能合理解释宇宙的现象及事物发展的规律。

（二）董仲舒对阴阳五行学说的借鉴

董仲舒的西汉新儒学思想中也吸收了阴阳家中的思想，用来阐述其"天人感应""德主刑辅"等核心理论，并且"春秋决狱"就是阴阳五行学说与儒家思想结合而来的审理案件的方法。就阴阳之论，董仲舒的叙述和论证在《管子》《吕氏春秋》和《淮南子》等诸说之上，其在详细描摹之外，引入了尊卑、主辅等伦理等级观念，实现了阴阳、五行和礼仪尊卑的融合。董仲舒非常赞同五德始终学说和五行生克理论，在他的作品之中，很多地方直接引用、阐发了阴阳学派的观点，表明了他对阴阳五行学说的认同和信仰。然而，董仲舒并未固守于先贤所构筑的"天地"结构，而是在其基础上加以修补完善和逻辑细化，并为其新儒学思想所用。董仲舒吸收利用了阴阳五行的相生相克论，目的是来讲固国之方和治国之策，宣扬儒家的德政思想，从而将儒家思想推向"正统"之地位。首先，董仲舒利用阴阳五行学说来论述"天"，天是万物之本源，天降大任于天子，皇帝是受天之命来统治世间万民，这就为汉武帝一统天下，实行中央集权制度找到了理论根据。董仲舒思想的核心"天人感应"理论就是建立在阴阳观的基础之上。董仲舒的宇宙观中，"阴阳"思想占据了相当大的位置。他的阴阳观念较先秦时代更为完备，包含了人类对这个时代的认识，也包含了人类对这个世界以及对人类本身的认识。他相信，天地之间，是有阴阳并存的，唯有阴阳相合并达到某种程度上的平衡，天地之间，便可以归于和平，但因为事物的变化和发展总会导致阴阳不总是平衡的，所以人间帝王要遵从阴阳平衡的规律，保持阴阳平衡，这对自然界和人类社会都非常重要。《春秋繁露》一书中对于阴阳之气的论述颇多。在《阴阳出入上下》篇中将阴阳定义为天地之气，详尽叙说其在四时的运行起讫时间和地点及运行方式，以及相遇相交转换的时间和地点方式。在"十端"的基础上，合天地、阴阳、五行和人

第二章 董仲舒法律思想的时代背景与渊源

而为一,"天地之气,合而为一,分为阴阳,判为四时,列为五行"①,五行系五官,也涵盖了人事,阴阳五行是天地之气化于精微的细分表现,是神明之天投射人间世界的体现,也是人间窥测天意的脉络。"土者,火之子也。五行莫贵于土。土之于四时,无所命者,不与火分功名"②,"如金木水火,各奉其所主以从阴阳,相与一力而并功。其实非独阴阳也,然而阴阳因之以起,助其所主。故少阳因木而起,助春之生也;太阳因火而起,助夏之养也;少阴因金而起,助秋之成也;太阴因水而起,助冬之藏也"③。阴阳征显的是天的尚仁之志,五行呈现为天志的精微运行路径或模式,以五行所体现的客观物质属性解释"五事",附会不合规范会导致的自然结果,如"王者与臣无礼,貌不肃敬,则木不曲直,而夏多暴风。风者,木之气也,其音角也,故应之以暴风"④,赋予五行季节特征,将其生克运行规律和五官及其职责相配合,要求君王以天道运行规律设置官吏,治国理政,而受神明之天庇佑,反之则会被惩罚,这也是"灾异赦宥"思想的渊源。"天道大数,相反之物也"⑤,意思就是讲天地万物都具有阴阳两种属性,无一例外。"阴阳之气俱相并也"⑥,即阴阳两种属性可以共生一物,两者并不冲突。并且,董仲舒也意识到了阴阳平衡的问题,他认为事物之间的阴阳之气并不是均分的,并且由于时间的推移阴阳之气的比重也会在合理区间内发生一定变化,"春夏阳多而阴少,

---

① 张世亮、钟肇鹏、周桂钿译注:《春秋繁露·五行相生第五十八》,中华书局2012年版,第487页。
② 张世亮、钟肇鹏、周桂钿译注:《春秋繁露·五行对第三十八》,中华书局2012年版,第396页。
③ 张世亮、钟肇鹏、周桂钿译注:《春秋繁露·天辨在人第四十六》,中华书局2012年版,第433页。
④ 张世亮、钟肇鹏、周桂钿译注:《春秋繁露·五行五事第六十四》,中华书局2012年版,第522页。
⑤ 张世亮、钟肇鹏、周桂钿译注:《春秋繁露·阴阳出入上下第五十》,中华书局2012年版,第449页。
⑥ 张世亮、钟肇鹏、周桂钿译注:《春秋繁露·阴阳终始第四十八》,中华书局2012年版,第440—441页。

秋冬阳少而阴多"①，所以这就需要根据季节的不同来采取一定的措施对阴阳之气进行合理补充，这也是"春秋决狱"思想的直接来源。天地之间存在阴阳之气，这也是天与人之间交流的渠道。"天地之间，有阴阳之气，常渐人者，若水常渐鱼也。所以异于水者，可见与不可见耳，其澹澹也。然而人之居天地之间，其犹鱼之离水，一也。其无间，若气而淖于水，水之比于气也，若泥之比于水也。是天地之间，若虚而实。"②人在世间，就像是活在水里的鱼，而阴阳之气就是鱼赖以存活的水。社会之中，皇帝就是靠着"阴阳"这两种能量，来管理自己的臣民百姓。因此，就是这样董仲舒通过对阴阳五行学说的借鉴为封建君主专制寻找到了理论上的合理性。

董仲舒对阴阳五行学说进一步阐发，把"阴阳"理论同"三纲"之说结合，确定了封建社会最基本的伦理道德。他说："天子受命于天，诸侯受命于天子，子受命于父，臣妾受命于君，妻受命于夫。"③他又说："君为阳，臣为阴；父为阳，子为阴；夫为阳，妻为阴。"④，他认为"君臣、父子、夫妇之义，皆与诸阴阳之道"⑤。其实，通过三纲附会阴阳，董仲舒就把儒家的别尊卑贵贱等级的宗法制度确立为封建社会必须遵循的伦理道德，顺应了儒家尊君思想的要求，也扩大了儒家伦理所调整的人群。另外，董仲舒还从"阴阳"理论中为其"德主刑辅"思想找到了依据。他认为，德为阳，刑为阴，天地间阴阳共存，缺一不可，因此德和刑都是必备的统治手段，但因为又有阳尊阴卑的道理，所以君王应该重德卑刑，大德小刑。君主作为天之

---

① 张世亮、钟肇鹏、周桂钿译注：《春秋繁露·阴阳终始第四十八》，中华书局2012年版，第440页。
② 张世亮、钟肇鹏、周桂钿译注：《春秋繁露·天地阴阳第八十一》，中华书局2012年版，第650页。
③ 张世亮、钟肇鹏、周桂钿译注：《春秋繁露·顺命第七十》，中华书局2012年版，第559页。
④ 张世亮、钟肇鹏、周桂钿译注：《春秋繁露·基义第五十三》，中华书局2012年版，第465页。
⑤ 张世亮、钟肇鹏、周桂钿译注：《春秋繁露·基义第五十三》，中华书局2012年版，第465页。

子，代表天来治理民众，就应秉承天意，要尊阴阳之道，尊阴阳之道就要厚德简刑，这样，董仲舒"德主刑辅"的主张通过阴阳比附也得到了有力的论证。董仲舒还把阴阳学说应用到司法实践上。他认为阳主生，阴主杀，春夏主阳，秋冬主阴，因而提出了顺天择时的"司法时令说"，春夏应行录囚减刑赦免之事，而秋冬则要行刑，包括执行死刑，行处罚之事。董仲舒法律思想认为"天人合一"，人间的赏罚应与"天意"相符。在春夏万物生长之际，应从事教化奖赏，秋冬万物肃杀之际，则应从事断狱活动，故而"秋冬行刑"成为制度。[1]

董仲舒的时代没有技术和知识储备让他对宇宙做一个实际自然的整体观察和思考，其阴阳五行之论是在阴阳学说和易学基础上对时空变化的抽象思考，"天辨在人"，以阴阳作为变化的主体，阳主阴辅，阳经阴权，阳出而南，阴出而北，这也符合董仲舒生活的中原地域太阳的轨道，其生活的中原地带的四季分明，阴阳五行之变较为明显。"天道之大者在阴阳"[2]，董仲舒认为天道决定阴阳，同时提出"阳为德，阴为刑；刑主杀而德主生"[3]，春夏天万物萌生显之为阳，秋冬万物肃杀枯萎体之为阴，春夏秋冬代表阴阳兴衰、五行周转。阴阳虽然矛盾对立，但互相转化，阳主阴辅，阴随阳转，"天之任阳不任阴、好德不好刑"[4]，以阳德阴刑论证天尊地卑、阳尊阴卑，阴阳两气具有道德、纲常等价值化评判标准，阴阳之变也是天道之变，是天的意志的体现。董仲舒以相对客观的自然主义天文描述来判断和导入天道，以天道来判断事物是否符合天的价值观和意志，把人的因素加入其中。阴阳家的思想已经深深嵌入董仲舒的法律思想体系中。阴阳学说本来是和儒、墨、道、法并列的显学之一，经过董仲舒的吸收和改造，与儒家思想相结合，最终成为论证儒家思想的一种理论工具，成为儒家天道观丰富细化的逻辑支撑和理论渊源。儒家的基本精神和治国思想

---

[1] 参见马小红《中国古代法律思想史》，法律出版社2004年版，第147页。
[2] 班固：《汉书》卷五十六，中华书局2007年版，第563页。
[3] 班固：《汉书》卷五十六，中华书局2007年版，第563页。
[4] 张世亮、钟肇鹏、周桂钿译注：《春秋繁露·阴阳位第四十七》，中华书局2012年版，第438页。

都通过五行阴阳合理化、权威化，加上汉武帝的采纳和接受，最终成为普遍遵守的政治思想哲学。这样经过改造后的儒家思想就具有了普遍的指导意义，并为天子所贯彻执行，奠定了儒学在汉代及后世历朝历代的封建正统法律思想地位。董仲舒通过将神明之天细分演化为阴阳二气和阴阳五行，将人们无从揣摩且未知的神明世界呈现到可以揣摩面对的客观世界之中，将不可预知的天意和人间沟通起来，同时将这种沟通的权利赋予了君王和通阴阳晓五行的儒家圣人，这种解构重组，超越了旧有的单纯的以崇祭为主的宗教世界观，一定程度上消弭了对"天"及未知世界单纯的恐惧，这也是儒家学说和西方宗教观点的分野，这种重构为封建帝国的大一统提供了理论支撑和应对来自上天这一未知世界的方法，在这一认知过程中植入道德文化基因和相应的时代性信息。董仲舒的学说为长期依赖农耕文明的中国传统社会创立系统的经验认知管理知识体系，统治者和社会大众可依据这一经验世界去理解客观世界，并对生产生活加以安排，为中国传统社会中农业文明的长期稳定发展提供了支撑，但这种理论是基于唯心观点设计，虽具有大量的客观成分，但其讲求"元""一"和基于神明下的普遍联系的思维方式，无形中降低了人们进一步探索未知客观世界的好奇心，阻碍了自然科学的发展，限制了自然科学的发展和资本的勃兴。

第三节　董仲舒法律思想的儒家化

钱元凯、程维荣等学者认为，所谓儒家化，就是以儒家的政治法律思想作为封建立法、司法的指导原则，以儒家伦理道德规范作为封建法治建设的核心内容。法律儒家化的进程首先从法律思想的儒家化开始，法律思想儒家化是法律儒家化的前奏，由思想的影响逐渐过渡到司法实践和具体的法律规定当中，即"引经决狱""引经注律""引礼入律"，最后，以儒家思想为指导的法典——《唐律疏议》的制定完成标志着法律儒家化的完成。法律儒家化进程中最重要的一步就是法律思想的儒家化，它是法律儒家化的前奏，也为法律的儒家化奠定了坚实的思想和理论基础。

一 法律思想儒家化的原因

董仲舒所倡导的新儒学适应了西汉社会政治、经济发展需要，西汉到了汉武帝时期，经过七十多年的恢复与发展，政权巩固，经济繁荣，中央集权制度得到加强。为了维护和发展汉初以来政治、经济上的大一统局面，迫切需要统一人们的思想。同时，秦王朝短短十几年就灭亡的教训，使得汉初一些较有远见的地主阶级政治家认识到，仅靠严刑镇压是不能维持统治的长治久安的，还必须借助一种相对容易接受的理论或者学说来统一人民的思想，弱化人民的反抗意识。而汉初黄老学说所奉行的无为而治的主张，已经不能适应这种时代的需要。以孔、孟为代表的"难与进取，可与守成"的儒家学说，则正符合了统治者的这种要求。董仲舒正是顺应了这种需要，适时地向汉武帝提出了"罢黜百家，独尊儒术"的主张，得到了统治阶层的肯定。他说："春秋大一统者，天地之常经，古今之通谊也。今师异道，人异论，百家殊方，指意不同，是以上亡以持一统；法制数变，下不知所守。臣愚以为诸不在六艺之科孔子之术者，皆绝其道，勿使并进。"[①] 董仲舒提出的"春秋大一统"就是要把诸子百家的思想都统一到"孔子之术"上来，以儒家学说作为官方的指导思想。但我们前边已经讲过，董仲舒提倡的"儒术"及"孔子之术"，与春秋战国时儒家思想已经有所不同。

法家作为新兴地主阶级的代表，用严刑酷法镇压农民的反抗，认为"王者之政莫急于盗贼"，"仁义不足以治天下也"，"去奸止过，莫若重刑"，对人民进行严酷统治，以实现国家强盛和统一。而在秦始皇统一六国后，因为历史的惯性和成功路径的依赖，仍以法家思想作为统一封建王朝的立国指导思想，制定了"专任刑罚"的方针，结果导致了秦

---

① 班固：《汉书》卷五十六，中华书局2007年版，第570页。

朝二世而亡。这说明仅仅依靠严刑峻法不能达到维护统治秩序的稳定，维护政权长治久安的目的，更难以达到秦始皇所希望的那样皇位传给子孙，二世、三世，以至万世，皇位永远由他一家继承下去，"传之无穷"。秦王朝的覆灭，宣告了以"弃礼任法"为主要内容的法家思想的失败，因此来说，有必要对法家的主张进行改造。但是，法家的很多主张也存在着很多合理的地方，如法家思想注重唯物精神，注重办事效率，可以激发地主阶级的生产创造热情；强调法令规范统一，便于操作执行和引导人们遵守等等，值得儒家借鉴与吸收。

因此说，调整尊卑、长幼等级关系的法律制度也必须符合社会实际，否则会危及社会的稳定。秦朝专任刑罚，脱离宗法社会的社会实际，导致二世而亡的教训正说明了这一点。崇尚西周礼法传统并从其发展而来的儒家思想正是对这一宗法关系传统的继承与发展，它的主张与要求符合社会的传统与结构，符合宗法社会的社会实际需要，具有强大的生命力，在董仲舒的改造下，它脱离了简单狭隘的奴隶制血缘宗法关系和对旧例的过度崇尚和依赖，而将整个社会人群地主阶级和农民阶级均纳入其中，礼与法律规定并重，实现了儒家法律思想的升华。因此说，中国古代法律的儒家化，在某种意义上说是历史的必然。

二 法律思想儒家化的途径

在董仲舒向汉武帝提出"罢黜百家，独尊儒术"之前，像丞相魏其侯窦婴，太尉武安侯田蚡，御史大夫赵绾，郎中令王臧等都对儒家学说有所推崇，并开始在治理国家和处理政务时引进儒家思想，并向文帝和景帝推荐，均"隆推儒术，贬道家言"，但之所以没有成功，除了政治原因之外，其主要原因就是这时的儒家思想还没有得到改造，没有形成一套完整的、符合统治者需要和社会发展趋势的思想体系。法律制度的变革，首先是法律思想的变革，只有在法律思想改变之后，法律在法律思想的指导下，才能实现法律制度的转变。而在法律思想变革之前，首要的就是必须建立一套完整的、切实可行的、符合人们认知要求的法律思想体系。在比较完整的法律思想体系建立之前谈法律思想的转变，那只能是空想。因此说，缺乏儒家法律思想指导的法律儒家化只能是无源之水，无本之木。只有在法律指导思想转变之后，才能开始影响立法和司法，实现由法律思想到具体法律规定和司法实践的过渡，从而从根本上实现法律儒家化的转变。因此说，法律儒家化的前奏是法律思想的儒家化，而法律思想儒家化的前提则是建立比较完善的、以儒家思想为指导的法律思想体系。董仲舒正是认识到了理论的重要性，在借鉴、吸收、融合诸子百家法律思想和法律主张并用儒家思想进行改造的基础上，提出了自己的一整套以儒家思想为指导的且比较系统的法制理论和法律学说，从而为法律的儒家化打下了坚实的思想和理论基础。

董仲舒通过借鉴、吸收诸子百家学说所建立起来的法律思想体系如下：

首先，"德主刑辅"是总的指导思想。董仲舒总结秦朝速亡的教训，认识到"徒法不能自行"，刑罚过重，只会使犯法者越来越多，造成社会动乱。汉朝如果沿袭秦法，循而不改，那么势必会出现"法出而奸生，令下而诈起，如以汤止沸，抱薪救火"[①] 的局面，弄得不可收拾，"为政而任刑，谓之逆天，非王道也"[②]。

因此，他认为汉朝必须以秦朝之速亡为鉴，改弦易辙，除了刑罚以外，还应当用其他的手段来缓和阶级矛盾，即用儒家的仁德代替法家的严刑，提出并论证了"德主刑辅"说。"德主刑辅"的原则并不是董仲舒自己独立创造出来的，而是有其历史渊源的，早在西周时统治者就提出施政中司法要"以德配天，明德慎罚"，施政还是司法都要重视"德"，慎重使用刑罚。"明德"的含义是说要尚德敬德，国家治理中要体现德的要求，突出德的地位，强调德的功能；"慎罚"的含义是说在道德教化、说服教育不起作用时，不能抛弃刑罚和轻视刑罚的作用，尤其是对那些罪大恶极者要做到"刑兹无赦"，同时在

---

① 班固：《汉书》卷五十六，中华书局2007年版，第564页。
② 张世亮、钟肇鹏、周桂钿译注：《春秋繁露·阴尊阴卑第四十三》，中华书局2012年版，第418页。

定罪量刑时一定要慎重,"明德慎罚"主张的具体要求就是"实施德教,用刑宽缓"。先秦儒家对"德与刑"进行了更进一步的阐述,孔子讲为政要"宽猛相济","宽"与"猛"则主要指法制。孔子说"君子怀德,小人怀土;君子怀刑,小人怀惠"①,意思就是说小人整天想的是田地和恩惠,而君子注重的是德行和刑罚。由此可以看出孔子视德与刑为政治两手,两手都要注重,但应当把刑罚作为教化的辅助手段。从而为"德主刑辅"原则的提出奠定了理论基础。

董仲舒"德主刑辅"的思想,即在道德与刑罚之间的矛盾中,坚持以"德治"为主,"法治"为辅,"德治"与"法治"相结合的思想理念与方法论。董仲舒在《春秋繁露》中提到:"仁之美者在于天。天,仁也。天覆育万物,既生而化之,有养而成之,事功无已,终而复始,凡举归之以奉人,察于天之意,无穷极之仁也。"② 三横并用一竖连贯其中,叫作"王"。三横画,代表天、地和人,而连贯其中的一竖画,表示贯通天地和人的原则。用天地和人之中的道理并能连贯起来检验通晓的,不是天子谁又能够与之相当呢?所以天子是上天授予的,效仿天时使之成人,效仿天命并因循别人,效仿上天的原则而依据它做事,效法上天的方法而以它实现治理,效仿上天的思想而使之归向仁爱。仁当中最美好的在上天。天,是仁爱的。上天抚育万物,教化并使之生长,又养育并使之完成生长,所以事业的功绩无穷无尽,周而复始,所有的事全归于奉献给人类。考察上天的用意,是无边无际的仁爱。人是从上天接受使命,从上天取得仁爱而成为有仁爱的人。因此才有父兄子弟间的亲情,有忠信慈爱的思想,有礼义正直谦让的行为,有是非逆顺分明的治事方略,条理鲜明而又宽厚,知识广阔而又博大,做人的原则只有这样才可以与上天相匹配。上天经常以慈爱、给别人利益作为本意,以养育成长当作本务,春、夏、秋、冬四季全是上天使用的方法。天子也经常以慈爱给天下带来利益作为本

---

① 杨伯峻译注:《论语译注》,中华书局2009年版,第37页。
② 张世亮、钟肇鹏、周桂钿译注:《春秋繁露·王道通三第四十四》,中华书局2012年版,第421页。

意，以整个社会的安逸快乐当作本务，喜好厌恶、高兴愤怒全是天子使用的手段。基于此，作为奉天之命的天子，必须以仁爱之心治理国家，管理臣民，而不能滥用刑罚，即"取仁于天而仁也"①，因此，"德治"才是国家治理的根本方法。

为了论证"德主刑辅"学说，董仲舒把德刑与阴阳结合起来阐述二者之间的必然联系。董仲舒曾言："达阳而不达阴，以天道制之也。"② 天以阳为贵，阴为贱，能得阳而不在阴，这是无条件服从阳尊阴卑的基本规律。既然阳是美德，阴是刑罚，那么尊重美德、惩罚谦卑是必然的。因此，道德比刑罚更重要，刑罚只是社会治理的辅助手段，而不能将其摆在首要位置。道德和刑罚是对立统一的。从一方面来看，道德和刑罚都有自己的地位和功能，以德为重，以刑为辅，德主生，刑主杀戮。但两者却是一体的，德治不可脱离惩罚，而惩罚则必须通过德教来消灭民众的抵抗，董仲舒的这种观点不但将"两相对立"的辩证思维运用在德与刑的关系上，同时也折射出一个现实：没有惩罚和制约，人民的欲望就不可能得到节制，对违背伦理道德的行为也无可奈何，只靠道德来治理国家，也无法实现国家治理的良好效果。因此董仲舒认为："教，政之本也；狱，政之末也。其事异域，其用一也。"③ 刑罚只是教化的辅助手段，只有用刑罚促成"德治""教化"，才能实现国家的长治久安，"故刑者德之辅，阴者阳之助也"④。董仲舒教导统治者对被统治者要先施以教化，教化所不及者再用刑罚，"圣人之道，不能独以威势成政，必有教化"⑤。

---

① 张世亮、钟肇鹏、周桂钿译注：《春秋繁露·王道通三第四十四》，中华书局2012年版，第421页。
② 张世亮、钟肇鹏、周桂钿译注：《春秋繁露·阳尊阴卑第四十三》，中华书局2012年版，第414页。
③ 张世亮、钟肇鹏、周桂钿译注：《春秋繁露·精华第五》，中华书局2012年版，第96页。
④ 张世亮、钟肇鹏、周桂钿译注：《春秋繁露·天辨在人第四十六》，中华书局2012年版，第436页。
⑤ 张世亮、钟肇鹏、周桂钿译注：《春秋繁露·为人者天第四十一》，中华书局2012年版，第401页。

法自君出——立法的基本原则。君权神授是董仲舒的重要观点，通过神化君权来加强君主的至尊地位。他认为天乃万物之祖，人间的万物都是由天决定的，而"天子受命于天，天下又受命于天子，一国则受命于君"[①]。天子受命于天，是沟通天上人间的代表。既然封建帝王是上天在人间的代表，那么天子的意志就应该是天意的体现，所以，天子的思想、语言、行为都来自上天的意志，当然也就具有了法的效力，君主可以一言立法，一言废法，一言改法。君主的意志和言行当然也就是法律。因此说，在董仲舒的法律思想中，神化皇权是法自君出的根本依据，而法自君出又是他封建立法的基本原则，所以他得出结论说"《春秋》之法，以人随君，以君随天"[②]。君权神授的理论肯定了封建君主在人间的绝对统治地位，使君主独掌立法大权，有助于维护君主的至尊地位和封建统治秩序，因此，"君权神授、法自君出"的政治主张和法律观点在当时适应了统治者加强中央集权的需要，乐为统治者所接受。著名哲学家冯友兰认为，董仲舒所构建的政治哲学体系的核心是"法天以治人"，结合《春秋繁露·王道通三》这一篇章，冯氏总结了帝王"法天以治人"的五条具体措施，一是"法其时而成之"，统治者的庆赏刑罚均按照春夏秋冬四时之有序变化；二是"法其命而循之诸人"，帝王通过祭祀等礼仪接受上天的指令，在内化己德之后，以成化中人之性为目标教化万民；三是"法其数而以起事"，帝王厘定官制，置公、卿、大夫、元士，依天之道而分别为三、九、二十七、八十一之数；四是"法其道而以出治"，帝王之政令、决策要"视天而行"，遵守并重视天道的规律变化；五是"法其志而归之于仁"，帝王应以仁政治理天下，效法上天以爱利人之原意。[③]

"春秋决狱"——司法的基本精神。董仲舒首倡的"春秋决狱"，

[①] 张世亮、钟肇鹏、周桂钿译注：《春秋繁露·为人者天第四十一》，中华书局2012年版，第400—401页。

[②] 张世亮、钟肇鹏、周桂钿译注：《春秋繁露·玉杯第二》，中华书局2012年版，第30页。

[③] 参见冯友兰《中国哲学史（下）》第二编第2章，华东师范大学出版社2000年版。

宣布儒家思想开始涉足司法领域。所谓"春秋决狱",就是以儒家经典《春秋》所体现的儒家思想精神来审理案件,有时也称之为"引经决狱",部分情况下二者通用,若二者加以比较,"引经决狱"是"春秋决狱"的发展,因为随着案件的变化和日益复杂,仅用《春秋》一经显然难以胜任,出现在多部儒家经典中寻找法律理论支撑的情况。由于"汉承秦制"的原因,汉初的很多法律都是继承于秦代法律,指导思想也是法家的理论主张,这与儒学独尊的需要很不相符。儒学的独尊要求儒学成为社会各个领域的指导思想,而作为社会矛盾主要调整手段和阶级统治工具的法律制度则是儒家思想要重点突破的对象。当法律规定与儒家思想相矛盾,或者法无明文规定,而在以儒学为理论依据的完善的法典无法在短期内形成的前提下,用儒家思想的视角对现行的律例进行阐释,并通过"引经决狱"的方式,可以填补这一缺憾。因为"春秋决狱"可以使现行的法律和司法制度能够适时地与变化的政治意识形态相适应。"引经决狱",就是利用儒家经典《春秋》等来进行司法审判,也就是以儒家的教化理念作为断案的基本原则,在审判的时候,必须将儒家的理论作为分析、认定犯罪的依据,并按照经文的内容来进行解释和运用。"经义",即《诗》《书》《易》《乐》《礼》《春秋》。在各经书中,《公羊春秋》是其律学的主要依据。任何思想需要传播并占据主流,要得到政府当局的认可,需依靠政府的大力扶持和推动,有时甚至要通过国家强制力来助力其理念的流传。在此进程中,因为社会各阶层和君主西汉武帝的需求,有必要通过儒家的理念来缓解社会上的冲突,以解决因残酷的惩罚而引起的民众的怨恨。董仲舒借此机会,对汉武帝提出了"罢黜百家,独尊儒术",使儒家独尊的建议,并为汉武帝所接纳,得到了朝廷的积极支持。董仲舒在政府的大力支持下,率先在司法方面推行自己的法律思想,推行"引经决狱",先礼后治,由此使得其法学理念的影响力得以快速扩展,从而开启了封建社会法律思想儒家化的进程。

第三章

董仲舒法律思想的主要内容

第一节　董仲舒法律思想的根源——法之本源出于天

对天的认识，中国远古居民有一个不断反复演进的过程。文明之初，远古之民畏天之威而无对天之识，后来通过黄帝、神农等古之先贤，人们开始认识天地自然，从盘古、伏羲、女娲、黄帝战蚩尤等远古神话和史实掺杂的记述中，可以看出当时的人神、人天并无严格具体的分野。在原始社会，人们没有能力来解释诸多的自然现象，在和自然灾害和猛兽的斗争中也往往处于劣势，普遍恐惧自然力量的伟大。遇有圣人出，具有他人所不知的技能，且富于想象，勇于尝试，好为大言，或者确曾在冥想、睡眠、高烧等状态中呈现过自己臆想的同其他灵物的较量或者授意。后来，其就不断用狂舞、麻醉等手段，以期重新能够找到失去的灵感，酒在古代用于敬鬼神，实际也通过酒精的麻醉性能起到了类似通灵的作用，在反复夸张的重演中，逐渐形成了施行法术的基本套路，也形成了对事物因果关系的独特认知见解以及模糊逻辑语言的表达之道，这些人本质上就是巫师，所施行之法术就是巫术，藉此，社会摆脱沉闷和压抑，步入一个"巫主民"阶段。中国巫术文化起源很早，《吕氏春秋》《淮南子》等著述中记录古人已经开始用"类同相召，气同

第三章　董仲舒法律思想的主要内容　　　111

则合，声比则应"①及"火上荨，水下流，故鸟飞而高，鱼动而下，物类相动，本标相应"②的思维方式，进行事物事件的原理分析。但巫师所体现于世人眼前的是借助于道具的夸张表演，缺乏深究天地道理和总结事物哲学规律的热情和兴趣。中国古籍常谓黄帝、颛顼、帝喾、尧、舜五帝"生而神灵……其知如神……聪以知远，明以察微"③，可通"幽明之占，死生之说，存亡之难"④，现在看他们应该是具有部分巫师的品格。《尚书·尧典》，舜"在璇玑玉衡，以齐七政"⑤，部分学者如汉之马融、郑玄认为璇玑玉衡为美玉所制天文仪器，出土或传世可见的璇玑则多为璧圆像日，齿带光芒的玉璧，实际是制作精良的模拟日月之象的模型。古之先帝在敬天做法之外，在迎日、送日过程中多会形成观测和记录天象的习惯，以传天数，"敬授人时"（《尚书·尧典》）。

最早期的人类信仰中，天人之间并没有截然的区别，盘古开天而身化大地万物，女娲炼五彩石补天的神话反映天在某些方面可能是人的形象的投射，天有人之喜好、理性、意志。董仲舒在继承孔孟天道理论的同时，走向了神秘主义，把中国早期的自然哲学转化为拟人化的天道哲学，其一方面赋予自然以意识主体的权利，来引发人的主动行为能力，另一方面又强调人的被动性，人服从于天，违背天意必须承担后果，将自然之天道与主体之天进行了转换，把自然主义转换为非自然的天威主义，即首先肯定了自然层面的天道哲学，以周流之气为主；再转换自然天道为天的人间价值观判断的威权，强调道德的权威来源；继而把道德加之于自然，赋予自然阴阳道德属性，将五行及所影响的春夏秋冬之四季更迭推演为人间纲常。自《尚书·吕刑》所记，颛顼命重黎"绝地天通"，将神权归于人权，使中国文化朝人性化、理性化的方向发展，逐渐淡化对神的关注。"绝地天通"同时导

---

① 许维遹：《吕氏春秋集释》（下），中华书局 2010 年版，第 558 页。
② 张双棣：《淮南子校释》，北京大学出版社 1997 年版，第 246 页。
③ 司马迁：《史记·五帝本纪》，中华书局 2006 年版，第 1—2 页。
④ 司马迁：《史记·五帝本纪》，中华书局 2006 年版，第 1 页。
⑤ 王世舜、王翠叶译注：《尚书·尧典》，中华书局 2012 年版，第 16 页。

致了皇权对神权及通天权力的垄断,一般儒者虽偶尔能相祭礼,但因西汉之前对礼仪重视程度有限,儒者相礼之职业也未为固定,巫祭并行,儒者因获悉天命渠道的丧失而渐渐难以知天,圣如孔子也是在五十之后才敢称知天之命,对怪力乱神多有不言。孔子以"下学而上达",修习易经试图沟通天命,为圣人计,后代儒家认为通过孔子"西狩获麟"等事件的表现,孔子是可以沟通天命的;孟子则力研天之性,人之性,以获知人心和天命的相通。明代思想家李贽以批判的精神对儒家获知天命表示了强烈的质疑,认为一般人是完全不能"知天命""通天道"的,无论如何"下学"也难置于"上达"。当然儒家的总体思想是积极入世的,其期望的或许正是一个理性的可知的眼前世界,许多神秘的色彩和理论,是其思想的内容,也或许是宣传其思想而干进帝王的手段。陈来说:"儒家注重文化教养,以求在道德上超离野蛮状态,强调控制情感、保持仪节风度、注重举止合宜,而排斥巫术,这样一种理性化的思想体系是中国文化史漫长演进的结果。它是由夏以前的巫觋文化发展为祭祀文化,又由祭祀文化的殷商高峰而发展为周代的礼乐文化,才最终产生形成。"①

五帝的统治和夏朝的建立虽都依赖了具有自然崇拜特点的巫术,以"相似联想"和"接触联想"为特征的原始思维在法天象地的同时,多表现为纯粹的幻想特质,难以系统、规范地继承发扬。随着占卜等巫术活动预言的内容和自然及事物发展真实情况不断出现差异,人类在不断进步的缜密思考中渐渐失去了以巫师强大灵力和巫法指导生活和工作的信心,内心逐步倾向于承认至高无上且神秘莫测的神灵之"天"。夏末,帝孔甲、夏桀,以巫术统治万民方式开始走向末路;商汤立国后,流行的巫术文化已经让位于以祭祀为核心的宗教文化,"夏道遵命,事鬼敬神而远之,近人而忠焉……殷人尊神,率民以事神,先鬼而后礼"②,开始在政务活动中增加对鬼神的依赖,重视祭祀之礼。到西周政权建立之时,西周的统治者认识到商的祖先也不能保

---

① 陈来:《古代宗教与伦理》,生活·读书·新知三联书店1996年版,第10页。
② 朱彬:《礼记训纂》卷三十一,中华书局1996年版,第792页。

第三章 董仲舒法律思想的主要内容

佑商朝万世不易,当然西周的祖先也不可能,所以西周以天命观作为立国之本,透过殷末的乱局,西周统治者强调周代殷"作民主"系"受命于天",开始以天命观强调其立朝的毋庸置疑的合法性。东周王室衰微,春秋战国诸侯争霸,必须靠大权独揽和恰当运用赏罚、任免和监督,才能有效控制和驾驭国家,取得争霸优势,由之催生专制集权,春秋战国强调"日新",重新发掘认识人自身的价值,天的神圣地位下降。诸子百家这些知识精英以特有的敏锐意识,觉察到社会已发生巨变,纷纷基于各自的立场发表意见,深化重民思想,弘扬人的独立精神。孔子弘扬仁道,释礼以仁,就是将旧礼制体现之天人关系、神人关系置换成仁而爱人之人际关系,引领人们从神道设教解脱;孟子继承了孔子仁的思想,以民意来解释天命,发展成为仁政学说;荀子以人与无生物、动植物的社会性区别为切入口来给人定位,以人的主观能动性为基本特征,重视后天的行为和努力。

先秦儒家的本质是人文主义,先秦儒家的"仁"学的产生与发展标志着古代的神学已经演化为人学,但儒学谦恭之礼并不适合纷争之世,儒家学说观点式微之时,阴阳五行学说既有尊天之意,又强调五行生克变化,强调统一体内对应因素互相依存、互相转化并最终达到动态平衡,成为显学,邹衍以"王居明堂"之礼为形式,以五行生克为根,为当时的统治者设计了一年各季的施政纲领,将五行能否顺利运转、阴阳能否及时"消息"当成了宇宙和社会发展的原动力,后《吕氏春秋·十二纪》《管子·幼官》《夏小正》《逸周书·时训解》《礼记·月令》及《淮南子·时则训》等书承继发展了他的思想。战国后期,七国争夺疆域人口,各国都成了法家、军事家的天下,法家之论,"利出一孔","刑无等级,自卿相、将军以至大夫、庶人,有不从王令、犯国禁、乱上制者,罪死无赦。有功于前,有败于后,不为损刑。有善于前,有过于后,不为亏法"[①]。秦国完成六国归秦的宏伟大业之后,武断、片面的任法,导致人民反抗而亡,同时专一任法

---

① 蒋礼鸿:《商君书锥指》,中华书局1986年版,第100页。

功利也极大地破坏了社会风气。

董仲舒作为时代先知先觉者,其政治主张适应汉朝政治形势的变化和人民生活需要,废止了因循政治和法律的不当沿袭,开始变秦法而复古更化,其"推阴阳"而为"儒者宗"。在董仲舒的理论构架中,天又成了万事万物的本源和有意志人格化的最高神;但需要说明的是董仲舒却并没有将"天"赋予它具体化的人的形象,"天有十端",将天转化为由阴阳五行以及天地人共同构成的宇宙,以"十端"之间的神秘互动,将神灵意志与自然法则加以结合,重新创造天和提升天的地位,战国时曾被分开的天人关系,被董仲舒以"灾异以见天意"①"圣人传天意"等逻辑体现转换的办法实现了重新的融合对接,殷周以斋戒祭祷和卜筮通天,西汉祭祷的同时还要明五行阴阳,知天象地理灾异变化。法家强调"一"和"以法绳民",儒家德治思想主张"明教化民"。董仲舒通过性三品之论,肯定教化可行和重要性,同时与孟子的"主扩充"和荀子"主矫抑"区别开来,更把"明教化民成性"的责任和权力赋予了至高的皇帝。董仲舒针对"基于教化"曾有三项重要建议:一是皇帝要为天下之榜样。如每至正月孟春,皇帝携皇后等率三公九卿到籍田上亲自躬耕,秋熟之时又以籍田之收报祭上苍,以祭品"躬亲为之"使天下人看到帝王孝天、敬天之至诚。二是要兴太学培育新型官僚。"小吏浅闻,不能究宣,无以明布谕下"②,董仲舒建议"兴太学",培养能尽教化之责的知识型官僚集体。三是要改行察举选拔官吏。一改汉初荫任(类似于接班)和资选(从豪富之家选任)制度,改由皇帝下诏,"使诸列侯、郡守、二千石各择其吏民之贤者,岁贡各二人"③,"量材而授官,录德而定位"④。董仲舒"正法度","因天地之性情","以立尊卑之

---

① 张世亮、钟肇鹏、周桂钿译注:《春秋繁露·二端》,中华书局2012年版,第177页。
② 司马迁:《史记·儒林列传》,中华书局2006年版,第701页。
③ 班固:《汉书》卷五十六,中华书局2007年版,第566页。
④ 班固:《汉书》卷五十六,中华书局2007年版,第566页。

制，以等贵贱之差"①，主张在"设赏以劝之""务致民令有所好"的同时，"设罚以畏之"，令民"有所恶，然后可得而畏也"②，用自然之理来论德刑关系。董仲舒说："天出阳为暖以生之，地出阴为清以成之。不暖不生，不清不成。"③ 德教和刑罚一样互相不能分割；至于"计其多少之分"，一年四季之中毕竟是暖暑要多于清寒，与此相对应圣人治理天下，应"多其爱而少其严，厚其德而简其刑，以此配天"④，才能"同诸天地，荡诸四海，变易习俗"⑤。春季之时应"修仁而求善"，夏季之时应"修德而致宽"，只能在秋冬之季"秋修义而求恶，冬修刑而致清"⑥，处决囚犯。

夏商周三代以来，中国统治文化由巫觋转向祭祀，继而向礼乐演进，西周的礼乐文化成为孔子思想的基础，此为中国文化向人文化发展的重要成果，而同时西周穆王西游见西王母后，对"天"的信仰不断衰落，夏商周三代汲汲于构建人间秩序理性，促进了早期人类文明的理性和成熟。但因西周末期至春秋战国，礼乐崩坏，人们以征伐为事，尚武崇法，生灵涂炭，儒家学者重新认识到人们需要一个共同认可尊重的至上之"天"的重要性，期待通过天命观确立一个稳定的秩序，以儒家为代表的知识群体包括统治者沟通天命以获知天道，维系社会正常稳定秩序的愿望越来越强烈。故而，在统一的封建王朝成立并在经济恢复之后，董仲舒建立天人感应之学，力图将"绝地天通"而天人分离后逐渐演变出来的人或诸侯国各为一己之私，征伐不休的

---

① 张世亮、钟肇鹏、周桂钿译注：《春秋繁露·保位权》，中华书局2012年版，第203页。

② 张世亮、钟肇鹏、周桂钿译注：《春秋繁露·保位权》，中华书局2012年版，第203页。

③ 张世亮、钟肇鹏、周桂钿译注：《春秋繁露·基义第五十三》，中华书局2012年版，第465页。

④ 张世亮、钟肇鹏、周桂钿译注：《春秋繁露·基义第五十三》，中华书局2012年版，第465页。

⑤ 张世亮、钟肇鹏、周桂钿译注：《春秋繁露·基义第五十三》，中华书局2012年版，第465—466页。

⑥ 张世亮、钟肇鹏、周桂钿译注：《春秋繁露·如天之为第八十》，中华书局2012年版，第643页。

局面结束或者缓解，以天人相合重新建立起儒学乃至万民对天的信仰，实现思想的统一。董仲舒承继且丰富强化了先秦儒学对天的信仰，开启了神化新儒学的时代。这一变化，也导致了董仲舒之后纬书的盛行。纬书以杂糅阴阳五行学说形成更加神秘的谶纬理论来解释儒家人物、事迹、经典，形成了儒学的神秘主义分支。当然，这是人类在无法以先进科技知识认知世界时，不得已采取的向度，部分思想在未经消化的讹传中发展为后来的封建迷信。自商至周的迭代中，"天"的作用逐渐式微，春秋战国时期，诸侯间决于计谋和实力，统治者逐渐开始系统化地认知世界和事物，关注于四时和五行之变化，以《夏小正》的系统探求宇宙自然方式为源头，继而力图解释整个社会秩序的著作，如服务霸业的《管子》、服务统一的《吕氏春秋》和《淮南子》相继出焉。因为随着社会经济的发展，人们内心对天的神圣性在逐渐地消解，同时在对世界的探讨中形成了相对客观的人文精神，逐渐认识到世间万物的消长更迭具有一定的规律可以遵循，天与神，不过是事物发展过程中人们所不能认知或把握的自身特性。曾子在探索中提出"慎终，追远，民德归厚矣"[①] 的观点；荀子也曾言："日月食而救之，天旱而雩，卜筮然后决大事，非以为得求也，以文之也。故君子以为文，而百姓以为神。以为文则吉，以为神则凶也。"[②] 但是专一为客观之论会导致民众信仰的缺失，对既存政权没有尊崇感，对统治者没有神圣的敬仰，也会导致许多贵族甚或基层民众对掌握政权的"僭越"之心，陈胜、吴广的"王侯将相，宁有种乎"起义，更是掌握了国家政权的封建统治者所不愿看到的。因而，在统一的国家政权建立后，如何既能保持对国家治理客观性的认识，又在这一过程中赋予政权神圣的色彩，掌控人们的信仰，成为汉武帝时期需要解决的时代命题。

董仲舒基于春秋以后时令学说、阴阳学说的系统整理，重新系于

[①] 杨伯峻译注：《论语译注》，中华书局2009年版，第6页。
[②] 王先谦撰，沈啸寰、王星贤整理：《荀子集解》卷十一，中华书局2012年版，第309页。

"天"学之下,丰富了天的内容,在其不同语境下的论述中,天为物质之天、自然之天外,更兼具神明之天、义理之天和道德之天的角色。客观上,认为天为"万物之祖,万物非天不生"① 的物质之天和与地对应的自然之天;在精神信仰层面将天定义为"百神之大君也",突出天的神圣性,天为神明之天;在道德层面认为,"仁之美者在于天。天,仁也",天为道德之天的渊源,其意志体现为义理之天;在其中神明之天是其逻辑的起点,将之作为"大一统",尊重皇权的授权渊源,帝为"天之子",新的统一王朝要通过改制"故必徙居处,更称号,改正朔,易服色者,无他焉,不敢不顺天志而明自显也"②,以明正朔,要通过施行仁政来接近体现天意之"仁";要通过谨慎施行对天的祭祀来表达对天的敬畏,体悟天心。董仲舒所尊之天,是多种角色相叠加的天,神明、义理、道德之天的至善性,以物质之天、自然之天为前提,其赋予天地的运行及其轨迹、无法摸清的天地规律与自然四时演化以神圣性和可模拟性,形成相对系统稳定的政治哲学,将"宇宙元一"的神秘性和主宰之义,生化于封建帝王所掌控和普通民众所遵行的社会大道中。

一般认为,"法"为社会物质本身或者蕴含社会物质的经济关系所派生和决定,系一定生产方式规制下权利和义务关系所体现的社会规则,法是体现经济关系以及其他社会关系的客观法则。法律不可能脱离社会,内在于社会之中,其根源于社会物质生产结构和社会力量的对比,体现社会中人与人之间的利益关系,由居于统治地位的人制定和实施,产生运行于社会,同时受各种社会因素的影响,法律是对相对明确和固化的经济关系以表达和确认,是具有国家强制力且具有一定普适性的规范。"法"(法权关系)是"法律"的内容,法律是法的形式。"法"与"法律"的关系,体现了社会存在与社会意识的

---

① 张世亮、钟肇鹏、周桂钿译注:《春秋繁露·顺命第七十》,中华书局2012年版,第557页。
② 张世亮、钟肇鹏、周桂钿译注:《春秋繁露·楚庄王第一》,中华书局2012年版,第19页。

关联。"法"在某种意义上体现为人们千百年来社会所公认的习惯行为和不断发展的符合规律的社会治理准则，相对于"法律"或制定法（立法）而言，也都是客观的社会存在。马克思一再强调的"真正的法律"能够全面反映这种客观经济关系与法权关系，"法"是（权利义务关系和形态的）整体，"法律"是其主要的或重要的部分。从历史唯物主义的角度，马克思运用阶级分析法提出了"法律是统治阶级意志的体现"的实然判断。在人们试图跨越或磨合经验事实与抽象界定的努力中，出现了"共相""共名"的情况，但是虽然词句相同，在历史的不同时期，人们对同一词句或者说表述的认知理解并不相同。在人们的感知和思考中，人们通过语言符号、图案、概念等构建了一个试图复现外在世界、反映内心思索的人为世界——文化世界。人类的宗教经历了一个自然神的阶段，该时期法律与宗教的关系是最直接和感性的，神或上天的语言，就是法律，是人们无条件遵守的规则，神与规则合二为一。在社会控制未曾分化的状态，宗教和法律、道德曾处于混杂不分的状态。

中国的天道观是典型的自然法理论，天道是能与自然法相同等的语境。墨家"法天"之论是最为接近自然法的思想，其法"天之行广而无私"。从文化层面讲犯罪行为是犯罪者个人背离集体或者说主流文化的一种反应或体现，社会在认定某一行为是犯罪的话，必须先有一个集体文化或者说主流文化在，在历史长河中犯罪的认定或者说征象是不断在变迁的，这个变迁与社会主流文化的变迁密切关联，历史上法儒之间虽曾有过对立，但是儒家并没有在一般意义上否定法的作用，孔子和孟子均将其作为治国理政的手段，孔孟在立法和司法活动中推崇人的作用，"议事以制"，将先例、原有的判例或者故事当作遵循，荀子是春秋战国儒家的代表人物，其突破了以鲁国文化为代表的原始儒学中对法的认识，以天人相分，刑礼相分，将法与礼在统治国家层面实现了兼容，家族范围讲究"礼治"，在政权范围内厉行"法治"，认为法是治理的起端，构建"人法合治""人主法辅"的模式，在案例审理中要遵循"混合法"——案例和成文法的混合法，在

第三章　董仲舒法律思想的主要内容

有成文法典和法律条文的情况下，遵循成文法典和条文，在法律没有具体规定的情况下，参照判例或者故事中体现的法律原则审判，即荀子所言"其有法者以法行，无法者以类举"①，荀子的"混合法"思想，综合了鲁国原始儒学的"判例法"传统和秦晋"成文法"传统，是汉代董仲舒"春秋决狱"的演习和启迪。春秋战国时代的法律文化以地域分为重过去的周鲁文化、改造现实的晋秦文化和预言未来的齐国文化。齐国文化中的荀子之学影响或发挥治国理政的实际作用延续千年，而董仲舒的法律思想是荀子思想顺应统一时代的发展和变迁。秦朝的专任于法，"以法为教"的统治方式，只懂得用高压强制，而没有学会用道德教化，因为没有建立稳固的意识形态而成为短命的王朝。西汉建立之初经过了以黄老之说为指导的"文景之治"，逐步加强了中央集权的统治，但是如何建立一个与封建中央集权相适应的上层建筑意识形态是摆在汉武帝和董仲舒面前的任务。汉武帝继位后发诏书举荐贤良文士，而董仲舒在应对之策中从儒家哲学立场出发对天命、灾异、性命、天人关系、古今之变等均做了令汉武帝相对满意的回答。

　　董仲舒学贯五经，但是他的主要立场和观点源于《春秋》三派（左氏、谷梁、公羊）中的公羊说，其将微言大义之论与阴阳五行说相杂糅，运用于社会统治和治理，在董仲舒的认知和理论中，天是人类社会的主宰，他认为"唯天子受命于天，天下受命于天子，一国则受命于君"②。人间的一切都是由上天决定，沟通天上人间关系的人是现世的君主，也叫圣人、天子、圣王、帝王，他说："取天地与人之中以为贯而参通之，非王者，孰能当是？"③天子法天立道，他的意志就是天的意志，天子的思想、语言、行为当然也就具有法的效力，

---

①　王先谦撰，沈啸寰、王星贤整理：《荀子集解》卷五，中华书局2012年版，第150页。

②　张世亮、钟肇鹏、周桂钿译注：《春秋繁露·为人者天第四十一》，中华书局2012年版，第401页。

③　张世亮、钟肇鹏、周桂钿译注：《春秋繁露·王道通三第四十四》，中华书局2012年版，第421页。

"君无戏言",君主的意志和言行都是法律,以此来规范和调解人的行为,实现有效的社会治理。这就是董仲舒"源自于天、出自于君"的立法原则。作为百姓必然也应当听命于君,"屈民而伸君",天的意志是君的意志,但更代表的是地主阶级的集体意志,反映封建社会的根本的制度要求,其基本体现为"三纲五常"的思想,这是天地间的永恒法则,天子应当按照天尊地卑、阳尊阴卑等思想以神权授予下的皇权来践行和维护君为臣纲、父为子纲、夫为妻纲的三纲和仁、义、礼、智、信的五常思想或者说权力。但是皇权的至高无上,让人间没有可以制约的力量,如何约束他,让他代表整个统治阶级的长远利益呢,董仲舒又向天求助,"屈君而伸天",用天来监督皇帝,而天又不能直接去讲话,只是无意识的自然,只能用灾异去警示皇帝,而皇帝通过赦宥来接近天意,检讨自己的过失。董氏的尊天思想是对荀子"天人相分"观念的否定,也是对夏、商、周天人鬼神思想的继承和发扬,将"天"推崇为"百神之君"位置的同时,将儒家的"仁"等道德思想加到神化和人化的"天"身上,使儒家学说神圣化,同时也为儒学宗教化滥觞而开端。

一 法的根源:天

西方哲学长期存在的"天人二分"的模式有利于人类发现自然,认知世界,尤其是微观世界;而中国哲学,尤其是儒学,一直走的是"天人合一"的思考路径,虽然其间有部分儒学家如荀子曾经思考过天人相分,但是这是儒家学者中的少数。天的概念或者说感知进入我们的社会和生活就普通民众而言往往是通过民俗文化;而对于精英而言多为精英系统文化和以其为代表的典籍。殷商和周均礼敬上天鬼神,"殷人尊神,率民以事神,先鬼而后礼,先罚而后赏,尊而不亲……周人尊礼尚施,事鬼敬神而远之,近人而忠焉,其赏罚用爵列,亲而不尊"[①]。根据卜辞记载来看,殷人神灵分为天神、地示和人

---

① 王文锦:《礼记译解》,中华书局2001年版,第813页。

鬼三类，其中最为重要的是商人根据自己主观思考而幻化出来的操控一切的主宰之神"帝"，帝因商人供奉祭祀而佑护商，提供并掌控风雨灾祸；而因为殷周革鼎，周人对"帝"的认识产生了变化，开始从人的头顶以上的自然之天而生出"天"的认识。因为意识形态话语转换的要求和执政行为合法化的紧迫需要，周人开始将殷商体现外部空间关系为特征的人与帝的关系转换为以内部和时间性为特征的天与人的关系，文王拘而演的《易》体现了天地生成的变化，但是其演化是根据时间和周围信息不同而变化的，体现了"上帝选民"的商人持有"帝与人"的认知关系到周人"皇天无亲，惟德是辅"[①]。新的认知观下以德为纽带的"天与人"的变化，人和天存在着相即不离的内在关系，《尚书》中多篇将天道和人道结合，将礼乐征伐与天匹配，各种自然现象如祭祀中的微小变化也要郑重地祈祷分析，自省所实施的政令，《周易》会通天道和人道，将天象附于卦象，将卦象附于人事，知天的基础上畏天，畏天而顺天，用天之命，行天之赏罚，合理地利用以天为涵盖意义的自然，而又保护以天为名义的自然。周公以"敬德保民"为任，所以对天的面目和功用考虑得较少，但其演化和创生能力却为周人所强化。

　　天之大德为生化，天之命与圣人之言和大人并列，孔子则通过圣贤"成己成物"的转化，实现了自然、社会和人生的整合，将现世生活和以天为征象的大化流行的宇宙和宇宙生命贯通。通过周的演进，儒家在天人关系中提升了人的地位，但是其并没有将天和人放在一个等同的地位上，也没有实现对天的神圣性的消解，而是突出了圣人和大人（统治阶层）的地位，将其作为一个可以代表天的中介，使天的意志可以在社会的层面传达，孔子之后的儒家学者将其所表述生命化的"天命观"或者说宇宙观，被孟子继承阐述为义理，而被荀子在二分的思想下阐述为自然，到董仲舒而被人格化，具象为人格化的"天"，而且有子——人世间的皇帝"天子"，当然在董仲舒的概念体

[①] 王世舜、王翠叶译注：《尚书》，中华书局2012年版，第462页。

系中,"天"是其逻辑的原点或最高点,具有繁复的含义,也是董仲舒法律思想中核心基础观念和理论范畴。金春峰先生说:"董仲舒讲的天,有三方面的意义,即神灵之天、道德之天和自然之天。"① 金岳霖教授曾说:"我们若将'天'既解释为自然之天,又解释为主宰自然的上帝之天,时而强调这个解释,时而强调另一个解释,这样我们也许就接近了这个中国名词的几分真谛。"② 当然董仲舒所讲的天还包括象数之天,也就是天命观的概念,"天"生成、包含、主宰万物,地位至高,内涵丰富,其核心概念中主要是天人之际和天与王道的三者关系,三者鼎立而又互相制约和影响。人事要秉承天道,但是天人之际需要王道来转换,天子代天行事,王道以化人事,但是人事所反映的终极是天道,是天道的意愿或者说规律,在人事不畅时出现上天示警,以此来警示矫正王道,王道通过自我的修正来接近天道要求的人事。

董仲舒新型儒学统治体系的核心精髓就是:尊和神。"体国之道,在于尊神。尊者,所以奉其政也;神者,所以就其化也,故不尊不畏,不神不化。"③ 借助天之神力,赋予政权以神圣性、神秘性,皇帝独尊,使众臣以及万民畏而听命,让万民从化如流,与帝王同心,"差贵贱""返王道之本"。董仲舒的政治法律构建中虽利用了"自然之理",但其统治办法在本质上却带有某种"政教合一"的意味。董仲舒学说和西汉政令体制是历史发展的产物,发挥过相应的正向历史作用,但也有其负面影响。董仲舒通过三纲将人纳入三大秩序之中,将上尊下卑绝对化,君臣、父子、夫妻的上下依附成为神圣的道德准则,违背纲常具有违天道自然的性质,经过长期的历史进化沉积,形成中国人的强烈的依附人格,扼杀了自由,使社会丧失发展活力。董仲舒的理论构造了中国的超稳定政治结构,封建统治不仅有从上而下的专制,而且有自下而上的忠孝屈从,互相融通嵌结,牢不可破,这

---

① 金春峰:《汉代思想史》,中国社会科学出版社 1997 年版,第 147 页。
② 转引自冯友兰《中国哲学简史》,北京大学出版社 2013 年版,第 266 页。
③ 张世亮、钟肇鹏、周桂钿译注:《春秋繁露·立元神》,中华书局 2012 年版,第 198 页。

影响中国两千多年，形成了"道统"政治文化。许慎认为："天，颠也。至高无上。"① 意为天乃高高在上者；段玉裁注为："颠者，人之顶也，以为凡高之称。始者，女之初也，以为凡起之称。然则天亦可为凡颠之称。臣于君，子于父，妻于夫，民于食者皆曰天是也。"② 天系人头顶之上高高的"自然物"，以"女"字释"始"，物之开始，释天乃最高处之物。另外，以自然之天引申至人伦，认为君臣、父子、夫妻之中君、父、夫为天，饮食乃为民之天，凡一物之为另外一物之纲领者即可谓此物为天。天人相副系由相异到可参的转换。许慎以"种类相似"解释"类"，凡事物在种、属等方面存在某些共同之处即可谓同类，董仲舒基于此义来阐发其天人同类思想，提出天道"各以类相动"，认为天下万物都是按照其类而运行，以简单的同类互感来解释天人之感应，如乐器、动物之间可以共鸣，美恶事物之间也可以互相感应，人从形体、血气、情感、内涵等各个方面都和天具有共同之处，可以从天中找到，进而从天和人所共有特征来说明天和人也属于一类，也可以互为感应。董仲舒以人副天数抬高人的地位，重新判定天人关系，是对"中国哲学—天人关系"的一大贡献，以尊天的形式实现"崇人"的目标，这是对先秦儒学中"人学"课题的进一步发扬，某种程度上把人推上一个新高度。以"天人感应""天人同类""人副天数"在逻辑上解决了自然方面天人各异的外观，拉近了人和天的距离，说明人之祸福掌握由己，天是顺人之行。

董仲舒说："天有十端，十端而止已。天为一端，地为一端，阴为一端，阳为一端，火为一端，金为一端，木为一端，水为一端，土为一端，人为一端，凡十端而毕，天之数也。"③ "端"的主要意思是种类，当然也有续端之意，董仲舒将万事万物以哲学的抽象思考分为

---

① 许慎：《说文解字》，中华书局1963年版，第7页。
② 段玉裁：《说文解字注》，凤凰出版社2007年版，第1页。
③ 张世亮、钟肇鹏、周桂钿译注：《春秋繁露·官制象天第二十四》，中华书局2012年版，第269页。

十类，十"端"之首为"天"，既是头顶苍穹天空，也是万物本源，万物万事皆生于天，天既是自然的天，也是具有主宰杀伐的神灵之天。"天者群物之祖也，故遍覆包涵而无所殊，建日月风雨以和之，经阴阳寒暑以成之"①，"天地者，万物之本，先祖之所出也"②，"天者，百神之大君也。事天不备，虽百神犹无益也"③。天为仁义之根本，人的品性来自天的赋予，人的道德行为等等也不是在俗世根据利害关系所生成，而是按照天地五行运转而模仿的结果。天为仁，为神，为尊，为明；天之构造显而为阴阳二气，阴阳育化而有五行之生克，以阴阳、五行为沟通显示的中介。阳为德，为善，为经，为南，是仁的体现；而阴为恶，为刑，为权，为北，为阳的权变，也是仁的权变。五行是阴阳的育化，五行互相生克制约，进而推演至人事之关系，其推演也是仁义、忠孝的推演，"忠臣之义、孝子之行，取之土。土者，五行最贵者也，其义不可以加矣"④，通过五行推演来论证孝的绝对性，进而确立忠——对中央权威的无限服从。

自夏商周三代起，统治者和圣贤对国家政治问题的思考就存在经验与超验两个维度。就王朝更迭兴替的实践经验，统治者归纳出了"民为邦本，本固邦宁"的民本统治方式；为寻求取得政权的依据，从超验角度，先贤们将"天"及其所代表的天命和天道作为一切社会价值的终极来源，在后续的发展中先秦圣贤，尤其是儒家学者有意识地将民生、民心、民本等理念与"天命""天意""天道"密切关联，构成"敬天"—"明德"—"保民"为核心的系统化的政治思想系统和具体实践路径。以上天为万物与万民的创造者，君主权力的授予者，人民利益的监护者，也是社会价值、秩序、法律的来源。古人看

---

① 班固撰：《汉书》卷五十六，中华书局2007年版，第567页。
② 张世亮、钟肇鹏、周桂钿译注：《春秋繁露·观德第三十三》，中华书局2012年版，第341页。
③ 张世亮、钟肇鹏、周桂钿译注：《春秋繁露·郊语第六十五》，中华书局2012年版，第536页。
④ 张世亮、钟肇鹏、周桂钿译注：《春秋繁露·五行对第三十八》，中华书局2012年版，第397页。

到上天生民有欲，"惟天生民有欲"①；上天为民立则、赋民常道，"天生烝民，有物有则；民之秉彝，好是懿德"②；所以人间之众生自君臣到万民均应服从效法于天，"唯天聪明，唯圣时宪，惟臣钦若，惟民从乂"③。古人认为上天（帝）才是人民之君，而民心即天意，而当人民受暴政酷虐时，上天会改变原来对某个部族的受命如商纣时，"天亦哀于四方民，其眷命用懋，王其疾敬德"④。现代意义上的"民主"这一词汇译自西方，突出尊重多数人的选择和意见，中国古代之"民主"多指上天据时势选择的安民爱民之主，"天惟时求民主"⑤，上天在选择民主时立君为公，被选中之君主则要执政为民。《书·泰誓上》曰："天佑下民，作之君，作之师。惟其克相上帝，宠绥四方。"⑥统治者所接受的上天之使命是辅助上天安定人民，人民对人间君主持"抚我则后，虐我则仇"的态度。民生系民心的基础，民生决定天命，统治者注重民生，是儒家理想的王道政治的最美愿景。儒家心目中治国理政的最高境界是："道洽政治，泽润生民"⑦，"无自广以狭人。匹夫匹妇，不获自尽，民主罔与成厥功？"⑧即使普通的民间夫妇不能尽其心意，"民主"（君主）的治国理政之行为就不能说取得成功。"一夫不获，则曰'时予之辜'。"⑨孔子对统治者要求"养民也惠"，先"富之"而后"教"，认为百姓富足，自然君王富足，"百姓足，君孰与不足？百姓不足，君孰与足？"⑩孟子关注民生，提出具体的"制民恒产""扶农减税""勿夺农时"的社会治理方案。"民生"系"民心"基础，也是政权合法性和正当性的根本。

---

① 王世舜、王翠叶译注：《尚书》，中华书局2012年版，第380页。
② 郑玄笺，孔颖达正义：《毛诗正义》，北京大学出版社1999年版，第1218页。
③ 王世舜、王翠叶译注：《尚书》，中华书局2012年版，第419页。
④ 王世舜、王翠叶译注：《尚书》，中华书局2012年版，第220页。
⑤ 王世舜、王翠叶译注：《尚书》，中华书局2012年版，第270页。
⑥ 王世舜、王翠叶译注：《尚书》，中华书局2012年版，第431页。
⑦ 王世舜、王翠叶译注：《尚书》，中华书局2012年版，第485页。
⑧ 王世舜、王翠叶译注：《尚书》，中华书局2012年版，第412页。
⑨ 王世舜、王翠叶译注：《尚书》，中华书局2012年版，第425页。
⑩ 杨伯峻译注：《论语译注》，中华书局2009年版，第125页。

董仲舒的政治法律思想从天的角度也论述了民生和民心问题，强调"屈君以伸民"的主体框架，但是总体而言"民心即天命"非其核心，其主要讲的是帝王统治之道和统治合法性的问题。最为集中叙及生民的主要论述是："且'天之生民，非为王也；而天立王，以为民也。'故其德足以安乐民者，天予之；其恶足以贼害民者，天夺之。"① 董仲舒以民心即天心、天为民立王、屈君而伸天、贤能治天下等观点，突出建立儒家仁义道德这一社会政治目标。"屈君而伸天"，君权必须受到制约，用道德和知识提高统治者的智慧德性；用上天降下的祥瑞与灾异来表扬和警示帝王；选用贤能的儒家人士辅助皇帝治理天下。董仲舒以治《春秋》为长，春秋大义强调名分和尊卑秩序，维护统治秩序，以微言大义言君上之意，因为其论述的主题和主体的原因，为了使儒家思想能够进入帝王之家，董仲舒较多地固执于君主本位，对民生某种程度上有些选择性的忽略。

　　但总体而言，守成有时重于开拓，董仲舒的政治理论和法律思想是守成的理论，强调巩固现有秩序，侧重于阐释和分析，多体现为社会静力学结构，以维持社会政治运转。在华夏"轴心"时代，孔子等先贤力图通过复古西周礼制建构社会的静力秩序，同时基于时代发展的需求倡导民生，但后来因社会纷争，出于王霸需要，法家长于进取的社会动力学说为春秋战国各诸侯国所接受，强调"世异则事异，事异则备变"，儒家在这一时段则不见用于朝堂。汉初儒家叔孙通认为"夫儒者难与进取，可与守成"②，可以说自己分析出了儒学长于静力秩序而短于动力进取的问题，董仲舒则是适应时代需求设计了用于巩固封建王朝秩序的新儒学，进一步强化了"守成"的特点，建构阴阳—五行的天道秩序维护皇权的神圣性，确立"三纲五常"宗法道德秩序规范君臣和家庭关系，这些观点为取得天下的帝王所悦纳，促进了封建王朝的长期稳定和"一统"秩序的构建。通观他的作品，董仲

---

① 张世亮、钟肇鹏、周桂钿译注：《春秋繁露·尧舜不擅移汤武不专杀第二十五》，中华书局2012年版，第277页。

② 司马迁：《史记·刘敬叔孙通列传》，中华书局2006年版，第584页。

舒并不强调天的属性和含义，他从自然认知角度来阐释天给人们生活带来的实践意义和价值。天通过自然现象（阴阳、四时、五行的运行）来呈现自己的意志和精神，即"天"的意志力量和主宰作用与客观规律、自然现象相统一。这是帝王法天道、为国家立法的合法性基础。

二 立法主体：圣人

中国传统文化中经历了夏代尊命、殷代尊神、周代尊礼和春秋战国尊人的变化，而在这一变换中儒家起了重要的甚至可以说主要的作用。尊重"人"，提倡积极入世，发挥每个人的作用，教导大家做有道德修养和文化生命的人，是儒学的逻辑诉求和归宿，其将"孝"作为"仁"的基础，圣人是能"成己成物"的人，也就是以仁立身而且能体会天道，与天下万物共进化的人，是道德修养和文化生命进入至真、至美境界的人，可以用己之仁为纽带联系人和天，具有自觉意识和清醒的责任，推动社会或者说宇宙向着更加美好进化。圣人有时也带有部分神学的色彩，或者说是人的诸多美德集中后的升华和异化，异化为普通民众崇拜的对象，万事万法的源头。在董仲舒的认知中，作为天的代言人，圣人需要"法天奉本，执端要以统天下"[①]。圣人有为社会建立法制身份的职责，也只有圣人才能够效法天道而成就德性、制定制度和传达天意。圣人聪敏智慧，德行兼备，是人类的佼佼者，是天意的传授者，即"圣者法天"。董仲舒在《春秋繁露》中将"天"定义为至善之源，而其内在至善的德性外显为仁、义、礼、智、信五德，"人之形体，化天数而成；人之血气，化天志而仁；人之德行，化天理而义"[②]，人的形体和人所具备的德性均来源于天，君王将其所得之"德"内化而成圣，进而与上天之"德"合而感应，膺当天命，进而则天教化那些不能内化天德，却又可教化至善的普通

[①] 张世亮、钟肇鹏、周桂钿译注：《春秋繁露·三代改制质文第二十三》，中华书局2012年版，第237页。

[②] 张世亮、钟肇鹏、周桂钿译注：《春秋繁露·为人者天第四十一》，中华书局2012年版，第398页。

中性民众。

（一）圣人天性质善

董仲舒持法工具论，将法类比于木工的规矩、乐师的六律，认为其系治理国家所必需，治理国家需要礼、乐、政、刑等多个方面，这各个方面既是法的功能所具体体现的领域，也是组合体现法的功能的实质性内容。法系圣人效仿上天而制，以礼、乐、政、刑等各种形式来规范人的行为，其中为主的是体现道德教化的礼乐，为辅的是体现法的惩罚作用的刑罚，单任刑罚只能从表面上以刑去刑，无法从根本上制止犯罪产生，只有重视礼乐教化才能成民之善性，使百姓具有荣辱之心，行事规矩，故而"刑者德之辅，阴者阳之助"[1]。"德主刑辅""大德小刑"，此系董仲舒法律思想的核心及其司法理念的体现，基于人性论的三分法，圣人不用教化，生而教化万民，中性之民可善可恶，需要通过教化来发挥塑造其所有的善质，"斗筲"之民则应威之以刑，董仲舒进一步从理论上完善了"德主刑辅"的法律思想观念。因善之所存性，所以应加强儒家教化；因恶之可能，所以刑法有其存在之必要，但善多而恶少，故"德主而刑辅"。

在人性善恶论题上，董仲舒不赞成孟子的性善论和荀子的性恶论，他认为人性有三种不同的状态，提出了人性三品的概念，他说人性有三种不同的状态："圣人之性，不可以名性，斗筲之性，又不可以名性，名性者，中民之性。"[2] 三种人表现出来的人性各不相同，上等的"圣人之性"先天就是善的，"循三纲五纪，通八端之理，忠信而博爱，敦厚而好礼"[3]，不需教育；下等的"斗筲之性"，本质蠢恶，经过教育，也难以转化为善。这两种都是少数，都不代表真正的

---

[1] 张世亮、钟肇鹏、周桂钿译注：《春秋繁露·天辨在人第四十六》，中华书局2012年版，第436页。

[2] 张世亮、钟肇鹏、周桂钿译注：《春秋繁露·实性第三十六》，中华书局2012年版，第388页。

[3] 张世亮、钟肇鹏、周桂钿译注：《春秋繁露·深察名号第三十五》，中华书局2012年版，第383页。

人性,"名性不以上,不以下,以其中名之"①,只有"中民之性"可能够代表真正的"人性"。"中民"是大多数,需要教育,所以董仲舒指出:"王承天意,以成民之性为任者也。"②认为君王承天命,教育人民养成善德,这是君王的责任。这是他从人性论的角度来论证了阶级统治的合理性,广大民众要服从于帝王制定的法律制度和礼制规范。董仲舒在论及人性之时,不同的语境下有不同的含义,狭义人性专指中民之性,广义人性包括与人性观念相一致的诸多概念,体现为性情禀赋等内容。告子认为"生之谓性"③,认为性为天生的禀赋;孟子以性释心,推本原始地从根本处讨论普遍的人性的本质,将作为仁义之行的本源之心叫作性,以恻隐、羞恶、辞让、是非四端之心为仁义之道的本源,主张性善。而荀子基于人类心中自然之欲望贪念,认为圣人与普通大众同性,"凡人之性者,尧、舜之与桀、跖,其性一也;君子之与小人,其性一也"④。所不同的是圣人更容易接受后天的教化而"化性起伪",性之未经教化的本原状态为恶,故其主张性恶,董仲舒综合跨越了性无分别的单一认识,将人性视为苍天赋予人类的最初禀赋,以主导行为的具体的善心谓之性,而体现自然欲望之恶心则谓之情(其实是恶性),认定人心还是人性,都是善恶混杂之物,以三分法指出:"圣人之性不可以名性,斗筲之性又不可以名性,名性者,中民之性。"⑤这里需要说明的是圣人不可名性不是说圣人无性可名,而是圣人天生至善,不用教化,同样斗筲之性不可名是指即使加以教化也无法改变,必须通过刑罚规制处理。人副天数,天道有阴阳,气有善恶,人性有贪仁,人禀善气而生善性,禀赋恶气则生恶

---

① 张世亮、钟肇鹏、周桂钿译注:《春秋繁露·深察名号第三十五》,中华书局2012年版,第380页。
② 张世亮、钟肇鹏、周桂钿译注:《春秋繁露·深察名号第三十五》,中华书局2012年版,第381页。
③ 杨伯峻:《孟子译注》,中华书局2008年版,第196页。
④ 王先谦撰,沈啸寰、王星贤整理:《荀子集解》卷十七,中华书局2012年版,第427页。
⑤ 张世亮、钟肇鹏、周桂钿译注:《春秋繁露·实性第三十六》,中华书局2012年版,第388页。

性、形成善性，多数人兼备善恶之气，贪仁之性。中民之性为善之端倪，必须加以引导教化，方可以为善，不加教化则有可能坠而为恶。董仲舒认为："性如茧如卵。卵待覆而成雏，茧待缫而为丝，性待教而为善。此之谓真天。"① 性如未成型的茧卵，或者说含玉之璞石，源于人类自然禀赋，有待于改造。狭义之性为人类区别于他物而生而为人所普遍共有之禀赋。董仲舒与宋代诸儒的性之论语境有别，董仲舒讲的是气质之性——人性的现实表现；而宋儒讲的是义理之性——一般概念上的纯善。董仲舒善于以物喻事，其著作中多次将坚硬温润清透之玉比拟君子之性。

董仲舒在讨论"执贽"时，以礼品的特性代表了个人的德行。他说："凡贽，天子用鬯，诸侯用玉，卿用羔，大夫用雁。"② 天子使用的礼物是一种美酒——鬯（也写作畅），也叫秬鬯，类似于圣人的特质，以物配人，以人持物，相得益彰。并且，鬯这种美物，下接地气，融合了百草的精华芳香；上达天意，其味可"畅于天"，是天人之间的灵物，代表了圣人帝王的德行。另外酒在中国的夏商周时期，是在重大的祭祀活动时进献于上天的贡品，只有在祭祀之后才能由贵族等享用，其享用的目的有时也是为了能够通神，能够得到上天的旨意。所以从诸多意义上讲，鬯作为美酒是圣人帝王通天的媒介，有时酒本身也具有或代表了圣人的美好特质。天之所以刚健，是由于它集聚了众多的精气，作为人主的圣人，效法天道，"圣人所以强者，非一贤之德也"③，吸纳更多的贤人，共同治理国家。这样能像天一样，达到"天覆无外，地载兼受，风行令而一其威，雨布施而均其德"④ 的境界。

---

① 张世亮、钟肇鹏、周桂钿译注：《春秋繁露·深察名号第三十五》，中华书局2012年版，第380—381页。

② 张世亮、钟肇鹏、周桂钿译注：《春秋繁露·执贽第七十二》，中华书局2012年版，第573页。

③ 张世亮、钟肇鹏、周桂钿译注：《春秋繁露·立元神第十九》，中华书局2012年版，第199页。

④ 张世亮、钟肇鹏、周桂钿译注：《春秋繁露·深察名号第三十五》，中华书局2012年版，第371页。

（二）圣人聪明睿智

董仲舒认为，圣人因为一出生就得天之精气较多，拥有非常人不可与之比拟的醇厚德行，加上后天努力，到达了一种大德无上的境界，具有过人的才能，这主要体现在能观测预知天命的成败，能够察言观色、明辨是非，于众人中看出谁是祸乱之首，通过声音能辨别"清浊曲直"等方面。董仲舒说："天道各以其类动，非圣人孰能明之？"[①]他主要根据与孔子相关的三个事件论证圣人孔子的知天命。他认为从颜渊和子路去世后孔子发出的感慨以及鲁哀公西狩获麟后孔子辍笔并于不久后去世的事实，可以看出圣人是知道天命的。由此他发出了"天命成败，圣人知之，有所不能救，命矣夫"[②]的感慨和结论。圣人在遇到坎坷时也无能为力，只能听天由命。董仲舒认为圣人无所不知，但不是无所不能。他重点强调圣人的认知能力。这也从侧面体现出天的绝对至高无上，圣人可以认识天，但改变不了天意。

圣人能够洞察社会问题的根源，他说"圣者则于众人之情，见乱之所从生"[③]，发现祸乱产生的端倪，特别是对于"大富则骄、大贫则忧"社会现象，以及由此诱发出"忧则为盗、骄则为暴"的行为，认识到问题的根源在于贫富悬殊，在于土地的集中，这对社会治理是严重的威胁。于是"制人道而差上下"，提出了"调均"的经济思想，达到"使富者足以示贵而不至于骄，贫者足以养生而不至于忧"[④]的状态。董仲舒崇尚"调均"，通过社会的分配使人们各自获得应有的财富，他反对财富分配的绝对平均，更反对社会财富的高度不均，主张在宗法等级制之下，按照成员的等级分配财富，控制

---

① 张世亮、钟肇鹏、周桂钿译注：《春秋繁露·三代改制质文第三十五》，中华书局2012年版，第259页。
② 张世亮、钟肇鹏、周桂钿译注：《春秋繁露·随本消息第九》，中华书局2012年版，第147页。
③ 张世亮、钟肇鹏、周桂钿译注：《春秋繁露·度制第二十七》，中华书局2012年版，第284页。
④ 张世亮、钟肇鹏、周桂钿译注：《春秋繁露·度制第二十七》，中华书局2012年版，第284页。

一个合理的差异和阈值。圣人的明智还体现在能透过现象看本质，能够明辨是非之间的交错关系。圣人能通过声音的不同，而辨别声音里的清浊；能通过事物的外形和变化发展来窥探区分事物的曲直正误。

董仲舒对圣人所具有的神圣品质的论述，其主要和终极目的是比附皇帝君主，天子自具圣人之性，其不辨而明，自察而聪，自然采取的治国理政的方法手段是正确的，其所立法制和赏罚自也具有公正性。当然若有失当，皆是臣子未能达圣人之意，未能准确地执行皇帝天子的意图，进而出现灾异等问题时，臣子要承担相应的责任。西汉及其后的封建王朝，在董仲舒的相关理论下，出现天之异象或人间重大灾异时，往往由丞相来承担失职的过错，由帝王来罢免其职务，很少有帝王下罪己诏来检讨自己的政务得失。

（三）圣人为民兴利

圣人天生至善的本性和聪明才智的天赋，最后落脚于消除天下的祸乱、兼利天下万民的社会实践。圣人之圣，在于集品德、天赋、气魄于一身，君王是圣人，理所当然地为君王立法和治天下的代言人也应该是圣人。董仲舒分析了孔子写《春秋》的初衷和作用，他说孔子的理想是建立和谐的社会秩序，所以他不论述祸患产生的原因，只是简单地描述某一祸患。通过描述，使大家知道，祸患产生的原因隐藏于人性之中，天下祸患全部消除之时，才是绝大多数人善性显现之日，清廉教化，礼仪乐术等方可大行其道。"天下者无患，然后性可善；性可善，然后清廉之化流；清廉之化流，然后王道举，礼乐兴，其心在此矣。"[①]"圣人事明义以照耀其所暗，故民不陷"[②]，董仲舒认为想要使人民群众不去犯罪，就要使人们了解"义"——事物的道理，只有这样才能消弭祸患而天下安定。董仲舒认为圣人不仅仅考虑

---

① 张世亮、钟肇鹏、周桂钿译注：《春秋繁露·盟会要第十》，中华书局2012年版，第155页。

② 张世亮、钟肇鹏、周桂钿译注：《春秋繁露·身之养重于义第三十一》，中华书局2012年版，第333页。

为治民而治民以求安，而且考虑为民众积极谋取利益。

孔子重视百姓之利，强调"因民之所利而利之"①，强调利由义来，"礼以行义，义以生利，利以平民，政之大节也"②。孟子通过治国之王道，叙说了百姓之利："五亩之宅，树之以桑，五十者可以衣帛矣。鸡豚狗彘之畜，无失其时，七十者可以食肉矣。百亩之田，勿夺其时，数口之家可以无饥矣；谨庠序之教，申之以孝悌之义，颁白者不负戴于道路矣。"③ 孔孟都强调百姓之利，以利养民，以百姓之义而生百姓之利，以百姓之利实现国泰民安，义利不可分割。董仲舒认为："天之生人也，使人生义与利。利以养其体，义以养其心。心不得义，不能乐；体不得利，不能安。义者，心之养也；利者，体之养也。体莫贵于心，故养莫重于义。义之养生人大于利。"④ 在董仲舒看来，义与利都是人所不可或缺的，因而并不排斥利，但是义大于利，所以反对有违仁义的"贪利""争利""殉利""趋利"。

由此可见，董仲舒"正其谊不谋其利，明其道不计其功"所言"不谋其利""不计其功"，并不是要排斥功利，而是要反对有违仁义的"谋利""计功"。董仲舒所言"正其谊不谋其利，明其道不计其功"⑤，实际主要讲的是治国理政之道，叙述的是儒家所遵循提倡的"政治伦理原则"。

董仲舒认为在治理国家中，上层官吏与下层百姓要有所区别，各司其职，各尽其用，各守其分。"尔好谊，则民乡仁而俗善；尔好利，则民好邪而俗败……岂可以居贤人之位而为庶人行哉！夫皇皇求财利常恐乏匮者，庶人之意也；皇皇求仁义常恐不能化民者，大夫之意也……居君子之位而为庶人之行者，其患祸必至也。"⑥ 上层官吏与下

---

① 杨伯峻译注：《论语译注》，中华书局2009年版，第208页。
② 左丘明传，杜预注，孔颖达正义：《春秋左传正义》，北京大学出版社1999年版，第691页。
③ 赵清文译注：《孟子·梁惠王上》，华夏出版社2017年版，第18页。
④ 张世亮、钟肇鹏、周桂钿译注：《春秋繁露·身之养重于义第三十一》，中华书局2012年版，第330页。
⑤ 班固：《汉书》卷二十六，中华书局2007年版，第570页。
⑥ 班固：《汉书》卷二十六，中华书局2007年版，第569页。

层百姓分立为二，分别对应于义与利；为上者居其位施仁义于百姓，不谋一己之私，否则会导致祸患，反之下层百姓则应有权利获得财物。董仲舒传承自《尚书》确立的民本思想，"'天之生民，非为王也；而天立王，以为民也'。故其德足以安乐民者，天予之，其恶足以贼害民者，天夺之。"① 又说："天常以爱利为意，以养长为事，春秋冬夏皆其用也。王者亦常以爱利天下为意，以安乐一世为事，好恶喜怒而备用也。"② 君王之德为利安天下百姓，"重仁廉而轻财利"，同时认同且服务引导百姓欲利之心，要限制反对上层官吏与民争利，"明圣者象天所为为制度，使诸有大奉禄，亦皆不得兼小利、与民争利业，乃天理也"③。董仲舒以公仪休"拔葵去织"典故来劝导官吏不能与民争利。其典故简要内容为：公仪休系鲁国之相，在回家吃饭吃到葵菜时知道葵菜来自家人耕种而生气制止，见到妻子织布而休妻，认为他（她）们的行为是与民争利，认为官员只能享受俸禄。实际这和董仲舒"三年不窥园"有异曲同工之妙，董仲舒不窥园是因为治学，同时也是认为自己的家境和任职等情况不应该关注自己家里的产业，与民争利；当然这也有儒家所提倡的具有某种宗教情结意义的苦修意味。

董仲舒将政治合法性的判断归为圣人所能够完成的教化，教化民众，为民兴利且除害，实际上将先秦思想中以天人合一，甚或说天民合一的民众的权威进行了弱化，三代治国理政典籍《尚书·泰誓》篇中所言的天要遵从民众的欲望和想法，天的视和听即对世间的了解也来自民众，当时的思想中已经将民作为与天相通的具有独立人格的政治主体，而董仲舒经过对人品性的区分，将民的福祉交给了圣人，交给了"王"。"德足以安乐其民者，天与之。其恶足以贼害民者，天

---

① 张世亮、钟肇鹏、周桂钿译注：《春秋繁露·尧舜不擅移汤武不专杀第二十五》，中华书局2012年版，第277页。
② 张世亮、钟肇鹏、周桂钿译注：《春秋繁露·王道通三第四十四》，中华书局2012年版，第423页。
③ 张世亮、钟肇鹏、周桂钿译注：《春秋繁露·度制第二十七》，中华书局2012年版，第286页。

第三章 董仲舒法律思想的主要内容

夺之。"民意不能直接与天意相直接联系,而是通过天对王的选择来实现对民意的认同,为伸君而屈民,那么君也不是没有限制的,限制君的是天,天通过灾异来警示君王,君王应该根据天的示警来选择自己的执政策略,或改变自己的违反天意而侵害民力的施政行为,屈君而伸天,君主和王权要通过天来抑制,天民之通改为天君之通。"兴利"与"除害"实则为兼利天下万民的一体两面,董仲舒在论述中有时会合二为一。"故圣人之为天下兴利也,其犹春气之生草也,各因其生小大而量其多少;其为天下除害也,若川渎之泻于海也,各随其势倾侧而制于南北。"① 圣人为天下之人谋福利,就好像春气养长草木一样,因各自所需而合理给予;为天下之人消除祸患,也像河川入海一样因势利导。

正因为圣人帝王具有胸怀天下之民、为天下兴利的气魄和才智,所以才有"天符授圣人王法,则性命形乎先祖,大昭乎王君"②的天命所归。"圣人之所命,天下以为正"③,圣人所言所为,具有法律效力,是判断是非的依据,正所谓"正朝夕者视北辰,正嫌疑者视圣人"④。相关观点对当今的国家治理也具有重要的借鉴意义,现在强调的公务人员等"权力主体以及政治精英"要求不能从事商业经营活动,实际体现了不能和民众争利的要求。当然在每个人都有可能成为仁人或政治权力主体与政治精英的社会或时代中,把孔孟和董仲舒提倡的儒家治国伦理作狭窄意义的解读,仅仅针对特定群体,无疑会降低儒家学说的社会价值作用,限制其适用范围。儒家的义利观是动态发展的,西汉董仲舒之"正其谊不谋其利,明其道不计其功",是"对权力主体以及政治精英的要求",但也没有完全排斥"下民",只

---

① 张世亮、钟肇鹏、周桂钿译注:《春秋繁露·考功名第二十一》,中华书局2012年版,第210页。
② 张世亮、钟肇鹏、周桂钿译注:《春秋繁露·三代改制质文第二十五》,中华书局2012年版,第259页。
③ 张世亮、钟肇鹏、周桂钿译注:《春秋繁露·深察名号第三十五》,中华书局2012年版,第383页。
④ 张世亮、钟肇鹏、周桂钿译注:《春秋繁露·实性第三十六》,中华书局2012年版,第388页。

是认为普通民众难以自有其功，所以未加考虑，但随着封建社会的发展成为传统社会所有人均被期许遵循的共同而普遍的道德原则，程朱更从一般的意义上建构儒家义利观，在一般而抽象地讨论义利的时候，不自觉地"置换了义利之辨的主体"，强调义与利的相互统一，反对趋利而害义，将其定位为所有人的道德原则。

三　立法方式：天人感应

《周易》的世界观以天为首，人法天顺天尊天而行，乾卦象征天。如"天行健；君子以自强不息"①，意思是：天（即自然）的运动刚强劲健，君子处世应像天一样，自我力求进步；"夫《易》，圣人所以崇德而广业也。知崇礼卑，崇效天，卑法地。天地设位而《易》行乎其中矣。成性存存，道义之门"②。同时，天地设置了人的"位"，按照《易》之道修养、涵存个人之德，是人生、社会的真谛，人与天地万物基于尊重和包容差异化共生，在多样性、差异性的前提和基础上追求"和而不同"，"万物各得其和以生，各得其养以成"③，致中和，"万物并育而不相害，道并行而不相悖"④，人与人、物与物、人与物相互成就，彼此发展。"何以守位"至为关键，道所存焉，董仲舒的法是为了弘道和存道，而不是单纯地去创造一个法。对于人类而言，从根本意义上说要天地设置赋予地位，方能生存发展，逆天越位、肆意而行都是无道。就每个个体来说，首先要有位可守，其次是要心有所属、心有所安、心有所守。执政者"守位"为治国理政之首，"何以守位曰仁"⑤，而仁者爱人，故其"位"的合法性就来自是否能让百姓有位守份，安所遂生。人的主体性和最高的能动性是基于对受动性深刻认识基础上的在一定范围内的自由和主动，建立在对天地

---

① 阮元：《十三经注疏之·周易正义》，中华书局1980年版，第14页。
② 黄寿祺，张善文：《周易译注》，上海古籍出版社2004年版，第507页。
③ 王先谦撰，沈啸寰、王星贤整理：《荀子集解》卷十一，中华书局2012年版，第302页。
④ 朱熹：《四书章句集注》，"新编诸子集成"本，中华书局1983年版，第38页。
⑤ 陈戍国点校：《四书五经》，岳麓书社1991年版，第201页。

本体之性充分领悟的基础上,以诚尽性而致中和,"中也者,天下之大本也;和也者,天下之达道也。致中和,天地位焉,万物育焉"①。"人伦并处,同求而异道,同欲而异知,生也。"② 安所遂生、同欲同求,是一切人类社会秩序、生活样式之合法性,体现人类文明的原始动力和本质追求。今日人类之困境和西方现代化的问题归根结底是人类因为过度索取而面临着生存危机,在国与国、人类与自然的竞争中丧失了"本体性安全"(ontological security),而"位失其序""不得安生",西方的现代化理论未能"生而有道",导致"位育失当""流离失所"。解决问题、化解危机的出路在于借鉴中华优秀传统文化,在于以中国化的马克思主义为依凭的中国式现代化道路。中国传统文化基因与马克思主义的全新观念深度契合,中国式现代化道路坚持人民至上,将为人民谋幸福作为自己的初心和使命,以马克思主义的世界历史视野和中国传统文化的天下情怀,超越和扬弃西方民族国家"优先"的狭隘观点,在尊重各民族国家文化差异的基础上,为解决人类生存危机贡献智慧。西方现代化的立足点系机械论的宇宙观,强调人与自然、社会及他者之间相对割裂的主客二分、对立思想,主体征服支配客体,自我与他者的冲突是关系的常态,此种思维模式持续发展必然会造成人类的整体性危机。中国儒家自先秦到董仲舒所创的尊位有序及"中和"观念,基于生命存在的差异性,追求不同生命之间以及生命内在要素间的共育、共生发展和彼此成就。自由不是个人的随意放飞,而是和谐共生,是恰当发挥人的主体性以参赞天地之化育的中和状态。

董仲舒认为,天人之间是全方位的系统的关联,包括有形的联系,也包括无形的潜在人性的赋品,同时包括对社会组织结构的预兆或者说预演;人为具备道德意识的生物与天数相合,人的形体也和天道相类,天道的变化也与人的情感变化相比附。"人之形体,化天数

---

① 郑玄注,孔颖达疏,龚抗云整理:《礼记正义》,北京大学出版社2000年版,第1308页。
② 王先谦撰,沈啸寰、王星贤整理:《荀子集解》卷六,中华书局2012年版,第173页。

而成；人之气血，化天志而仁；人之德行，化天理而义；人之好恶，化天之暖清；人之喜怒，化天之寒暑；人之受命，化天之四时。"① 从人与天在外在形体和内在关节数量的相合之外引申到天能谴告人事，人性继承天性，天与人感应。圣人是通过"天人感应"来理解天的意志的。简单而言，"天人合一"，天和人是一个互相关联，互相孕育，共同成长的共同体的前提下，天和人之间会互相感应，天道的运行所呈现的天象会影响指导人类社会的治理活动，人类社会的治乱兴衰也会影响天道的运行，天也会通过灾难、异象来警示人间社会治理情况。董仲舒以"二端论""天谴论"和"祥瑞论"等来具体阐述"天人感应学说"；"二端论"中，二端是事物发展的起始和成型两个阶段，即小与大、微与著两种端绪。提醒人们要善于在事物起始阶段就能看到事物将来的状态，这就是我们常说的见微知著、明察秋毫。他通过正反两个例子阐发了自己的观点，"尧发于诸侯，舜兴乎深山，非一日而显也，盖有渐以致之矣"②，这是正面的例子，"桀纣暴谩，谗贼并进，贤知隐伏，恶日显，国日乱，晏然自以如日在天，终陵夷而大坏"③，这是反面的例子。"以微致显""积小致巨"而导致了不同的结果，最后董仲舒得出"积善在身，犹长日加益，而人不知也；积恶在身，犹火之销膏，而人不见也"④的结论。

董仲舒在《天人三策》中向汉武帝提出了"浸微浸灭浸明浸昌之道"，即渐渐灭亡和渐渐昌盛的道理。对于失道之政，则以"天谴"予以感应。为了论证他的"天谴"论，他提出了"灾异"说，将天地之间较大的，且有异于寻常的变化谓之怪异，较小的异常之变谓之灾祸；二者之间存在一个积累和消减的过程，当小的灾祸积累到一定数量和程度就必会发生大的灾异；而认真对待小的灾祸，把它当作上天的警告，慎重处理，逐渐地减少，就会避免上天的震

---

① 张世亮、钟肇鹏、周桂钿译注：《春秋繁露·为人者天第四十一》，中华书局2012年版，第398页。
② 班固：《汉书》卷五十六，中华书局2007年版，第568页。
③ 班固：《汉书》卷五十六，中华书局2007年版，第568页。
④ 班固：《汉书》卷五十六，中华书局2007年版，第568页。

第三章 董仲舒法律思想的主要内容

怒。灾异的根源，完全都是产生于国家的过失。国家的过失刚一发生，上天就会通过灾害来对其加以谴责警告；如果当政者对上天的谴责警告不知道悔改的话，就会显现怪异来对其进行警醒恐吓；对上天的警醒恐吓还不知道畏惧的话，那么祸殃就会降临了。作为人间的执政者皇帝——天子，自然应内察自省，依天道执政，避免出现祸患天灾。这儿的"灾异"指的一些特别的自然现象，《汉书·五行志》记载了很多他将"天谴"论应用于社会实践和政治生活的记录，有一次差点丢了性命。

汉武帝建元六年，董仲舒根据祭祀汉高祖的高庙和汉朝皇帝祭祖处长陵高园殿先后发生火灾的情况，推演其与人间政事关联，著《庙殿火灾对》，虽未上呈汉武帝，却被发现，几乎被杀，后因汉武帝惜才而赦免死罪。其观点有时也不为学生认可，其时大臣中有个叫吕步舒的人，是董仲舒的学生，他不知道这个奏章草稿是他老师写的，认为这是影射政治，挑动矛盾，非常愚昧。所谓"祥瑞论"，就是在政通人和之时，王道之政得以推行，上天会降下祥瑞，以表彰奖励人间君王。事实上，有些现象并不是真正存在的，而是有些人为了取悦君主虚构出来的。圣人还要以自己的主观能动来揣摩沟通天意，以自己所作所为得到成效来判断上天的意志。"所欲、所不欲者，人内以自省，宜有惩于心；外以观其事，宜有验于国。"[①] 君王要经常省察自己的言辞和行为，关心体恤臣民，必要时积极调整政策以顺天意应民情。圣人在社会治理、世事兴衰中起到举足轻重的决定性作用，所以圣人的语言、行为、法令都是必须遵守国家法律。在天人同构的框架下，董仲舒提出自然的灾异反映人尤其是帝王执政行为的不端。"灾者，天之谴也；异者，天之威也。谴之而不知，乃畏之以威。"[②] 董仲舒认为，灾异因君王无道或执政有误而起，帝王必须重视灾异，并应

[①] 张世亮、钟肇鹏、周桂钿译注：《春秋繁露·二端第十五》，中华书局2012年版，第177页。

[②] 张世亮、钟肇鹏、周桂钿译注：《春秋繁露·二端第十五》，中华书局2012年版，第176页。

该积极回应，予以一定惩罚。董仲舒本意是"屈君以伸民"，要求为君者行仁政而爱民，而引发的论证逻辑却是，人民可以因灾异而加罪于帝王，人民藉灾异可以监察君主，这在一定程度上影响了汉代政局。野心家可以借灾异干涉朝廷，推翻君主，如王莽借儒生灾异祥瑞之论篡汉建立新政权，董仲舒也因借由汉祖庙失火，以灾异之论谏朝廷，而几被杀头。就灾害而言，我们可以分自然与人为两类。仅就地震、瘟疫等自然灾害而言，不能说是因为某个人或某个集体行为所引起，这是自然体的生态系统反应，归罪于某一两人或集体都是不应该的。

自古至今，"天"都是悬在中国人头上的一把司法利剑。古代社会，人必须服从天的意志，人之行依法，法之外有天。当政者不能机械地依据法律条文来对社会进行治理，因为法条不能包含全部的社会行为，依法量刑时，还要考虑是否符合天理。董仲舒摆脱了原始的人格神论，将天人感应限定于"同类相感"的自动机制，将人赋予了一定自动的成分，而不是被动地接受神的干预，人的形体与天数相副，人的情志和品性对应天道阴阳的变化，人也能通过内心道德修养来改变外在的天地福祸感应。这也是董仲舒春秋决狱的哲学基础。现实中，古代的天的代表是帝王，是圣人，圣人的语言、行为、法令都是必须遵守的国家法律。他们借天这个神圣的力量来推行自己的意志，来保障自己行为的合法性，在实现有效社会治理的同时，也损害了民众利益。

董仲舒通过君权神授在赋予皇权神秘性的同时，要求帝王要知天法天，规范自己的行为形成与天道相符的君道，借神明之天和用天降灾异恐吓皇帝，促其反省行为中的失误，这能够促使封建帝王改善政治检讨朝政，避免造成重大祸患。在儒家自我设计的皇权至上的情境下，辅助皇权的儒家只有借助于超验的神明之天的力量方能干预现实政治。在今天，我们奉行以人民为中心的治国理念，人民的利益是我们立法、执法的根本依据。

第二节 董仲舒法律思想的基础——法之神形成于地

法国思想家孟德斯鸠在其代表著作《论法的精神》中以较大篇幅论述了气候、土壤等地理环境与法治的关系。不同的地理条件产生了不同民族的性格情感和生活方式，形成了不同的文化特质，因而出现了不同的法治文化。总的来说，从事商业和航海业的民族更需要法律，其下依次是农业、畜牧业和狩猎。中国周边相对封闭的地理环境，是古老的农业国家，让中国人产生了天地之中的理念。在社会治理上，更多地强调内控制度作用，追求域内和谐状态；中原地区温带季风性气候造成水资源多寡不均、旱涝交替现象，让中国人更多地强调集体协作的作用，来共同应对旱涝灾荒、治理水患，因而产生了集权体制的国家模式。董仲舒的理论具有明显的地域痕迹，这也是他的法治思想的一大特征。

一 董仲舒理论的地域特征

董仲舒的阴阳五行论具有鲜明的时代特征和地域痕迹，这是他生活的地理气候环境给他的启示，也是他思维的局限性所在。与游牧民族逐水草而居，具有准军事化色彩相比较，农耕民族更加依赖自然，更加信仰依赖自然神——天；而游牧民族则更多期待信赖相对具体的具有图腾意味的保护神。

秦汉时期，人们作为农业国的居民在军事、文化、司法等方面都受季节时令的作用和影响，甚或说围绕天时变化而安排政令规章。董仲舒的基础理论——阴阳论和五行论，运用的语言和概念及天象表述，均体现了典型的中原温带季风气候特征。董仲舒的基础理论与他生长、生活的地理位置息息相关。他早年长期生活于山东河北交界的广川地区，后来迁到长安为官生活，生活的纬度没有发生较大变化，中原温带气候和天象深深影响了他的学术语言和架构。四季更替、寒来暑往、阴阳消长，天地宇宙的运行，在其作品中不断出现，均体现中原地区地理和气候规律。常年生活在赤道和南北寒带地域的人很难看懂他的论述。

董仲舒的阴阳学说，与地理有关的对立属性，阐释了任何事物都具有的对立又统一关系，"阳气暖而阴气寒"①，是中国大陆季风性气候四季更替与天气变化的直观反映。以此为基础，进而推导出"阳气予而阴气夺，阳气仁而阴气戾，阳气宽而阴气急，阳气爱而阴气恶，阳气生而阴气杀"②的特性，是春生、夏长、秋收、冬藏的自然规律在社会生活和人类思想中的间接体现。关于阴阳二气的方位和运行，董仲舒也专门进行了阐释："阳至其位而大暑热；阴至其位而大寒冻。"③这与中国所处的地理环境和气候变化完全一致。

董仲舒的五行论与中国地理的五个方位和季节相对应，他说"是故木居东方而主春气，火居南方而主夏气，金居西方而主秋气，水居北方而主冬气……土居中央，为之天润"④，很明显是根据一部分中国大陆气候的特点，五方之配五气，进而对应于司农、司马、司营、司徒、司寇五种官职机构、帝王的"貌、言、视、听、思"五种行为修养，以及五色、五味、五脏等人的器官和感知，并以"比相生而间相胜"的规律进行阐释，构成了董仲舒认知哲学的理论基础。

二 政治一统的地理决定论

维护大一统国家体制，是董仲舒思想的最高司法追求，如何将疆域内具备不同的思想观点甚至不同历史、文化和血缘背景的诸侯国和个体塑造成具有统一的国家认同意识的国家，需要法律文化的引领和

---

① 张世亮、钟肇鹏、周桂钿译注：《春秋繁露·阳尊阴卑第四十三》，中华书局2012年版，第417页。
② 张世亮、钟肇鹏、周桂钿译注：《春秋繁露·阳尊阴卑第四十三》，中华书局2012年版，第417页。
③ 张世亮、钟肇鹏、周桂钿译注：《春秋繁露·阴阳位第四十七》，中华书局2012年版，第438页。
④ 张世亮、钟肇鹏、周桂钿译注：《春秋繁露·五行之义第四十二》，中华书局2012年版，第408页。

帮助。受其影响，在汉代的司法实践中，对淮南王刘安谋反等威胁中央集权的案件，处以严厉的惩治，严格坚持并推行"君亲无将，将必诛焉"司法原则，也就是对君主和父母长辈不能有谋反叛逆之心，若有这样的心思，虽未付诸行动，也要予以诛杀。这是大一统思想下的法治特征，与中国的地理环境有着十分密切的关系。

董仲舒说："三统之变，近夷遐方无有，生煞者独中国。"[①] 三统循环变革，较近的夷狄、较远的国家都不存在，只有中原国家才有这样的体制传承。因为"三统、五端，化四方之本也。天始废始施，地必待中，是故三代必居中国，法天奉本，执端要以统天下"[②]。三统（认为中国系由黑、白、赤三种各具特点的统治方式循环统治）、五端（也叫五始，指《春秋》纪事的方法：以元年、春、王、正月、公即位五事开始）这种损益更革的制度安排，是教化四方最根本的政治措施和文化要素。他说，上天要废除旧的而实行新的，一定选在天地的中央部位，才有化育四方、安定天下的地利条件，因此夏商周三代都定都在中原地区，都奉行最根本的治理方法，把握五端的要点来统理天下。这是董仲舒以当时的社会观念和对中原所处地理环境的观察得出的主观认识，也是公羊家"夷夏之辨"的思想在"三统说"中的体现。

客观地说，中原地区生产力发达，特别是灌溉农业，收获相对稳定，对人群生存的保障能力强，有较充足的物质条件供养专职文化创造者，文明程度高于周边高山、草原、荒漠族群，对周边族群有较强的吸引力。当时地理知识还是"天圆地方"的直观认知，还没有现代的地球概念，加之中原地处一个较为封闭的地理位置，东有大海，西有青藏高原和荒漠，北有西伯利亚高寒区，南有南海和热带高温区，自然地被看作最适合人类生存居住的天地之中，这是中国传统的宇宙观。

---

① 张世亮、钟肇鹏、周桂钿译注：《春秋繁露·三代改制质文第二十三》，中华书局2012年版，第237页。

② 张世亮、钟肇鹏、周桂钿译注：《春秋繁露·三代改制质文第二十三》，中华书局2012年版，第237页。

古人的认知有限，认为中国是地球的中心位置，而中原一带位于中国的中心，河南登封位于中原的核心，所以早期历代王朝均有将自己置于天下之中的想法，河南登封即成为中国早期王朝建都之地和经济、政治、文化、人口辐辏之地。据记载：周公营建东都洛阳时，修建天文台，用来"测土深，正日景，以求地中"①。通过立土圭测日影，来度量天地之中，观察四时季节变化，逐步总结出二十四节气，服务于人类生产生活。经过测算，他认为阳城（今登封东南告成镇）是天下的中心。所以他在这里设立圭表观测日影。周公到阳城测日影的真正原因，是因为西周的首都镐京，地处偏僻，交通不便，而阳城地处中原，物产丰富，文化发达，周公想迁都中原。都城是国之重地，关系着朝中权贵的切身利益，不可轻易变动。在天命观盛行的时代，要想迁都必须说出一些神秘的道理，周代统治者就做出了阳城位于"天地之中"的舆论，当然因为诸多原因，西周的统治者并没有采取迁都行动。

周边的高山、草原、荒漠族群多数徙居不定，一个族群在一个区域建立的政权历史不长，经常被其他族群取代，没有稳定性和延续性，也自然不能产生历史哲学。三统之说是中国文化的产物，也是人类发展到一定文明程度、一定历史阶段的结果，即"生煞者独中国"②，绝不可能孕育于蛰伏在华夏周边、时刻觊觎中原文明成果的夷狄部族，也绝不可能生发于更为遥远的荒蛮人群。

董仲舒看到，华夏中国成就、积累了夏商周三个朝代、一千多年的文明成果，这既是一种特定地缘政治的产物，又是人类历史发展的一种必然结果，有着"法天奉本，执端要以统天下，朝诸侯也"③的治理优势。新王朝坐镇中原，改正朔、易服色，执掌治理天下之机要

---

① 郑玄注，孔颖达疏，龚抗云整理：《礼记正义》，北京大学出版社2000年版，第1308页。

② 张世亮、钟肇鹏、周桂钿译注：《春秋繁露·三代改制质文第二十三》，中华书局2012年版，第237页。

③ 张世亮、钟肇鹏、周桂钿译注：《春秋繁露·三代改制质文第二十三》，中华书局2012年版，第237页。

枢密，能够使一切夷狄部族和远方蒙昧之人归化天朝，创造出"万国衣冠拜冕旒"的政治局面，"天子纯统色衣，诸侯统衣缠缘纽，大夫士以冠，参近夷以绥，遐方各衣其服而朝，所以明乎天统之义也"①。

"中"的另一个含义是："是故志意随天地，缓急仿阴阳。然而人事之宜行者，无所郁滞。且恕于人，顺于天，天人之道兼举，此谓执其中。"② 所谓"执中"，指的是顺天应人，既奉天道，也顺人道。这与《论语》的记述相一致："尧曰：'咨！尔舜！天之历数在尔躬，允执其中。'"翻译过来就是："尧说：'好啊好啊！你这个舜，上天安排的帝王次序，帝王要落在你的身上了。你要好好地坚持正确的治国方略。'"所以，只有"执中"的人才能被天选中，安国立命，保持一统。"人心惟危，道心惟微，惟精惟一，允执厥中"③，在《尚书》的著名篇章《大禹谟》中结合中国之实际情况提出了执政的要求，要体悟人心民心，要把握不断变化的客观规律，沉浸其中，以信义为要，执政守住中和而避免偏激。"中"的概念是因为中国人长期居住的环境而为圣贤所提出，并不断适用于执政过程中的，它无时无刻不影响着中国人的思想和治国理政的理论。其实"中"的思想和历史前进的力的作用方式是一致的，推动历史前进的力作用于社会的时候，永远不是直线式的，因为诸多因素的影响和牵绊，它会呈现平行四边形的样态。在历史发展的长河中，这种平行四边形的样态或许是最佳的呈现和驱动方式，一方面具有相对的不确定性，具有向前走的趋势和动力，代表了社会和事物螺旋式上升的规律；另一方面，还最大可能地兼顾了周围的环境和共同利益，保证了相关措施和方案的真正落实，历史永远不欠缺激进的思想，而是需要具体的解决方案，伟大的理论不可能凭空产生，必须植根于丰厚的土壤，中华文化是我国治国理政经验的丰富源泉。"独行虽快，难以经远"，在建设民族国家

---

① 张世亮、钟肇鹏、周桂钿译注：《春秋繁露·三代改制质文第二十三》，中华书局2012年版，第237页。

② 张世亮、钟肇鹏、周桂钿译注：《春秋繁露·如天之为第八十》，中华书局2012年版，第643页。

③ 王世舜、王翠叶译注：《尚书》，中华书局2012年版，第361页。

的进程中，我们必须充分考虑广大人民的利益，统筹社会力量，把人口规模巨大、全体人民共同富裕的现代化做好。

三　德主刑辅的气候示范性

战国时期的邹衍等阴阳家提出春夏行德、秋冬行刑的德行时令学说，在《礼记·月令》中阴阳家将"五行"之德附会于四时之变，以四时之变安排四时之政，为统治者治理国家提供具体的方式。后来董仲舒以儒家思想为核心对其进行了改造，糅杂法墨诸家、阴阳神学目的理论，进行创造更新，推动了儒学的进一步政治化和宗教化，其中的法律思想标志着封建正统法律思想的确立。"德主刑辅"是董仲舒司法、行政理论和实践的指导思想。从他的文章内容来看，这种理论的来源既有总结历史经验的因素，也有对自然气候观察的概括，其根源是中国季风气候四季变化给董仲舒带来的哲学启发。春夏以其长给人类发展和社会进步带来方向和希望，促使和推动人们劳作；秋风萧瑟，寒冬凛冽，更多的是梳理、守成、休眠，故其认为德应为主配于春夏，推动社会进步发展，刑应居于秋冬，使人戒惧警醒。

董仲舒总结秦朝速亡的教训，认识到"徒法不能以自行"[①]，刑罚过重，只会使犯法者越来越多，造成社会动乱。如汉朝初期，沿袭秦法，循而不改，结果造成了"法出而奸生，令人而诈起，如以汤止沸，抱薪救火"[②]的混乱局面，因此他认识到："为政而任刑，谓之逆天，非王道也。"[③]他认为汉朝必须以秦为鉴，改弦易辙，除了刑罚以外，还应当用其他的手段来缓和阶级矛盾，即用儒家的仁德代替法家的严刑，德刑并用，且以德为主，辅之以刑。

在总结历史经验教训的同时，董仲舒通过观察阴阳天道运行，从

---

① 赵清文译注：《孟子·离娄上》，华夏出版社 2017 年版，第 145 页。
② 班固：《汉书》卷二十六，中华书局 2007 年版，第 564 页。
③ 张世亮、钟肇鹏、周桂钿译注：《春秋繁露·阳尊阴卑第四十三》，中华书局 2012 年版，第 418 页。

第三章 董仲舒法律思想的主要内容

理论上认证了德主刑辅的原则性要求。董仲舒在观察气候变化规律时进行了深度思考，他认为宇宙中一阳一阴的运行造成了季节的变化和万物的荣枯，依据阴阳二气在作物成长中的不同作用，他得出了"阳德阴刑""阳尊阴卑"的结论。他说："阳，天之德，阴，天之刑也。阳气暖而阴气寒，阳气予而阴气夺，阳气仁而阴气决，阳气宽而阴气急，阳气爱而阴气恶，阳气生而阴气杀。是故阳常居实位而行于盛，阴常居空位而行于末，天之好仁而近，恶决之变而远，大德而小刑之意也。"[1]"阳出实入实，阴出空入空，天之任阳不任阴，好德不好刑如是也"[2]，"阴终岁四移，而阳常居实，非亲阳而疏阴，任德而远刑与"[3]，"阳出而前，阴出而后，尊德而卑刑之心见矣"[4]。董仲在论述和确立社会政治架构和伦理关系中，以阴阳和德刑的角度切入，反复明晰二者主次之异。董仲舒在《天人三策》说："阳为德，阴为刑。刑主杀而德主生。是故阳常居大夏而以生长养育为事。阴常居大冬而积于空虚不用之处。"在《春秋繁露·阳尊阴卑》中，他也说："故阴，夏入居下，不任岁事，冬出居上，置之空处也。"在夏季，阴伏而不出，这就是所谓"居下"。在冬季，阴气出来了，居上了。可是在冬季，阳气已衰，万物本来不能生长养育。所以阴气实际上不发生很大作用。这就是所谓"积于空虚不用之处"。这个"不用之处"，就是所谓"空位"。阳气实际起着生长、养育万物的作用，这就是居于"实位"。

董仲舒推崇以"德"治天下。通过"德治"来教化天下，违法犯罪行为就没有了，没有违法犯罪就天下太平。同时其也认为阳气起主导作用，阴气起辅助作用。阳气没有阴气的配合协调，也不能单独

---

[1] 张世亮、钟肇鹏、周桂钿译注：《春秋繁露·阳尊阴卑第四十三》，中华书局2012年版，第417页。
[2] 张世亮、钟肇鹏、周桂钿译注：《春秋繁露·阴阳位第四十七》，中华书局2012年版，第438页。
[3] 张世亮、钟肇鹏、周桂钿译注：《春秋繁露·天辨在人第四十六》，中华书局2012年版，第434页。
[4] 张世亮、钟肇鹏、周桂钿译注：《春秋繁露·天道无二第五十五》，中华书局2012年版，第455页。

地发挥作用。阴阳相辅相成，不可能单独存在，也就是矛盾的双方共同作用而事物才能发生变化，万物生长、社会治理也是同样的道理。纯德仁政与刑罚相互补充和支持，才能治理好国家。德教与刑罚就像阴阳之道，天之德谓之阳，天之刑谓之阴，一阳一阴才能治理好国家。他认为君王要实行礼乐教化，也要实行刑罚，只有德刑并用，软硬兼施，才能有效地维护封建统治，正如阴不可或缺一样。阳和阴、德和刑地位不是平等的，而是有主次之分的。正如阳为主、阴为辅一样，在国家治理上是德为主、刑为辅。董仲舒认为德与刑相互对立又统一。对立是德与刑位置不同，作用不同，德为主，刑为辅；统一即德治离不开刑罚，刑罚完善了德治，是德治的补充。治理国家应该像一年有春夏秋冬一样，随着形势的变化，灵活采用庆赏刑罚之策，"圣人副天之所行以为政，故以庆副暖而当春，以赏副暑而当夏，以罚副清而当秋，以刑副寒而当冬。庆赏罚刑，异事而同功，皆王者之所以成德也。庆赏罚刑，与春夏秋冬，以类相应也，如合符，故曰：'王者配天，谓其道。'天有四时，王有四政，若四时，通类也，天人所同有也"①。

第三节　董仲舒法律思想的外化——法之宽见之于礼

礼是我国特有的文化现象，是在维护宗法血缘关系和宗法等级制度的过程中形成的伦理观念的社会表现，涵盖了政治、经济、文化和社会生活的方方面面，为历代圣君贤臣作为安邦定国、励精图治的主要手段。"礼，履也，所以事神而致福也。"② "礼"之本义为人应履行的敬神祈福之仪轨。礼仪兼具内容和形式，以礼节为表达方式，其本质目的在于沟通天人之际，而"知天命""达天道"。中国古代的

---

①　张世亮、钟肇鹏、周桂钿译注：《春秋繁露·四时之副第五十五》，中华书局2012年版，第470页。

②　许慎：《说文解字》，中华书局1963年版，第7页。

礼和道德不能划完全的等号，但礼和道德具有用与本、流与源的关系。世界各国对道德和法律的关系多有所探讨，古希腊的法学家们将法律认为是神赐予的礼物、睿智之士的教导、全体公民协议的产物等等，古罗马的哲学家也曾开启道德识别法律的旅程，他们根据自然正当权利（natural right），试图将法律建立在理论性的道德之基础上，他们的后继者们也在汲汲而进，尝试建立伦理性的哲理自然法，这与董仲舒的法天制礼思想有共通之处。礼与法，表面似有矛盾，但二者同源，犹如车之两轮、鸟之两翼，都以维护统治者利益和和谐稳定社会秩序为最终目的。因此，中国古代一直将"礼"作为社会规范来遵守，防止坏人的不良举动；将"刑"作为处罚，惩戒已经作恶之人。凡"礼"所禁止的行为，必为"刑"所不容，法合于礼，礼入于法，最终导致礼法二者的融合。礼与刑相比，礼甚至具有宪法的地位，具有宪法性质的礼运用于司法实践，讲究的是"议事以制"，参照的是世世代代积累下的判例标准。

中国古代王权是父权的延伸，国是家的放大，在"熟人社会"的背景下，礼是儒家政治实践的理性行为。周礼之中将《尚书》中的法律思想纳入进去，当时没有礼和律的区分，秦自商鞅开始改法为律，汉朝初期礼与律区分不太明晰，西汉叔孙通定礼之时将礼与律同时立于官府，做《傍章》十八篇。1958年，英国哲学家以赛亚·伯林提出了"积极自由"与"消极自由"的概念，而冯·哈耶克也提出过类似的概念，消极自由"指一个人不受制于另一个人或另一些人因专断意志而产生的强制状态，亦常被称为'个人'自由或'人身'自由"[①]；而积极自由"是源自个人想要成为自己的主人的期望。我希望我的生活与选择，能够由我本身来决定，而不取决于任何外界的力量。我希望成为自己的意志而不是别人意志的工具。我希望成为主体而不是他人的行为的对象；我希望我的行为出于我自己的理性、有意

---

① ［英］弗里德利希·冯·哈耶克：《自由秩序原理》（上），邓正来译，生活·读书·新知三联书店1997年版，第4页。

识之目的，而不是出于外来的原因"①。现代对自由的分类或者可以比附"礼"的限制性功能，礼或者是一个稀疏的牢笼，礼的框架内的消极的行为是自由的，积极践行礼的行为是积极的自由；而"刑"则是对礼的惩罚性保障。法律既禁止又保护、规范自由。历史学派法学家将法学家的工作定义为研究权利自由理念在社会经验中的实现过程，和这一过程中一般道德情感、大众行为方式和司法习惯对社会经验的表述过程。中国的礼也摆脱不了一定阶级的一般道德情感和社会既已存在的对法的认识和已经存在的经典性的司法判例。除了文献法典等在表述法律外，大众的行为习惯和司法判例都在表述法律。历史法学家将所有社会控制的历史作为法律的历史，而分析法学家则将法律定义为特定时空下权威性法律规范的总称。董仲舒和以后的儒家精英多为政治系统所吸引，其广泛的渗透体现在宗法和政治的社会结构和运作中，而这一体现不能仅仅通过法的作用，而与法结合的礼所起的功能和作用会更加重要。在礼的设计中将对天的信仰和宗法血缘结合，对社会秩序的论述和设计具有极强的现实意义。儒家一直将政治的社会问题作为自己应对的重点，社会的治理和国家的整合占据了儒家思想的主要内容。中国在西汉中期以后逐渐确立了礼法典籍（如叔孙通所制《傍章》）、刑律典籍（如传为萧何所制的《九章律》）及习惯法（乡规民约等）互为补充的礼法体系。

　　文景之时，天下稍安，贾谊即在《陈政事书》中提出治国分为"法治""礼治"两套，礼禁将然之前，法禁已然之后，董仲舒不但从思想上重视礼的社会作用，而且身体力行，以"礼尊于身"的道德操守严格遵守行为观念，《汉书·董仲舒传》称，他"进退容止，非礼不行"，为世人所尊重。不论是做人、治理国家，都要懂礼节，这是儒家本色。儒家之起源就是相礼之士，也就是指导重大活动中礼仪规范的人，所以重礼是儒家的本源和底色。先秦儒家中的"天"一直是儒家的具有神圣性与超越性的信仰对象，"绝地天通"后，仅存于

---

① 刘军宁：《市场逻辑与国家观念》，生活·读书·新知三联书店1995年版，第210页。

帝王之祭祀，董仲舒以其天人合一之论将"天"重新回到统治者甚或万民这一大的群体之中，使人人皆信仰于天，皆受制于天，尊重帝王为天的代言人，天再度成为社会人群信仰价值的根基。清末维新领袖康有为认为，董仲舒是孔子之下的第一人，孔子大道在《春秋》，而《春秋》之义赖董子之功而发扬。

一 礼的本质

"《春秋》尊礼而重信，信重于地，礼尊于身。"① 董仲舒高度重视礼在修养君子德行、约束自身规范方面的重要作用，礼有助于内心存敬，持心守正，体现于言行、服饰、祭祀等诸多方面。"故君子非礼而不言，非礼而不动；好色而无礼则流，饮食而无礼则争，流、争则乱。夫礼，体情而防乱者也，民之情不能制其欲，使之度礼。目视正色，耳听正声，口食正味，身行正道，非夺之情也，所以安其情也。"② 礼法同源，反映的是人与人之间的社会关系，核心是以仁义为主的价值观念和等级秩序在社会生活中的表现方式。董仲舒从"质"与"文"的关系中，阐述了礼的本质内容。质是礼蕴涵的内容，文是礼的表现形式。他说"礼之所重者，在其志，志敬而节具，则君子予之知礼"③。礼所重视的，或说礼所追求的重点内容是行礼者的主体意志，以内心的恭敬态度和仪式细节上的全面无遗去行礼，这样才能够称为"知礼"，即"质文两备，然后其礼成"④。符合"礼"的社会状态是他心目中最高的治理追求。文质兼备自然是最理想的目标，但"文质彬彬"的状态确实不容易做到，如果在"文质"之间做一选择的话，董仲舒选择了后者，他说"俱

---

① 张世亮、钟肇鹏、周桂钿译注：《春秋繁露·楚庄王第一》，中华书局2012年版，第4页。
② 张世亮、钟肇鹏、周桂钿译注：《春秋繁露·天道施第八十二》，中华书局2012年版，第654—655页。
③ 张世亮、钟肇鹏、周桂钿译注：《春秋繁露·玉杯第二》，中华书局2012年版，第27页。
④ 张世亮、钟肇鹏、周桂钿译注：《春秋繁露·玉杯第二》，中华书局2012年版，第27页。

不能备，而偏行之，宁有质而无文"①。质和文均不可或缺，侧重于任何方面均不达"礼"，如二者实难齐备，二者选一，则宁要质弃文，虽不尽礼但近于礼。进而他举例说："'礼云礼云，玉帛云乎哉！'推而前之，亦宜曰：'朝云朝云，辞令云乎哉！乐云乐云，钟鼓云乎哉！'引而后之，亦宜曰：'丧云丧云，衣服云乎哉！'"②

　　董仲舒高度重视礼在修养君子德行、约束自身规范方面的重要作用，礼有助于内心存敬，持心守正，体现于言行、服饰、祭祀等诸多方面，朝聘用的玉帛、外交用的辞令、奏乐用的钟鼓、丧事穿的孝服，都是礼的表现形成，他们自身没有意义，他们真正的意义是其中蕴含的思想观念和精神意志。在董仲舒看来，圣人最重视的就是"志"，主观动机对人的行动及其效果，具有决定意义和引发作用。康有为说："天下之道，文质尽之。"董仲舒也继承孔子"人而不仁，如礼何"的思想观念，把仁看作礼的内在实际，把礼看作仁的实现形式，并以五行理论进行论述。董仲舒认为礼法可以保证仁德的实现。如果社会的制度健全，执法者能够公平、正义地执行礼法，百姓就会安居乐业，那么各行各业的人都会尽职尽责，社会就会安定富强，人们才会更好地实现仁德。董仲舒在论述仁、礼、义的关系时，辅之以五行生克，以水对应礼，以木对应仁，水生木，礼促进于仁；金对应义，金生水，义促进于礼，进而表明义是制定礼的根本，以义作为执法行政的最高原则。董仲舒所谓"重志"，是要重内心的情志。礼乐总是会落实在外物的形态上，比如衣饰、言语、祭品等形式化的东西上，提出"重志"也是要民众在这样的情况下，要重视自己内心的情志给民众以警醒，让民众多重视内心的情感。"重志"也是儒家礼乐非常重要的内容，具有深远的意义。

---

　　① 张世亮、钟肇鹏、周桂钿译注：《春秋繁露·玉杯第二》，中华书局2012年版，第27页。
　　② 张世亮、钟肇鹏、周桂钿译注：《春秋繁露·玉杯第二》，中华书局2012年版，第29页。

在实质内容和外在形式之间，我们关注较多的是具有实质性的内容，因为往往认为内容具有决定性的作用，且为我们所常见和乐见的，但是我们可能忽略了一点，任何内容必须借助于形式才能够充分地完整地表达，如抽象意义的"水"是没有实质性内容的，只有江河、湖海、碗碟，甚至包括分子意义上的水才具有实质的内容和况味。礼实际也是如此，它不仅仅代表着某些形式和仪轨，更重要的是，在这个仪轨的外壳里，注入的是儒家的思想观点，用形式来框制人们的行为，通过日复一日的行为来让人们生成或遵守儒家的思想。

二 礼的内容

中国是礼的国度，在封建社会礼的内容非常丰富，但根据《礼记》所记载的礼制的起源，在上古和三代时期我国就开始重视礼了。《尚书·尧典》记载了尧去世后，国人服三年之丧礼，舜问四岳，谁能典天地、神鬼、人之三礼；其中叙述夏商周之礼处也非常多。据载，在西周，《周礼》将礼归纳总结为吉、凶、军、宾、嘉五个种类。董仲舒既重视礼的通用作用，又重视礼的具体形式，在其讲学时，垂帷而授，既是保持个人神秘感的方式，也是对礼的坚持和自重。董仲舒非常重视的有以下几种礼制。

（一）郊天之祭

祭祀之礼是儒家历来重视的活动，用祭礼培养君子的诚敬，"凡治人之道，莫急于礼。礼有五经，莫重于祭"[1]。儒家的祭祀仪轨和君子的道德教化养成密切关联，董仲舒更持此观点："尊天，美义也；敬宗庙，大礼也。圣人之所谨也。不欲多而欲洁清，不贪数而欲恭敬。君子之祭也，躬亲之，致其中心之诚，尽敬洁之道，以接至尊，故鬼享之。享之如此，乃可谓之能祭。"[2] 君子一定要亲自参加祭祀，

---

[1] 孔颖达撰：《礼记正义（下册）》，北京大学出版社2000年版，第1315页。
[2] 张世亮、钟肇鹏、周桂钿译注：《春秋繁露·祭义第七十六》，中华书局2012年版，第600页。

竭尽尊敬和纯洁之道，以礼来迎接最尊敬的神灵，神灵方会享用。在各种祭祀礼仪中，排在首位的是郊祭，董仲舒在天人关系中提倡法天与尊天并重，通过祭天之礼沟通天意和人事，人以礼体现对天之尊，天藉礼来赋予并了解人之德。帝王和人主应将感悟天地之德惠施于众，构建和谐社会。法天象地是中国传统社会正常有序运转的制度依据，制度是天象的具体模拟，世间大众若不能循天地之道，就需要圣人、君主等对百姓加以教化："天地之教，不能独以寒暑成岁，必有春夏秋冬；圣人之道，不能独以威势成政，必有教化。"[1] 帝王君主对天道的效仿是否成功或者说准确获得了天意，要通过上天降于世间的祥瑞或者灾异来体现，准确施行天道则降祥瑞，否则则降灾异。

董仲舒说，"所闻古者天子之礼，莫重于郊"[2]。他讲天人感应，特别强调要敬重"天"，所以要特别重视郊天之祭祀。天子在南郊祭天活动叫"郊祭"或"郊"。在目前流传下来有限的文稿中，有《郊语》《郊义》《郊祭》《郊祀》《郊事对》几篇专论郊天之祭的重要性和意义。祭祀之中，祭与祀在初期还是有些区别的，商之时，在甲骨文中所记载之祭多为祭日月和四季和节气之变化，天之演化居多，从文义讲祭为人呈酒肉供奉神主，也体现了三代之时，天神不分的情况；而祀多对应山川土壤河流等，字义为人呈跪伏之象，表示常态化的祭礼，在部分场合下与祭通意。

一是天子郊天。《春秋繁露》做了如下记述：

> 故号为天子者，宜视天如父，事天以孝道也[3]。
> 天子者，则天之子也，以身度天，独何为不欲其子之有子礼也！[4]

---

[1] 张世亮、钟肇鹏、周桂钿译注：《春秋繁露·为人者天第四十一》，中华书局2012年版，第401页。

[2] 张世亮、钟肇鹏、周桂钿译注：《春秋繁露·郊事对第七十一》，中华书局2012年版，第566页。

[3] 张世亮、钟肇鹏、周桂钿译注：《春秋繁露·深察名号第三十五》，中华书局2012年版，第368页。

[4] 张世亮、钟肇鹏、周桂钿译注：《春秋繁露·郊语第十五》，中华书局2012年版，第537页。

第三章 董仲舒法律思想的主要内容

> 天子不可不祭天也。①
> 王者岁一祭天于郊……其以祭不可不亲也。②

天子，从名号看，指的是上天之子，应该以子女事父母的礼仪要求来侍奉上天。天子的亲生父亲是其生父，生父养其身体。天则是其命父，是安排他按照天命要求治理社会的精神存在。郊祭就是天子表达对其父的孝心，也是对天命的敬顺和服从，进而敬天以保民。

二是郊祭时间。《春秋繁露》做了如下记述：

> 郊必以正月上辛者，言以所最尊，首一岁之事。③
> 以郊为百神始，始入岁首，必以正月上辛日先享天，乃敢于地，先贵之义也。④

按照干支纪年纪月纪日的方法，每月都有三个带"辛"的日子，其中，正月上辛日，即每年第一个月的第一个带"辛"的日子，一般在一月上旬。而《周官》记载："冬日至，祀天于南郊。"孔子曰："兆丘于南，所以就阳位也。"（《孔子家语·郊间》）周代祭天是每年冬至，董仲舒选择正月上辛日，新年新事、万象更新，从祭天开始，人要自新从本质上说，积累德行的关键就在于日新不已。在祭祀的活动中也是一种精神洗礼，用仪式促其反思，洗涤内心以去邪恶。如果能做到每天洗涤自己的心灵以去除邪恶，沐浴身体以去除污垢，必定会每天都有进步，自然能达到德行很高的境界。君王应该身体力行，为万民作表率。因为君王是一国之君，君王心正则朝廷正，朝廷正则

---

① 张世亮、钟肇鹏、周桂钿译注：《春秋繁露·郊祭第六十七》，中华书局2012年版，第544页。
② 张世亮、钟肇鹏、周桂钿译注：《春秋繁露·郊义第六十六》，中华书局2012年版，第541页。
③ 张世亮、钟肇鹏、周桂钿译注：《春秋繁露·郊义第六十六》，中华书局2012年版，第541页。
④ 张世亮、钟肇鹏、周桂钿译注：《春秋繁露·郊语第六十五》，中华书局2012年第536页。

百官正，百官正则天下正。新年新气象，天子主持郊祭的用意在此。董仲舒对郊天之祭，"王正月"提出了自己的详细解释，认为这是"王者必改正朔，易服色，制礼乐，一统于天下，所以明易姓，非继人，通以己受之于天也"①。君王通过正月之祭，要示正朔，要凸显权力的神圣性和合法性，明天下之大一统。

董仲舒还要求重视祭祀，必须诚心诚意，"致其中心之诚"，因为"祭者，察也"，是鬼神在上面观察着我们，人的所作所为，都在其视野之下，天地先祖的神灵能看到常人看不见的东西。"见不见之见者，然后知天命鬼神。知天命鬼神，然后明祭之意。明祭之意，乃知重祭事。"②所以必须非常尊敬，非常诚实，不可有欺天瞒祖的行为。上天虽然赋德于人间帝王，但即使是天子也不能天然地体悟拥有上天之德，"德合上天"，必须通过一定的礼法仪式来寻求上天的赋予，并通过儒家所擅长的礼仪来汇报反馈自己的内化和外施过程，这就需要在儒家指导或者说设计下的祭天之礼。在这一重大礼仪中，君王是主祭者，对天的祭祀为其所垄断，但是相礼者当然为儒臣，这是儒家学者的本行。以董仲舒为代表的儒家各派学人在各自的学说中不断设计繁复的礼仪环节，细致到君王着装的每一个花纹、祭天所用的每一块玉璧等细微之处皆有章法和定制，在突出礼仪神圣性和帝王尊严权威的同时，也是为了把持这一仪式，是使儒家这一阶层永远立于庙堂之上的具体手段。君王祭祀天地，以示对天地的尊敬，更是明天地之德而内化，法天而行，以自己帝王之德配于天地的过程，天子以"祭"之隆重体现心之至诚，体察天地对君王而言的至德、圣德。"祭者，察也，以善逮鬼神之谓也。善乃逮不可闻见者，故谓之察。"③作为主祭的帝王天子，要用其所能够以正道统治而收获的最为珍重物品，呈于上天，理论上君

---

① 张世亮、钟肇鹏、周桂钿译注：《春秋繁露·三代改制质文第二十三》，中华书局2012年版，第223页。
② 张世亮、钟肇鹏、周桂钿译注：《春秋繁露·祭义第七十六》，中华书局2012年版，第602页。
③ 张世亮、钟肇鹏、周桂钿译注：《春秋繁露·祭义第七十六》，中华书局2012年版，第602页。

王若不能通过祭丧等重大礼仪沟通天意，进而以帝王之德上合天德而配天，是不配王天下做天下共主的。故而董仲舒谨于郊祭即祭天之礼，是神明之天所应该受到的人间君王的最高礼遇。"以最尊天之故，故始易岁更纪，即以其初郊。郊必以正月上辛者，言以所最尊，首一岁之事。每更纪者以郊，郊祭首之，先贵之义，尊天之道也。"① 董仲舒认为，人间君王对郊祭需十分谨敬，对神明之天及天意之下的人间万物要心存敬畏，要确立对自己统治下的万事万物见微知著的本领，古时验田鸟以测田地收获，称黄河之水以测来年雨水等都是帝王在统治中所练就的查验事物的本领方法。祭的是天地鬼神，其目的却是为了心存敬畏以明上天之意，悟上天之德，见不见之见。"其大略之类，天地之物有不常之变者，谓之异，小者谓之灾。灾常先至而异乃随之。灾者，天之谴也；异者，天之威也。"② 对不见之见，尤其是天降灾异，要深刻内省反思以内化体悟遵从天道，达万民归附之效。

（二）大雩之祭

祈雨一事，自古盛行。董仲舒说："大雩者何？旱祭也。"③ 指的是祈雨的雩祭之礼，是中国古代求雨的祭祀，也是一种古老的传统民俗文化。雩祭之礼，天子、诸侯都有，天子雩于天，称为"大雩"。

古代中国以农业为主，祈求风调雨顺，在朝廷叫雩祭，在民间叫求雨。作为常态化政治活动，雩祭分为"常雩"和"因旱而雩"两种。常雩"龙见而雩"，即苍龙七宿在建巳之月（夏历四月）昏时出现在东方，此时万物始盛，急需雨水，每年此时进行雩祭；"因旱而雩"是指因旱灾而临时增加的雩祭，多在夏、秋两季，冬天已是农闲季节，无旱灾之虞，故而《春秋谷梁传》说"冬无为雩也"。雨少求雨、雨多止雨。自殷墟卜辞到历代典籍多有记载。《春秋》记载了鲁

---

① 张世亮、钟肇鹏、周桂钿译注：《春秋繁露·郊义第六十六》，中华书局2012年版，第541页。
② 张世亮、钟肇鹏、周桂钿译注：《春秋繁露·二端第十五》，中华书局2012年版，第176页。
③ 张世亮、钟肇鹏、周桂钿译注：《春秋繁露·精华第五》，中华书局2012年版，第88页。

国多次的雩祭活动。董仲舒《求雨》《止雨》篇对于求雨、止雨仪式进行了详细记载。从记载来看，他在江都（今扬州）确实开展过这样的活动，而且取得了成功。

董仲舒的《求雨》记述的是以郡国为单位组织开展的求雨活动，讲了春、夏、季夏、秋、冬五个时节（360天，每72日一个时节）不同的求雨仪式。求雨的程序主要包括：祈祷山川、暴巫聚尪、供奉共工、巫祝陈词、陈设苍龙、童人拜舞、里社通沟、凿虾蟆池、焚烧雄猪、关闭南门、开启北门、埋死人骨、疏浚道桥，等等。祭品主要包括：生鱼、玄酒、清酒、膊脯、猪、盐、黍，等等。在整个求雨过程中，董仲舒强调五行理念，五个时节分别对应木、火、土、金、水五行特征，祭品、服饰、方位、颜色都要与五行观念要求一致。董仲舒运用天人感应的理念，加上了阴阳五行的要求，使求雨的方式更加理论化、程式化。比如求雨的时候，城市的南门必须关闭，北门开放。因为南为阳，北为阴，火为阳，水为阴。还要把妇女全部集中到开阔地，免除女性同胞的税赋，同时，要加大男性的税赋。禁止男性喝酒，丈夫见到妻子，还需要恭敬有礼……因为男为阳、女为阴。总要求是"开阴闭阳""损阳益阴"，放开阴性事物，禁闭阳性事物。"令吏民夫妇皆偶处。凡求雨之大体，丈夫欲藏匿，女子欲和而乐。"①

止雨与求雨正相反，抑阴纵阳："凡止雨之大体，女子欲其藏而匿也，丈夫欲其和而乐也。开阳而闭阴，阖水而开火。"②《春秋繁露》记述了汉武帝元光元年（公元前134）董仲舒组织的一次止雨活动。

丙午这一天，江都国相董仲舒告诉内史、中尉："天气阴沉，下雨太久了，恐怕会损伤五谷，赶快想办法阻止下雨。"止雨的礼仪，是要除阴气而兴阳气。向辖区的十七个县、八十个乡下发文书，品级

---

① 张世亮、钟肇鹏、周桂钿译注：《春秋繁露·求雨第七十四》，中华书局2012年版，第592页。

② 张世亮、钟肇鹏、周桂钿译注：《春秋繁露·止雨第七十五》，中华书局2012年版，第594—595页。

第三章 董仲舒法律思想的主要内容

在千石以下的官员如果有夫妇同在官署的，都要把妻子打发回故里去。女子不准进入集市之中，集市中的人也不能够到井边去打水，把井盖起来，不要让水气泄漏出来。敲鼓并向社神供奉牺牲祭品，向社神祈告说："已经下了太多的雨，五谷生长不和顺。恭敬地献上肥美的牺牲，以此来请求社神，希望社神停止下雨，解除百姓的困苦，不要让阴气消灭了阳气。阴气消灭阳气的话，就与天意不相顺应了。上天的意志常常是在于有利于百姓的方面，百姓们都希望停止下雨，在此冒昧地祭告社神。"敲鼓和向社神供奉牺牲，都统一在辛亥这天举行。文书到达后，立即发动县社的令、长以及丞、尉等官员，各城邑的社啬夫、里吏正、里人都出来，到社庙去进行祷告，一直到中午时才能结束，这样的活动要经过三天才能停止。结果，没有到三天的时间，天气晴朗了，祭祀活动就停止了。

董仲舒说："物故以类相召也，故以龙致雨，以扇逐暑。"① 又说："天有阴阳，人亦有阴阳。天地之阴气起，而人之阴气应之而起；人之阴气起，而天地之阴气亦宜应之而起，其道一也。明于此者，欲致雨则动阴以起阴，欲止雨，则动阳以起阳。"② 董仲舒用阴阳关系来阐释旱祭求雨和涝祭止雨的本源和含义。"大旱者，阳灭阴也，阳灭阴者，尊厌卑也，固其义也。"③ 旱灾出现，说明阳气太盛，阳尊阴卑是天道应有的运行规则，所以旱祭则以告请上天的方式开展祭祀，祈请降雨救民；涝灾到来，说明阴气太盛，违背了阴阳规则，属于"下犯上，以贱伤贵"，则以"鸣鼓而攻之，朱丝而胁之，为其不义也"④。孔子也非常重视雩之祭，在其与弟子交谈时，表达了自己最向往的事情："莫春者，春服既成，冠者五六人，童子六七人，浴乎沂，

---

① 张世亮、钟肇鹏、周桂钿译注：《春秋繁露·同类相动第五十七》，中华书局2012年版，第480页。
② 张世亮、钟肇鹏、周桂钿译注：《春秋繁露·同类相动第五十七》，中华书局2012年版，第484页。
③ 张世亮、钟肇鹏、周桂钿译注：《春秋繁露·精华第五》，中华书局2012年版，第88—89页。
④ 张世亮、钟肇鹏、周桂钿译注：《春秋繁露·精华第五》，中华书局2012年版，第89页。

风乎舞雩，咏而归。"① 风乎舞雩指的是在舞雩台上吹风，或许也有作雩舞而吹风之意，是对古雩舞之礼的演练，所以孔子才欣慰地说"吾与点也"，西周大雩之舞为春秋鲁国所承，重要仪式中需用童子，故曾皙与冠者携童子在春天，较为重要的日子，盛装而游，先浴除尘而后舞，是对礼的尊重和演示，说到了孔子的心坎里，是复周礼的行为，而不是一次简单的休闲活动和自我放松，从前后文意也可看出，子路、冉有、公西华对孔子之问的重视，不可能是曾皙随意地叙述自己理想中的一次简单出游。董仲舒的祈雨的雩祭仪式在封建社会传承下来，后世包括民间多有所仿效，每逢大旱之时，多有官员和乡贤置自己于旱日骄阳中曝晒自己，以求统上天之意，能够为当地居民下雨解除旱情，后世对相关仪式虽多有简化，但实际内容相通，虽具有迷信之色彩，但也是对地方官吏甚至是皇权的规制，以虐待自己而求雨不得，往往是不能通解天意，或者是上天责罚的体现，皇帝或地方官吏要下诏或行文检讨自己的过失，这也成为言官借此批评时政的依据，会改变国家或地方一些不当的政治决策。

（三）服制礼仪

关于衣服的功能作用，古代极为重视，大政宪典《尚书》中对服饰的描述和规范也非常多。"天命有德，五服五章哉……予欲观古人之象，日月星辰山龙华虫作会；宗彝藻火粉米黼黻絺绣，以五采彰施于五色作服，汝明。"② 天子、诸侯、卿、大夫、士，服饰各有不同，日、月、星辰、山、龙、华虫、宗彝、藻、火、粉米、黼、黻十二种图案为章，天子之衣物可以用五彩刺绘用全十二种，即龙纹十二章，其下分别为九、七、五、三之数，用衣服和图案来区别贵贱尊卑。董仲舒非常重视衣物的礼仪功能，对此也作了比较详细的阐释。他说："天地之生万物也以养人，故其可适者以养身体，其可威者以为容服，

---

① 杨伯峻译注：《论语译注》，中华书局2009年版，第118页。
② 王世舜、王翠叶译注：《尚书》，中华书局2012年版，第38—43页。

礼之所为兴也。"① 在实现礼制的过程中，衣服是各种道具中地位和作用非常重要的一种。董仲舒说："是以朝正之义，天子纯统色衣，诸侯统衣缠缘纽，大夫士以冠，参近夷以绥，遐方各衣其服而朝，所以明乎天统之义也。"② 正式朝见的规矩，天子穿着按照天统颜色制成的纯一不杂的衣服，诸侯穿着按照天统颜色制成的衣服，但是衣边和扣带则用浅红色的布料制成，大夫和士戴着按照天统颜色制成的帽子，附近和夷狄戴着有天统颜色装饰的帽子，来朝见天子，远方国家的人各自穿着他们本国的礼服来朝见天子，就是用这样的规矩来表明天统的含义。

在《服制像》一文中，董仲舒论说了传说中四种神兽——青龙、白虎、朱雀（赤鸟）、玄武与人的四种服饰方位的对应关系以及其象征意义："剑之在左，青龙之象也；刀之在右，白虎之象也；韨之在前，赤鸟之象也；冠之在首，玄武之象也。"③ 意思是说，剑佩戴在人的左侧，象征传说灵兽中的青龙；刀佩戴在人的右侧，象征传说灵兽中的白虎；韨裙穿佩在人的膝前面，象征传说灵兽中的赤鸟；冠帽戴在人的额头，象征传说灵兽中的玄武。他特别强调了"玄武"的地位和作用，"盖玄武者，貌之最严有威者也，其像在后，其服反居首，武之至而不用矣"④。

四大神兽是中国古代神话中最令妖邪胆战且法力无边的神话生物，其中玄武是龟蛇合体的灵兽，为水神，又可通冥间问卜，因此后世将玄武有别于其他三灵，被称为"真武大帝"，是道教所奉之神。他的地位最有威严，象征意义在四灵之末，但是他代表的服饰冠冕——戴在人的最显耀的位置，即头额部位，代表了人们的一种普遍认知，即军

---

① 张世亮、钟肇鹏、周桂钿译注：《春秋繁露·服制像第十四》，中华书局2012年版，第171页。
② 张世亮、钟肇鹏、周桂钿译注：《春秋繁露·三代改制质文》，中华书局2012年版，第237页。
③ 张世亮、钟肇鹏、周桂钿译注：《春秋繁露·服制像第十四》，中华书局2012年版，第171页。
④ 张世亮、钟肇鹏、周桂钿译注：《春秋繁露·服制像第十四》，中华书局2012年版，第171页。

武的力量最为强大，但不能轻易使用，也是当时人们所奉行的一种治国理念，"文德为贵，威武为下"。折冲樽俎，不战而屈人之兵，是治国理政的上上之策，而攻战侵伐则是不得已而用之的策略。

祭祀是当时的重大活动。"国之大事，在祀与戎。"① 求雨、止雨的礼仪是董仲舒非常重视的，在繁复的仪规中，要求"各衣时衣"。就是参与活动的人，要穿与时节要求相同的衣服，目的是求得天地的认同，这是他天人感应的具体应用。他说：

> 春旱求雨……小童八人，皆斋三日，服青衣而舞之；田啬夫亦斋三日，服青衣而立之……祝斋三日，服苍衣，拜跪。
>
> 夏求雨……祝斋三日，服赤衣，拜跪陈祝如春辞……壮者七人，皆斋三日，服赤衣而舞之；司空啬夫亦斋三日，服赤衣而立之。
>
> 季夏……令各为祝斋三日，衣黄衣，皆如春祠……丈夫五人，斋三日，服黄衣而舞之；老者五人，亦斋三日，衣黄衣而立之。
>
> 秋暴巫尪至九日……衣白衣，他如春……鳏者九人，皆斋三日，服白衣而舞之；司马亦斋三日，衣白衣而立之。
>
> 冬……衣黑衣，祝礼如春……老者六人，皆斋三日，衣黑衣而舞之；尉亦斋三日，服黑衣而立之。②

这是董仲舒以他的五行理论对社会实践进行的实际应用。五行学说是我国古代的取象比类学说，并非指五种元素，而是以木、火、土、金、水为标识，代表了世界万物的曲直、炎上、稼穑、从革、润下五种运动性质，万事万物分别归于其中的一类，广泛应用于哲学、占卜、算命、历法、中医学、社会学等诸多学科，是一种原始朴素的

---

① 杨伯峻：《春秋左传注》，中华书局1981年版，第861页。
② 张世亮、钟肇鹏、周桂钿译注：《春秋繁露·求雨第七十四》，中华书局2012年版，第583—591页。

认识方法。木、火、土、金、水对应着春、夏、季夏、秋、冬五个季节，每个季节有其特定的颜色标识，分别是青、红、黄、白、黑。按着董仲舒的天人感应理论，这样的对应能得到上天的认可，上天就会根据人的需要进行相应的恩赐。所以求雨时，参与的人要穿上相应的"时衣"，以求上天降雨惠民。这的确没有实际的道理，只代表了人的一种美好愿望。特别是在前科学时代，用神秘主义的方式来强化政府统治，是一种通用的方式方法，不可过多指责。

三　礼的作用

《礼记》记载，礼可以"定亲疏、决嫌疑、别同异、明是非"，集中表达了礼的社会价值和功用。在中国社会，自古至今，从国家治理到社会和谐、个人修养，都离不开礼的教化和规范功效。西汉之初儒家学者叔孙通，在高祖刘邦支持下重建礼制，形成了西汉王朝礼法合一的政治和文化结构，对社会上层阶级，因其事功和血缘而盘结在一起，主要是通过礼来进行规范，以律法为辅助；而对于社会下层或者说更为广泛的社会基层主要是以沿袭的秦律为主，而以礼仪为辅。儒学经过陆贾、贾谊加以发展，陆贾强调社会思想的统一，同时倡导"天人感应"学说；贾谊则强调君主的道德品行是社会治理的关键，推重皇权，削弱诸侯等其他势力，深刻反思秦王朝灭亡教训，认为商鞅的功利主义，摧毁了秦王朝的道德和伦理基础，能攻而不能守，强调要赋予礼强制力，只有将礼制内化到社会的各个层面才能巩固国家，实现社会的安定和百姓的认同。与董仲舒同时代的韩婴在自己的著作中阐述了忠和孝的礼治思想，同时在其阐发的"天人感应"学说中侧重于君主德行与祥瑞的关联，认为君主盛德必天降祥瑞以应之。而董仲舒与之相比，思想体系更为完整，对礼的功能和运用形成较为规范的模式，郊有郊礼，祭祀有祭祀之礼，求雨有求雨之礼。经历千年漫迁变化，礼从宗教祭祀规范，逐渐演化为贵族交往和个修养的准则，继而经过演进经历代大儒，尤其是董仲舒之手，成为针对封建统治下所有人的带有强制性的社会律令。

（一）对个人的教化功能：体情而防乱者也

董仲舒从他的人性论角度分析了人的性情特点，他说"人之诚有贪有仁，仁、贪之气，两在于身"①，这是人的自然生成，也是天道在人身体的表现，"天两有阴阳之施，身亦两有贪、仁之性……身之有性、情也，若天之有阴、阳也"②。在这儿，董仲舒将社会的善与人之性联系在一起，将恶与情联系在一起，善与恶、仁与贪、性与情，是阳与阴相同的天性，生而有之。

如何抑制人的恶性发展，董仲舒说"民之情，不能制其欲，使之度礼"③，以礼来矫正人们的行为，弘扬善行，这就是礼的教化功能。进而他看到，人的善性也会受到外界的侵染，演变为恶性，他说"故曰外物之动性，若神之不守也"④，通过观察，他认识到能让善变坏的两个因素是"利"和"妄"，"利者盗之本也，妄者乱之始也"⑤，利益之争、欲念之妄，是产生盗乱的根源，"夫受乱之始，动道之本，而欲民之静，不可得也"⑥，产生利妄的途径是平时的细节小事，他说，"积习渐靡，物之微者也。其入人不知，习忘乃为，常然若性，不可不察也"⑦。找到了人性改变的根源，也就找到了防恶致善的路径。君主通过参与天地运化的方式来感化万民，君主因为自己的道德修养而具备绝对的人格感召能力，通过自身的修养来影响整个社会道

---

① 张世亮、钟肇鹏、周桂钿译注：《春秋繁露·深察名号第三十五》，中华书局2012年版，第376页。
② 张世亮、钟肇鹏、周桂钿译注：《春秋繁露·深察名号第三十五》，中华书局2012年版，第376、380页。
③ 张世亮、钟肇鹏、周桂钿译注：《春秋繁露·天道施第八十二》，中华书局2012年版，第654—655页。
④ 张世亮、钟肇鹏、周桂钿译注：《春秋繁露·天道施第八十二》，中华书局2012年版，第655页。
⑤ 张世亮、钟肇鹏、周桂钿译注：《春秋繁露·天道施第八十二》，中华书局2012年版，第654页。
⑥ 张世亮、钟肇鹏、周桂钿译注：《春秋繁露·天道施第八十二》，中华书局2012年版，第654页。
⑦ 张世亮、钟肇鹏、周桂钿译注：《春秋繁露·天道施第八十二》，中华书局2012年版，第655页。

德的完善。民众因其愚蛮，必须经过来自君主的教化来达到理想的境界。

保证人性向善向好的方法就是严格礼制，儒家学者在"天人合一""人我合一"之外，也在关注或者说孜孜以求于"身心合一"，追求肉体生命和精神生命之间的互不分离的和谐，而这一关系的实现不可能是个人简单的修身养性，更依靠对既定纲常秩序礼的遵守，天道运转中将精粹和糟粕都传给人，形成了人之"性"，形成人性善恶，人性之运转同天道相同，因为人的恶性和善性一样，都是天生在人的精神之内的，无法去掉，只能让他安定于人的本心内部，不发作出来。因为"人受命于天，有善善恶恶之性，可养而不可改，可豫而不可去"①，正可谓"江山易改，本性难移"。

在礼的规束和劝导下，做到"故君子非礼而不言，非礼而不动"②，就能达到"纯知轻思则虑达，节欲顺行则伦得，以偶静为宅，以礼义为道，则文德"③ 的美好状态，这是理想的教化结果。然而，只有圣人才能做到"是故至诚遗物而不与变，躬宽无争而不以与俗推，众强弗能入，蜩蜕浊秽之中，含得命施之理，与万物迁徙而不自失"④，这是常人做不到的。

(二) 对社会的约束功能："礼尊于身"

儒家在讲求天人合一的同时，还追求"人我合一"和"身心合一"的境界。"人我合一"主要关注个人与他人、社会的关系，这种关系也体现为互不分离，爱自己到爱家人及爱周围之人，而这孔子称之为"仁"，实际规范体现儒家"人我合一"的是礼。"礼尊于身"

---

① 张世亮、钟肇鹏、周桂钿译注：《春秋繁露·玉杯第二》，中华书局2012年版，第33页。
② 张世亮、钟肇鹏、周桂钿译注：《春秋繁露·天道施第八十二》，中华书局2012年版，第654页。
③ 张世亮、钟肇鹏、周桂钿译注：《春秋繁露·天道施第八十二》，中华书局2012年版，第655页。
④ 张世亮、钟肇鹏、周桂钿译注：《春秋繁露·天道施第八十二》，中华书局2012年版，第655页。

四个字代表了董仲舒对礼的社会地位的认识。在他的认知中，礼代表了共同的价值观念，为了维护这种价值观念，可以牺牲生命。董仲舒多次提到并非常推崇"宋伯姬疑礼而死于火"①的壮行义举。

伯姬是鲁国王族女性，鲁成公的妹妹，嫁给了宋共公，称宋伯姬。她出嫁十年后便年轻守寡。一天夜晚，宫室大火，宫人欲救伯姬出宫避火，但年迈的她却坚守礼教说："妇人之义，保傅不俱，夜不下堂，待保傅来也。"待保姆来后，不见傅母，宫人又再度请伯姬出宫避火，伯姬又说："妇人之义，傅母不至，夜不可下堂，越义求生，不如守义而死。"②伯姬不肯出宫，终亡于火中。从记载看，伯姬是完全可以逃出去的，只是因为夜晚保姆、傅母不在身边，所以才拒不下堂。保姆，是负责贵妇人平时衣食住行的，保姆不在，穿戴就成了问题；傅母，是负责贵妇人平日礼仪妇德的，傅母不在，能不能出去自己决定不了。就这样，伯姬竟自葬于火海，以生命彰显了礼的价值，可谓"礼尊于身"的最好注解。这种行为应和了儒生所谓对礼的推崇而得到历代史家的记载，并把这种迂腐行为当作妇女的行为准则。现在看来，机械地遵守礼教，置生命于不顾的做法，不能提倡，且要坚决反对，因为这不是关乎国家、民族命运的大是大非，不值得牺牲生命。

君子重礼，不单单要注重自身内在修养，更要重视对既存典章制度的认知和遵守，这充分体现在古代服制上。从《尚书·皋陶谟》看，大禹时期王者之礼服就要具日、月、星辰、山、龙、华虫、宗彝、藻、火、粉米、黼、黻十二章，西周时期舆服制度更为完备，服饰可养君子之德，君子要洁净心灵，服饰端庄，尤为重视冠冕，"君子死而冠不免"，冠是君子屹立不倒之人格。董仲舒在《度制》一文中，指出了衣服的基本功用："凡衣裳之生也，为盖形暖身也。""盖形"指遮羞。动物没有遮羞的必要，因为动物没有羞恶观念。只有当

---

① 张世亮、钟肇鹏、周桂钿译注：《春秋繁露·楚庄王第一》，中华书局2012年版，第5页。

② 王照圆：《列女传补注》，华东师范大学出版社2012年版，第142页。

人进化到一定的阶段，有了羞恶观念后，才有了衣服的遮羞功能。董仲舒详细论述了人与动物的区别，这是衣服遮羞功能的根源。"人受命于天，固超然异于群生……是其得天之灵，贵于物也。"[①] 人与动物有区别，董仲舒指出了这一点，为什么有区别，他在《人副天数》一文中，从人的形体特征与天地运行的对应关系，说明了人是天地精髓，即"得天之灵"，与其他动物有根本的区别。这种区别在表现上，就是"知仁谊（义）、重礼节"，所以要"生五谷以食之，桑麻以衣之"。

同时，董仲舒认为衣服具有推行教化，实现国家有效社会治理的一种工具。董仲舒以自己有限的视角，来总结历史发展规律，提出了黑、白、赤三种社会形态循环发展的三统三正的循环历史观。新王朝要进行改制，董仲舒称之为"更化"，改制的内容主要是"改正朔、易服色、制礼乐"，进行了这些科目改革后，才能与前朝区别开来，才算是顺奉天命，"更化则可善治"[②]，能够实现有效的治理。按照三统三正说，每一个朝代都有其特定的衣服颜色。正黑统朝代，"朝正服黑，首服藻黑"，诸侯臣下朝见天子时，都要穿黑色的衣服，上戴着有藻纹的黑色帽子，头巾、绶带也是黑色的。只有这样的衣饰才表现国家是得到天命安排的正统的合法政权。其他两统，白统、赤统也是一样通过这样的形式来表示政权的合法性。

当然，董仲舒的三统三正说具有庸俗的机械唯物主义的特征，认为历史是基于天命的无尽循环，没有考虑到社会生产力的发展和社会生产方式的变化。"正服色"实际上是用形式统一来保证政治认同的一种治理方式，本质是用神秘主义的方法体现政权的合法性。董仲舒眼中的服饰礼仪是文德治国的手段。董仲舒从法天施治的政治哲学出发，通过观察天道运行，得出了兵刑"设而勿用，仁义以服之"[③]，

---

① 班固：《汉书》卷二十六，中华书局2007年版，第567—568页。
② 班固：《汉书》卷五十六，中华书局2007年版，第564页。
③ 张世亮、钟肇鹏、周桂钿译注：《春秋繁露·竹林第三》，中华书局2012年版，第48页。

"故文德为贵,而威武为下,此天下之所以永全也"①的社会治理思想,强调衣服在推动德治和等级制度中的重要作用。如前文所述,董仲舒以四种神兽与衣服对应,强调了服饰在社会治理中的威严作用,指明了衣服这种文德表现出来的威严远胜于兵刑的勇。董仲舒认为,国家需要"度爵而制服",把服饰作为划分和标志社会等级的一种手段。他认为,不同等级阶层的人,在饮食、衣服、宫室、家畜、仆役、车船等都有一定的制度和禁忌,每个人的穿着都要根据他的身份爵位来划定,"无其爵,不敢服其服"②;即使家庭富裕,没有那样的俸禄就不能使用相应的钱财。前文提到,在阶级社会天子衣物用龙纹十二章,诸侯、卿、大夫、士等则等而下之,用九、七、五、三之数,甚至有的王朝规定工商和农民之属不得衣着绸缎锦绣。我们常说的布衣和蓝衫就是典型的无官职人的装扮,同时衣服的长短有时也代表身份,如鲁迅先生在《孔乙己》一文中叙述的孔乙己穿着长衫是读书人的打扮,虽无锦绣,也要高于短衣打扮的普通百姓。另外,如前文所列,董仲舒重视祭祀之礼,在繁复的求雨、止雨等礼仪仪规中,要求"各衣时衣",对应五行和季节的变化。

董仲舒曾言:"故君子衣服中而容貌恭,则目说矣;言理应对逊,则耳说矣;好仁厚而恶浅薄,就善人而远僻鄙,则心说矣。"③有道德的君子,穿衣适度而容貌恭敬,看到他的人眼睛就会感到快乐。董仲舒高度重视服饰,以礼乐中的容服来模拟天象,以树威严,君子以服饰言志,获取尊敬和威严,"君子显之于服,而勇武者消其志于貌也矣……是以君子所服为上矣,故望之俨然者,亦已至矣,岂可不察乎?"④

---

① 张世亮、钟肇鹏、周桂钿译注:《春秋繁露·服制像第十四》,中华书局2012年版,第171页。
② 张世亮、钟肇鹏、周桂钿译注:《春秋繁露·服制第二十六》,中华书局2012年版,第280页。
③ 张世亮、钟肇鹏、周桂钿译注:《春秋繁露·为人者天第四十一》,中华书局2012年版,第403—404页。
④ 张世亮、钟肇鹏、周桂钿译注:《春秋繁露·服制像第十四》,中华书局2012年版,第171—172页。

第三章　董仲舒法律思想的主要内容

还需要补充的是，基于服饰礼仪，董仲舒还提倡服饰的养生、审美功能。董仲舒是个非常讲究养生的人。在《循天之道》一文中，他说了穿衣的养生要求："凡养生者，莫精于气。是故春袭葛，夏居密阴……衣欲常漂，食欲常饥"①。这儿的"葛"，即葛布。《韩非子·五蠹》："冬日麑裘，夏日葛衣。"《史记·太史公自序》："夏日葛衣，冬日鹿裘。"由于质地细薄，透气性好，所以多为夏天的衣服。衣服透气性与保暖性是两个相互矛盾的指标。面料内的空气可以有一定流动性，以调节潮湿闷热。但同时又不能流动性太好，不然就会带走过多热量。夏天衣服的功用主要是用作遮羞和美观，葛布来作夏衣，爽身适体，应是最好的选择。董仲舒还言："衣服容貌者，所以说目也。"②强调的便是服装的审美意义。"然而染五采、饰文章者，非以为益肌肤血气之情也"③，董仲舒看到了衣服"益肌肤血气之情"的一面，即从服装与身体肌肤关系中，表现人们审美情感，这种情感还是来源于人的内心追求。

董仲舒比较重视婚冠之礼，他说"昏冠之礼，字子以父别眇，夫妇对坐而食"④，而且不同时代，婚礼和冠礼的要求是不同的。男子年至二十岁加冠，即成人礼，意义重大，往往代表可以独立处置某些重大事项，承继巨额资产及爵位等，通过庄重的礼仪形式告诫他们从此断了爱玩的童心，担负起成人的责任。特别是婚礼，我国古代形成了非常繁复的礼仪规范，纳采、问名、纳吉、纳徵、请期、亲迎等礼数，环环相扣，都有其中的价值。《礼记·昏义》曾言，组成家庭，要侍奉祖宗，延续后代。所以要抱着敬重的态度对待婚姻。有男女之别，所以就要树立夫妇之义。而后有父子之相亲，而后有君臣之居

---

① 张世亮、钟肇鹏、周桂钿译注：《春秋繁露·循天之道第七十七》，中华书局2012年版，第619—620页。
② 张世亮、钟肇鹏、周桂钿译注：《春秋繁露·为人者天第四十一》，中华书局2012年版，第403页。
③ 张世亮、钟肇鹏、周桂钿译注：《春秋繁露·度制第二十七》，中华书局2012年版，第290页。
④ 张世亮、钟肇鹏、周桂钿译注：《春秋繁露·三代改制质文第二十三》，中华书局2012年版，第249页。

正。婚姻之礼，是礼之根本。由此可见，古人对婚姻意义的认识是何等的深刻。在今天的中国，婚礼依然是维护和巩固婚姻家庭的重要约束程序。冠礼也一样，按照古礼，男子年二十而行加冠礼，通过一定的仪式，传达的是一种社会责任，是一份沉甸甸的嘱托和期望。各种礼仪都有其特有的精神价值，董仲舒认为人人遵守符合其身份地位的行为规范，便礼达而分定，达到君君臣臣父父子子的目的，贵贱、尊卑、长幼、亲疏有别的理想社会秩序便可实现了。

礼在一定意义上就是法，有助于确立良好的社会秩序，人们需要良好的社会秩序，这是国家安定、人民安居乐业的前提。儒家以礼乐制度保障人伦和谐，以礼的约束、调节和控制，促进国家的稳定有序，社会的安定和谐。

（三）对国家的治理功能："众堤防之类也"

对于礼的社会治理功能，董仲舒有一段经典的阐述："圣人之道，众堤防之类也，谓之度制，谓之礼节。故贵贱有等，衣服有制，朝廷有位，乡党有序，则民有所让而不敢争，所以一之也。"① 这段话集中概括了礼对社会成员的定位、规范和调解作用，达到让而不争，统一有序的结果。

1. 确定了社会成员身份地位

礼的制定首先是为了划分社会阶层等级，让每个人都有一个特定的社会位置，各有其分，"明分使群"，这是社会治理的先决条件。董仲舒认为，使贵贱之等、长幼之差、贤愚之能，都得到相应的安置，使人载其事而各得其宜，使社会各阶层从事适合自己的工作，人们各得其所，社会处于有序状态，这样一套等级分明的礼制秩序，是实施有效社会治理的政治基础，只有礼深入人心，各自遵守，才能各安其分。

对于社会等级的划分原则，董仲舒说："吾以其近近而远远，亲亲而疏疏也，亦知其贵贵而贱贱，重重而轻轻也，有知其厚厚而薄

---

① 张世亮、钟肇鹏、周桂钿译注：《春秋繁露·度制第二十七》，中华书局2012年版，第289页。

薄，善善而恶恶也，有知其阳阳而阴阴，白白而黑黑也。"① 其中表达了两个原则：亲亲、尊尊。所谓"亲亲"，在亲族内，人人应亲爱自己的亲属，同时，承认并维护父家长的地位和权威，以父家长为家庭和家族的中心。所谓"尊尊"，是在社会范围内，人人都恪守自己的名分，等级秩序，尊重应尊重的人，"尊尊君为首"，尤其是要尊重得到天命的君主。以孝为"亲亲"之核心要义，以忠为"尊尊"之核心理念，以"亲亲"维护以父权为中心的家庭、家族伦理关系；以"尊尊"维护以君权为中心的社会政权体系。"天为君而覆露之，地为臣而持载之。阳为夫而生之，阴为妇而助之；春为父而生之，夏为子而养之，秋为死而棺之，冬为痛而丧之。王道之三纲，可求于天。"② 在吸取先秦及秦汉诸子有关政治、家庭伦理关系的诸多思想之后，董仲舒加以提炼和升华，建立起"三纲"理论，其首次将君臣、父子、夫妇之伦理关系称为"王道之三纲"。此后，"三纲"遂成为汉代乃至其后整个中国封建社会的至上纲纪，这是汉儒对政治、经济、社会伦理关系等重要领域范畴在特定历史时期形成的治道自觉，使得孔孟经世致用的政治理想得以付诸切实的政治实践，开创了儒士与皇权共同治理国家的稳定合作模式。

在亲亲尊尊的基础上，由内而外，由近至远，形成了人的社会关系结构，为维护封建等级秩序，按董仲舒的表述，包含主客关系维度，分清内外，哪是自己人，哪是外人，虽无清晰的界限，但必须有意识地分野。划分内外的标准很多，基本的划分是以血缘关系来确定。有主必有客，有内必有外，这是开展社会交往的基础，也是礼仪行动的前提。主、客关系以"敬"，以尊重对方为根本原则，主人敬客，客敬主人，互以对方为上，在主客对等秩序交往和互动中展现出和谐的生活图景和价值追求。通过这种以等级内外等为基础的礼制约

---

① 张世亮、钟肇鹏、周桂钿译注：《春秋繁露·楚庄王第一》，中华书局2012年版，第10页。
② 张世亮、钟肇鹏、周桂钿译注：《春秋繁露·基义第五十三》，中华书局2012年版，第465页。

束，就在社会上建立起了一道道"堤防"，要求人人循道而行，不越礼违制，一个和谐有序的社会体制便建立起来了。

尊卑、贵贱等身份地位所显示的社会等级秩序是礼乐文化在夏商周三代与贵族封建制度相结合而产生的，并非礼乐固有本质特征，但在传统等级社会中，为别上下尊卑，这是重要的手段，有时也只能以其为和平时期的治理手段，因此礼必然受到重视与强调。董仲舒确立的尊卑、内外、远近之别，用费孝通先生的概念，这是一种伦理差序格局。我们应该历史地看待这一问题，相较抽象的平等观，差序格局在封建社会，包括当今社会的伦理行动中真实自然，具有效率性和实用性，而无差别的平等方案并不具备现实心理基础和操作性。当然我们仅仅讨论的是伦理生活领域，而非各种社会政治生活领域。在奴隶制社会和封建社会前期，社会生产力不甚发达，社会生产方式以农业为主，需要调动和集中力量来进行水利工程建设和江河治理，这种分等级的治理方式和统治模式，有利于调动和集中力量，尽量避免无意义的损耗。随着社会的不断发展，现代化社会，扁平化的管理逐渐显示出相应价值，尤其是在企业当中，通过减少层级，避免上下传达的消耗，集中精力应对瞬息万变的市场和信息变化，提高企业和机构的运行效率，减少运营成本。党政机关在社会治理中也应适当借鉴扁平化管理模式，针对信息流较大，需要及时处置的工作，适当扩大具体工作人员的权能，各负其责，可以提高工作效率和办事效果。

2. 规范了社会成员行事原则

礼是一种规范，为了实现社会和谐有序的局面，儒家提倡一种各安其分的行为准则，对统治者，大到德治天下，小到进膳更衣，都有一套既定的程序；对于普通百姓，各种繁杂的礼数也是数不胜数：冠礼、婚礼、宾礼、葬礼等等，每样都要严格依礼而行，这是一套全方位的社会规范体系。成书于汉代的儒家经典《礼记》中对礼的作用，从经的角度加以解释，或者说是从常理的角度加以如下解释："故朝觐之礼，所以明君臣之义也。聘问之礼，所以使诸侯相尊敬也。丧祭之礼，所以明臣子之恩也。乡饮酒之礼，所以明长幼之序也。昏姻之礼，所以明男女之别也。夫礼，禁乱之所由生，犹坊止水之所自来也。故以旧坊为无所用而坏之者，必有水败；以旧礼为无所用而去之者，必有乱患。"① 其大致意思是说，朝觐君主的礼节，是用来明白君臣之义；诸侯聘问的礼，是让诸侯互相尊敬；丧事与祭祀的礼节，是用以明白臣子的恩德；乡饮酒的礼，是用来明白长幼的次序；婚姻的礼节，用以明白男女的区别。礼，可以禁止乱的产生，犹如堤防可以阻止水之乱来。如果堤防坏了必被水冲垮；认为旧礼无所用处而去之者，必有乱患。

但现实中，也会遇到"道德两难"或"道德冲突"的问题。面对复杂的道德情境和交叉性的道德价值诉求，董仲舒提出了"经礼"与"变礼"的理论，认为春秋之义中有"经礼"——常礼，也有因为情势变化之下的应对——"变礼"；比如根据礼的规定，新王或新的皇帝应该守孝三年才能继承王位或帝位，但是绝大多数不是这样的，一般是通过权变来实现的，汉文帝曾遗诏以日代月，天子居丧36日即可，便是权变的例子。实际在奴隶制王朝开始形成的礼制，因为社会发展较为缓慢，且交通不便，遇有重大丧仪，一般会时间较长，以等待远方亲族；但随着社会的发展，社会整体的生产效率提升，原有的居丧或官吏丁忧方式已经不能适应社会的发展和国家政权运转的需要，所以多有权变。官吏居丧之"丁忧"也有经皇帝圣旨"夺情"（为国家之需而夺孝子之情）这样的变礼，改三年为数日的情况。

3. 矫正了社会成员人性偏向

孔子对人性之善恶未有明确之坚持，从论语言辞看，以性善为基调，孟子继承孔子思想，坚持人本具仁义礼智四端，是天所赋予而且显露于现实生活，人性自足为善，荀子从人应当接受礼乐教化的角度批判孟子的性善论，坚持人性本恶的观点，只有通过后天教化才能"化性起伪"；董仲舒对人性观点进行了融合和创新，认为人性自然是上天赋予，但保有天降人性的同时强调外在教化，因天阴阳二气所赋

---

① 孔颖达撰：《礼记正义（下册）》，北京大学出版社2000年版，第1348页。

予人的不同，人有贪仁之分，"人之诚，有贪有仁……天两有阴阳之施，身亦有贪仁之性。"将人性分为三品，即圣人之性、中民之性和斗筲之性，董仲舒从他的人性论出发，认为圣人的善性和斗筲之恶性是不可改变的、不可消除的，均系天而为之，圣人不需要教化自然为善，斗筲之民无论如何教化也难以改变，而中民之性则需要通过教化而为善，强调对人的外在教化和控制。礼制的一个重要作用在于调解社会成员因人性偏向造成的矛盾纠纷，教化中民向善。他说："人受命于天，有善善恶恶之行，可养而不可改，可豫而不可去。"恶性不可根除，但必须限制它的发展，否则，就会对社会造成危害，具体方法就是以礼乐教化进行调解，以综合措施抑制恶性的发展。有关人性之辨析非独中国古代有之，意大利犯罪学家龙勃罗梭的相关观点与相距约2000年董仲舒的观点有异曲同工之妙，龙氏的天生犯罪人理论，通过许多犯罪人具有的体格和心理异常现象的分析，得出有些人是天生的罪犯，即董仲舒口中的"斗筲之人"；犯罪行为具有遗传性，它从犯罪天赋中产生，龙勃罗梭的研究后期更是把犯罪原因扩大到与一定地理环境和政治、经济、人口、文化、教育、宗教、社会环境密不可分的堕落等后天因素的影响。

没有相对体系的规定便没有具体的操作流程和可行性，但是执礼和司法实际都存在一个本末的区分问题，过度追求礼的繁文缛节，则会丧失礼的大用。梁启超试图将古代之礼分为为国之礼和个人之礼，确实古代之礼有法律之礼和道德之礼的区分，笔者认为，治国之礼在古代是治国理政之本，具有政治法律根本指导原则的作用，也是法律之礼；现代社会，礼是调整我们社会公共道德的准则和每个社会公众应该坚守的内心道德标准。而就法而言，法和司法机关及司法流程的确立，目的是解决社会矛盾和纠纷，修复破损的社会关系，确立社会的公平正义准则，维护国家的有效统治，但随着社会的发展，法和司法出现了精英化的倾向，这一倾向集中于法的研究无可厚非，但是若将它放于我们具体的司法流程，有时就会导致本末的颠倒。

第四节　董仲舒法律思想的内核——法之用求之于心

"独尊儒术"之后，儒学逐步成为汉朝的官方学说，儒学成为国家意识形态的主流，也成了司法活动的指导思想，以董仲舒代表的各级官吏开始了引经入法、引礼入法的过程，其中的核心思想是原心定罪。要求执法者在司法审判及定罪量刑时，不但要考察犯罪行为所造成的社会危害，还以犯罪动机、主观恶性作为定罪科刑的重要尺度。

一　无讼的追求价值

教化功能是我国司法的优良传统，有人说这是我国古代司法的精髓，至今未变。《大学》作为封建时代中国各级教育的通用教材，谆谆教导广大士子："子曰：'听讼，吾犹人也。必也使无讼乎？'无情者不得尽其辞，大畏民志，此谓知本。"[1] 通过司法案件的道德精神启迪使犯罪人受到感化，并教育其他社会成员，达到人心向善的目的，这是中国法治的一大优势。老子以"不争"为生活处世哲学；孔子不禁止诉讼，但是其也追求以"无讼"为目标的善治；《易经》的"讼卦"对"讼"有"终凶"的否定性评价；董仲舒更是这种思想的倡导者、实践者和推动者。这与他"德主刑辅"的行政原则是一致的，把审理案件作为实施教化的一种手段，司法断狱务必与实施教化相一致，就能扩大司法作用，增加社会价值。

董仲舒继承了"无讼"的和谐治世理想，他仰慕先圣先贤的治理成果："周公作礼乐以文之，至于成康之隆，囹圄空虚四十余年，此亦教化之渐而仁谊之流，非独伤肌肤之效也。"[2] 他坚决反对"殷人执五刑以督奸，伤肌肤以惩恶"[3] 治理模式，把周朝的"设两观，乘

---

[1]　王文锦：《大学中庸译注》，中华书局2008年版，第1—11页。
[2]　班固：《汉书》卷五十六，中华书局2007年版，第565页。
[3]　班固：《汉书》卷五十六，中华书局2007年版，第564页。

大路，朱干玉戚，八佾陈于庭，而颂声兴"① 作为最好的行政措施，追求"上下和睦，习俗美盛，不令而行，不禁而止，吏亡奸邪，民亡盗贼，囹圄空虚"② 理想社会。这一思想成为中国法治文化的主流。

　　无讼的社会治理方式或者说价值目标是和奴隶制、封建制自然经济的农业为主的社会生产方式相关联的，在夏商周三代之前虽然有以刑为主的法，但多数源于军令和氏族规范；夏商周三代之时，根据法所进行的裁决是存在的，但多数基于内部的宗法制度和王朝更替的冲突，周武王斩商纣之首时，"武王自射之，三发而后下车，以轻剑击之，以黄钺斩纣头，县大白之旗"③，体现的是严谨的法度，但在其日常的管理中很少用到法律，即使在灭商统一后，也是制定了周礼来进行统治。西周虽有大司寇辅佐周王处理法律事务，审理案件，也有了"五听"（听观其辞、色、气、耳、目）断案之法，"悬法象魏"（将法律条文在每年之正月初一悬于天子或诸侯之宫殿两旁）普法之方式，但是该时期可考的办案例子难以见到。到了西周后期，根据青铜鼎上文字记载，出现了"牧牛之讼"，表明到西周的厉王或宣王时期法律文化有所发展，上级贵族在无奈之下拿起法律武器向曾经的下属"牧牛"主张权利，最后取得了司法官吏的支持。封建社会确立后，自奉法重诉讼的秦朝覆亡后，历代统治者在不断强化法律的巩固统治职能的同时，如董仲舒所论，以"刑"讼为阴，放到了一个相对次要的位置，如董氏所言，与德之比为百分之一。大量的诉讼代表着地方官吏对辖区治理的失当，治理能力强的官吏会使辖区清明无讼，这成为旧社会官吏考察晋升的指标，所以他们也竭力促使该类情况的出现；另外，在封建社会中，族长依据宗法管理家族村落的权力较大，根据乡约，族长可以行刑事赏罚之事，对"通奸"行为的上纲上线，男女沉河便是刑事惩罚权下放至宗法村落的典型事例。这里援引英国汉学家李约瑟对中国古代法律的分析，以之为参考：

---

① 班固：《汉书》卷五十六，中华书局2007年版，第564页。
② 班固：《汉书》卷五十六，中华书局2007年版，第569页。
③ 司马迁：《史记·周本纪》，中华书局2006年版，第19页。

在中国历史上一贯表现出一种强烈的反对编撰法典和讨厌法律原则的倾向。中国人有一种深刻的信念，认为任何案件必须根据它的具体情况进行裁判，也就是说，就事论事。虽然从汉朝后期每个朝代都有法学家编了不少的判例汇集，而且每个朝代都有钦定的法规。但是总的来说，这些法规从来没有起过像欧洲的查士丁尼法或其他伟大法典的作用。而且在中国人思想上"公正"的观念比"成文法"的观念要重要得多。同样地中古世纪的中国社会还有一种不喜欢法律诉讼的倾向。老百姓尽可能避免到那个要钱的衙门去。①

总体而言，"无讼"虽有其弊端，但是在宗法家族环境下，单纯地通过法律来处理发生的案件和诸多情况显然是不可能的，一是官府没有这样的效率，二是针尖麦芒的对抗会导致家族的分裂，取得胜利的一方也可能得到家族的驱逐，最后无栖身之处；所以通过宗法礼教来解决部分应该由法律解决的事项，减少村落家族的对抗是当时合理必然的选择。"无讼"目标的追求会导致调解的大量出现，我国自西周便有重视调解的传统，设有专管调解的"调人"；董仲舒重视德化教育，强调以德息讼，"古者修教训之官，以德善务化民，民已大化之后，天下常亡一人之狱矣"②。

二 重志的审理原则

董仲舒继承《春秋》"重志"的思想，他说："《春秋》之论事，莫重于志。"③ 在具体案件审理过程中，要追究犯罪动机和犯罪原因及罪犯的心理状态。凡主观为恶，系未遂，或小罪，也要加以惩处重罚，而所犯者动机、目的合乎道德人情，或系过失，虽违法也可以减

---

① [英]李约瑟：《四海之内》，劳阮译，生活·读书·新知三联书店1987年版，第77页。
② 班固：《汉书》卷五十六，中华书局2007年版，第567页。
③ 张世亮、钟肇鹏、周桂钿译注：《春秋繁露·玉杯第二》，中华书局2012年版，第25页。

免宽宥处罚。董仲舒的法律思想和儒家法律思想是一脉传承的，他说："人有小罪，非眚，乃惟终，自作不典，式尔，有厥罪小，乃不可不杀。乃有大罪，非终，乃惟眚灾，适尔，既道极厥辜，时乃不可杀。"①《尚书·康诰》就分析了针对偶犯和惯犯处罚的区别，对故意犯小罪的惯犯，也要杀之以儆效尤；对过失或偶犯重大罪行的也可以不杀。儒家典籍中针对犯罪一直根据主观犯意和犯罪对道德的戕害程度来进行判决，多数情况下主张"明德慎刑"，尤其是死刑的判决和执行，往往要经过数道程序，甚至需要皇帝的亲自勾决。

（一）必本其事而原其志

事，指犯罪事实；原，即寻找、考察；志，为心之所向，有趋向、期许之意。这里指犯罪的目的动机。董仲舒这句话的意思是，审理案件应当以犯罪事实为根据，以儒家伦理道德观念为标准判断考察犯罪者行为时犯罪动机和目的，主要是突出犯罪的主观方面。犯罪的动机和目的虽然都属于犯罪的主观方面的内容，但二者实际是不同的，犯罪动机主要是推动行为人采取某种犯罪行动的内心起因或者说内在的动力，是诱发犯意的，是犯罪的主观方面的前端；而犯罪目的则是在犯罪动机推动下，通过犯罪行为而达到某种结果的心理态度，往往体现为故意或者过失的具体心态，而故意又因为具体情形可分为直接故意和间接故意，过失则分为疏忽大意的过失和过于自信的过失。所谓"本其事而原其志"，就是根据犯罪行为外在表现而形成的客观方面的各种具体情况，来判断犯罪行为人的内心目的，也是犯罪的具体心态。

在董仲舒传世的"误伤己父案"中，儿子见父亲被他人殴打，当他人以刀来刺杀父亲时，儿子为救父亲，拿起拐杖来打他人，却反伤了父亲。有的人认为，儿子打伤父亲，应该判处杀头罪。以现代刑法学的观点来看，这属于明显的"打击错误"，即行为人意图侵害某一对象，因未能控制行为方向而在事实上侵害了另一对象的错误，是刑

---

① 王世舜、王翠叶译注：《尚书》，中华书局2012年版，第185页。

法学中事实错误的一种。殴打自己的父亲在汉朝可以处以枭首之刑（枭首在当时是极重的刑罚），也就是要砍头，许多人坚持这一判决方式，但是现在看来是极其可笑的、典型的机械执法和庸俗的唯客观主义。不过，董仲舒却以为，儿子本意是救父尽孝道，打伤他的父亲乃是误伤，典型的过失，主观上没有任何的犯罪故意，所以，根本算不上犯罪。"原心论罪"并不是机械地按照儒家伦理思想来断案处刑的，而是在儒家思想的指导下，按照主客观相统一的原则，在重视案件事实的基础上对行为人主观动机和目的进行分析，具体考虑案件的实际情况，区分主观动机和目的是否有害而给予定罪。所谓主客观相统一，也就是犯罪的客观方面的具体表现，如具体实施的危害行为、危害结果和承载行为的时间、地点、使用工具、手段方法、侵害对象等的客观表现形式，要和犯罪的主观方面即动机、目的（故意或过失）统一综合考量来判断行为是否构成犯罪，而不是主观归罪或者客观归罪。在奴隶和封建阶级社会为了维护王权皇权，有时在谋反、叛逆等所谓重大犯罪的办理过程中会出现惩办"腹诽"等思想犯的情况，也就是下文提到的"志邪者不待成"，这是古代对主客观相统一原则的违背，但这并不是其司法的主要部分，也不是司法的常态。

（二）志邪者不待成（君亲无将）、首恶者罪特重

志邪，心术不正，即与儒家的伦理道德相悖。这句话的意思是说，一个人动机不纯正，即使尚未作为，或仅有实施犯罪的预谋和准备，或犯罪未遂，也要受到惩罚。如果存心反对、破坏封建社会秩序，即使行为的结果与儒家的伦理道德的要求相一致，也要惩罚。此种行为如果是针对君主，更加要惩治，即前文讨论的"君亲无将，将而诛焉"，对待君王和父亲不能蓄谋反叛逆之心，若有，不管采取不采取具体行为，只要有这个意图，就要诛杀。董仲舒"盗窃武库案"也说明了这个问题：甲为武库卒，盗强弩弦一，时与弩异处，当何罪？本案中司法者从轻从重处理意见不一，董仲舒认为，作为武库之卒，监守自盗，应明知其行为的严重后果，虽不成立"盗武库兵"罪，仍应依"边鄙所，减值百万钱者，当坐弃市"之律论处。当然，

如前文所述，这实际是在刑事犯罪的审理中增加了道德的成分，而且将道德成分予以扩大化了，用道德来引领和决定审判，礼的作用在律法和司法实践中得到了彰显。其目的有二，一是通过这种严惩来维护阶级统治，打击危害君主的重大犯罪，西汉武帝涉及太子的"巫蛊"案，实际上即使就是具体施行了巫蛊行为，也是现代常说的迷信犯，不可能对武帝造成实质性的伤害，但是因为涉及皇权，即使是太子也要加以严惩，最后将太子逼反，皇权害怕对其任何的细微伤害，待其成有可能会造成重大的不可逆的损失，所以"志邪不待成"的目的是防患于未然；二是通过案例的作用来宣扬礼教道德，用具体的司法行为来正人心，只有对人心不正的案犯的严厉打击才能树立范例，使人们对道德失守产生戒惧，进而去维护道德和礼的秩序。包括现在人们所津津乐道的宋张乖涯因为小吏贪污一文钱而将其斩杀的故事，也是体现古人在断案时的道德偏好，即在审理案件时，在可视的具体案件事实外更加重视对行为的道德评价和对将来犯罪行为的先期预防。这种方式与现代的罪刑法定原则自然是相违背的，也增加了官吏在案件审理中肆意执法甚至曲法枉判的机会，使得在唐朝以后，案件审理中出现了司法之吏舞文弄墨，曲意执法，以中饱私囊，而官不能禁的情况。

从重惩罚共同犯罪中的首犯，"《春秋》之义，诛首恶而已"，"首恶者罪特重"，也是强调打击"邪志"者。按照现代的刑法理论，在共同犯罪中，主犯或者首要分子主观恶性和危害性最大，应给予严厉打击，而对从犯要予以从轻或减轻处罚，胁从犯可以减轻或者免除处罚。严厉打击首犯，胁从不论一直是中国古代司法的原则之一，其目的是维护执政根基，提高司法效率。在革命根据地时期的大量法律中规定了这一原则，我们现代的刑事立法和司法中也有所继承，其目的是能够厚植我们党的执政根基，维护人民民主专政的政权，同时提高刑事司法的办案效率，从这一点分析，我国的刑法立法和刑事司法既有我国古代科学刑事政策和立法司法经验的传承，也有革命根据地时期立法司法经验的积累，而不是如部分法学家所主张的，是对外来刑事立法、司法的简单移植。正如党的二十大所言，我们要建成的中国式现代化是物质文明和精神文明相协调的现代化，而精神文明的现代化中必须立足和发扬中华民族优秀的传统文化，在法律思想领域，我们也不能将我们中华法系积累几千年的司法智慧置之一边。

在从重处罚共同犯罪中的首犯这一点上，董仲舒与现代的刑法理论是一致的，是对古代法治理论一个重大的发展。《汉书》曾记载："孙宝字子严，颍川鄢陵人也。以明经为郡吏……鸿嘉中，广汉群盗起，选为益州刺史。广汉太守扈商者，大司马车骑将军王音姊子，软弱不任职。宝到部，亲入山谷，谕告群盗，非本造意。渠率皆得悔过自出，遣归田里。自劾矫制，奏商为乱首，春秋之意，诛首恶而已。商亦奏宝所纵或有渠率当坐者。商征下狱，宝坐失死罪免。益州吏民多陈宝功效，言为车骑将军所排。上复拜宝为冀州刺史，迁丞相司直。"① 对多人共同犯罪中的"首恶"要加以从重处罚，通过对首要分子的严厉打击而遏制犯罪，避免对胁从和盲从者的滥杀。本案，因太守扈商玩忽职守，导致广汉盗贼众多，新任刺史孙宝以《春秋》之义，认定扈商为"乱首"，对群盗则应宽恕，孙宝亲自劝说起义农民回家，宽恕群盗的同时，捕扈商下狱。这种司法方式是对秦朝律法的极大反动，秦律自商鞅变法确定，对重大刑事犯罪采取亲属、邻居保甲连坐制度，有时还要波及有官职刑事犯罪者的上下级，当然对具体参与者难以采取轻缓的处罚，汉初刘邦虽曾在进入关中时废除秦法之弊端，约法三章而取得民众欢迎，但是到了西汉王朝立国以后，因为统治需要，加之遗留胥吏的习惯做法，出现了"汉承秦制"的局面，法令仍然严苛，历经汉初几代帝王的删减，仍然难以适应巩固国家政权，消弭社会对立的需要，而董仲舒结合自己的儒家思想提出的"诛首恶"的观点和审判方式是对封建立法和司法的极大改进，是适应国家社会形势的巨大变革，应该说是社会的一大进步。

（三）本直者其论轻和大夫出疆专之可也

此原则就是本性善良者，基于忠、孝、节、义等儒家纲常伦理道

---

① 班固：《汉书》卷七十七，中华书局2007年版，第778页。

德而采取的行为，即使触犯了刑事法律也可以减免处罚，即行为人的目的、动机纯正，即使违反法律，也可以"赦而不诛"，免予相关处罚，或减轻刑罚。董仲舒曾举例，春秋时期，许悼公生病，其子许止因孝心进药，许止在自己未先品尝的情况下奉药，结果许悼公因吃错药而死，事后对许止对没有处罚，但许止却惭愧抑郁而亡。董仲舒评论道："君子原心，赦而不诛。"① 意思是，只要本心是好的，就应该加以赦免而不杀。

基于董仲舒的观点引申出另外的一个理论："偃以为春秋之义，大夫出疆，有可以安社稷，存万民，颛之可也。"② 也就是大夫出国时，为了国家和民众的利益，可以专断处置，《汉书·终军传》中叙述的反面例子为西汉武帝时博士徐偃在矫制胶东、鲁国鼓铸盐铁，以大夫出疆得以自专反对张汤的问责，最后为终军所诘责而伏法的故事，但是本直者，其论轻，是对"大夫出疆颛之可也"的一个理论上的支撑，使在外处理国家大事的官吏有了临时处断的权力。我们看到西汉时期，许多出使西域的人如班超等自行决定重大外交事项，为西域建交和河西走廊的开拓立下赫赫功劳；在对匈奴的战场上，卫青、霍去病"将在外君命有所不受"，根据战场情势，自行决定重大的军事行动，取得对匈奴战争的一次又一次胜利。是本直论轻给在遥远疆域外的西汉外交家和军事家以临时专断的依据，提高了办理重大事务的信心，增强了他们的决断能力，也塑造了汉代璀璨的精英官僚和民族英雄群体。

据以上分析，董仲舒倡导的"原心定罪"，即以儒家伦理道德观念为标准，根据犯罪事实，考察行为人的目的、动机，然后定罪量刑，着重惩处违反儒家伦理道德观念、违反"三纲五常"的犯罪，其目的和动机符合儒家纲常伦理和道德规范的行为虽然涉嫌犯罪，但可以从轻或免于处罚；但是对首恶和犯罪动机、目的恶劣的行为，即使是处于预备阶段也要予以严厉打击。对董仲舒所倡导的儒家法律思想

---

① 转引自程树德《九朝律考》，中华书局2006年版，第164页。
② 班固：《汉书》卷六十四下，中华书局2007年版，第644页。

就其特质进行判断的话,往往有"人治""德治""礼治",甚或"自然法"思想的区分,但是笔者也如俞荣根等学者一样,认为儒家的法律思想中的主要特质为伦理法,这是和当时的宗法制度、富有东方特点的以自给自足为特征的自然经济相关联派生的,从马克思主义哲学普遍联系的观点和经济基础决定上层建筑的认识规律看,儒家法律思想的伦理特色反映的是古代宗法农业社会的本质要求,它不可能脱离时代,也不可能背弃自己的出身。

三 深远的历史影响

董仲舒的原心定罪理论,综合考察犯罪动机目的、主观恶性,作为定罪量刑的主要尺度,符合人心正道,符合古今事理。在我国司法文化的源头《尚书·舜典》中有"告灾肆赦,怙终贼刑"的记载;西周时期,实行"三宥之法";从出土秦简中的《秦律》来看,秦律虽有苛刻严厉之弊端,而且重视客观行为,但对犯罪主观意志方面仍有所关注,这也是秦律的一大重要特征。

原心定罪为汉朝的司法开辟了新的境界。在汉初,汉承秦制,"萧何摸披秦法,取其宜于时者,作律九章"。这就是说,"九章律"不仅条文、篇目是"攘撅秦法"而成的,就是在立法指导思想上也未脱先秦法家思想的窠臼。而法家所主张的"事皆决于法","深督其罪","重刑轻罪"导致刑罚繁杂且残酷,人民困苦不堪。战国至秦的法家之论突出强调,利出一孔,权自君出,虽然诸事皆决于法,但我们看到的是更多的君主统治的手段,实际法家思想可谓君本思想,是对温文尔雅的民本思想的反动。董仲舒吸取秦代教训,纠秦之弊,在司法实践中更加强调客观以外的因素,以矫枉过正的做法,起到了纠法家之极端的作用。"原心定罪",为法官当时断案提供了一种全新的思路,它将情与法相结合,强调司法要彰显人情,追求法律与道德、法律与人情相统一的司法和谐理念。在实践中,为实现社会公平做出了贡献。

随着法律儒家化的进程,为国法与人情的结合开辟了道路,中国古代人情是以深厚的血缘伦理亲情为基础的，董仲舒的"三纲五常"伦理法原则使得"原情定罪"同样也进入了汉律的实施之中，成为人情决狱、亲情决狱、礼义决狱的司法实践，在当时对于断案决狱的合理性有一定帮助，在一定程度上缩小了传统刑罚株连的范围，使很多人免遭牢狱之灾也拯救了不少人的性命，是中国古代刑法理论的一大进步。

但董仲舒把"心""志"作为认定罪责的重要根据，必然给法官的主观能动性以巨大的空间，导致在后续的司法实践中部分司法活动走向极端，出现司法之官吏枉法擅断，背离了初始的本意。首先，撇开犯罪行为所侵犯的客体和行为结果，也难以认定犯罪者"心""志"的善恶。其次，仅以犯罪者主观动机作为认定犯罪的根据，不问既遂或未遂，不考虑危害结果的轻重，甚至"放事诛意"，必然导致"诛心""诛意"的惩罚思想。这就为专断残酷之吏任意诛杀提供了借口，前文提及的"一文杀吏"的案例便是典型的体现。总的来说，对董仲舒的原心定罪，我们应该给予更多积极和肯定的评价。其将法律推理的判断与经义和经验关联，在一定程度上升华了日常生活中人们所形成的伦常经验，将统一的道德和政治理论尝试融合进司法审判，将法律与主权者简单命令区分开来，具有极其积极的意义。

第五节　董仲舒法律思想的依据——法之决依之于经

从汉至清两千余年，中华民族社会治理所依据的最高法典为经学。当代中国社会治理方式为依法治国，从汉至清的社会治理的主题可谓依经治国。"经学作为最高法典"这一"轨范"从汉至清两千年间一直盛行，"依经治国"这一法理命题的主要开创者为董仲舒。依据某种规则或者是理论范式（如神、刑、德、法、礼、乐等）治理国家、调整建构社会秩序，是有国家出现之后始终存在的命题。周予同说："作为经典意义的经，出现在战国以后，而正式被法定为经典，则应在汉武帝罢黜百家、独尊儒术以后。"① 周予同认为，经是中国封建专制政府"法定"的古代儒家书籍，是中国封建专制政府所"法定"认为合法的经典，是封建专制政府和封建统治阶级用来统一思想和进行文化教育培养人才的主要工具。②

就现代马克思主义法学对法的定义而言，法是国家制定或认可的行为规范；综合封建社会经学作用看，封建社会之经也具备该种特性。严格意义上的儒家之经，是汉武帝罢黜百家、独尊儒术，并对部分儒家文献正式认可后形成的，首倡者即董仲舒。其建议："春秋大一统者，天地之常经，古今之通谊也……臣愚以为诸不在六艺之科孔子之术者，皆绝其道，勿使并进。邪辟之说灭息，然后统纪可一而法度可明，民知所从矣。"③汉武帝采纳后，推动以儒家典籍《春秋》为核心的六艺成为庙堂所认可的经。

西塞罗曾言："真正的法律是与本性相合的正确的理性；它是普遍适用的、不变的和永恒的；它以其指令提出义务，并以其禁令来避免做坏事。此外，它并不无效地将其指令或禁令加于善者，尽管对坏人也不会起任何作用。试图去改变这种法律是一种罪孽，也不许试图废除它的任何部分，并且也不可能完全废除它。我们不可以元老院和人民大会的决定而免除其义务，我们也不需要从我们之外来寻找其解说者或解释者。罗马或雅典将不会有不同的法律，也不会有现在与将来不同的法律，而只有一种永恒、不变并将对一切民族和一切时代有效的法律。"④ 这里西塞罗所云"真正的法律"一般被理解为"古典自然法"，与董仲舒所言"常经"具有相同之处。

董仲舒之"常经"系封建社会的"自然法"，突出天道的约束，

---

① 周予同著，朱维铮编校：《中国经学史讲义：外二种》，上海人民出版社2012年版，第8页。
② 参见周予同著，朱维铮编校《中国经学史讲义：外二种》，上海人民出版社2012年版，第10页。
③ 班固：《汉书》卷五十六，中华书局2007年版，第570页。
④ [古罗马] 西塞罗：《国家篇·法律篇》，沈叔平、苏力译，商务印书馆2011年版，第106页。

而社会之中经常变化的立法即"法制"和"常经"相比较,应该系自然法与实在法的关系。秦末汉初,法条繁复,经常变化的"法制"让人们无所适从。与此相对,董仲舒提出依据"常经"司法,为烦苛之"法制"提供天道和社会价值观念之锚,扭转在繁复法律面前,司法官吏无所适从的状况。董仲舒建构了一个"常经"与"法制""二元规范"并立且互补的结构体系,有具体条文可依则依据实在之法,无条文可依则寻自然法之"常经"。

在儒家六艺的体系内,《春秋》以历史叙事的外在形式,成为中华民族封建社会前期的"无上之法典",《春秋》相当于最高的宪法,同时兼具刑法的意义,依经治国首先是依《春秋》治国,实际也有依法治国的意味。董仲舒系"依经治国"或者说"经治时代""经治中国"的开创者,强调"屈民伸君""屈君伸天",经董仲舒后天的意志内容如何往往有赖于儒生阶层来解释,最为典型的就是钦天监——掌管天象的这个岗位的人的解释,当然还有朝堂之上儒家学者的解释,臣民服从君主,君主服从授道于上天,君主虽作为知天意者,但因为程序和内容的繁杂,天意的解释在西汉及以后逐渐由儒生集团掌控了,当然,因为儒生群体以忠孝标榜,且一般没有掌握经济和军事权力的机会,所以即便如此,其不可能凭借单单的解释权而对皇权形成冲击和真正的约束。

正如鲁迅所言:"据说天子的行事,是都应该体贴天意,不能胡闹的;而这'天意'也者,又偏只有儒者们知道着。这样,就决定了:要做皇帝就非请教他们不可。然而不安分的皇帝又胡闹起来了。你对他说'天'么,他却道,'我不有命在天?!'岂但不仰体上天之意而已,还逆天,背天,'射天',简直将国家闹完,使靠天吃饭的圣贤君子们,哭不得,也笑不得。"① 鲁迅对儒生集团拥有的"天意解释权"在历史过程中的实情给予了写意性的揭示。董仲舒一直提倡的"德主刑辅",实质体现的是"经主刑辅",德源于经且载于经,通经

---

① 《鲁迅全集》第3卷,人民文学出版社2005年版,第269页。

才能明德，两千年间，关于经的研究，汗牛充栋，而关于刑律的研究却甚少，这种轻与重之别，根本的原因是经提供了国家治理的主要依据，刑所呈现的是辅助作用，古人重道德之论，看重的是经中所载道德修行之法，忽略了在道德之下的刑法、刑罚的实质性作用。

汉初，因为儒家在秦遭受严重打击之后，经文多失，搜集传承儒家经学成为当时儒者群体的重要任务之一。经过多年努力，儒家经典也因为官方的重视而确立了权威地位，为确立和巩固经学的地位，汉代儒家思想多以注经解经的形式来表达自己的个人思想，其方式有"我注六经"即古文经学，杂古今而专章句训诂；"六经注我"，今文经学，以经为用，通过对经的解释阐明自己的思想，叙述微言大义。董仲舒就是"六经注我"典型代表，通过对《春秋》公羊传的解释和阐发，确立了新的以"天人感应"为核心观点的儒学思想新体系。"引经决狱"，是董仲舒"六经注我"体系中的一个方面，解决《春秋》之用，董仲舒对春秋决狱的倡导和实施功不可没。实际上董仲舒将道义责任论发挥到极致，把人性抽象化的同时，把儒家经义作为一个法律系统，是礼的一般原则和规则组成的完整集合，是由纲常和伦理组成的逻辑上封闭的、固定的系统，可以按照演绎的方法来解决现实生活中的案例。董仲舒既确定了法律渊源又确立法律方法，在对儒家经义的揣摩和运用中完成了立法视角、司法视角和法律现实主义视角的不同转换。

需要指出的是，"春秋决狱"并非一般意义上的任意擅断，这需要严格的程序和适用范围的要求，仅适用于案件事实清楚，但如何处理没有具体法律依据的"疑狱"，或按现有法律规定处理其结果和社会一般评价标准差距较大的案件。以《春秋》等儒家经典中抽象出的法律原则为依据，得出的结论性意见，多数是司法官员判案的参考，多数涉及人生命的重大疑难案件则须由皇帝做最终裁决。"春秋决狱"实质上体现为和制定法互为补充的判例法制度，系以制定法为主体的中国古代法制的有机组成部分。"春秋决狱"以事理和情理为依据，重视判决结果的合理性，是对秦汉酷法的革命，软化了僵硬严苛的法律条文，纠正了客观定罪的僵化、呆板，避免了司法违背人的本性，适度增强了法律的灵活性，维护了社会稳定，在一定程度上推动了我国法治思想的进步。

一　董仲舒推动了春秋决狱实施

在成熟的法律条文产生之前，人们依据习惯法、前代的先例以及圣人的经义作为判断是非和审判案件的依据，是社会发展的常态。先秦、秦汉时期，依据典籍断决案件的先例，多有记载。如《孔子家语》载："孔子为鲁大司寇，有父子讼者，夫子同狴执之，三月不别。其父请止，夫子赦之焉。"[①] 孔子在鲁国为司寇时，有父子相讼的，孔子将二人关进同监室中，三月不审理，最后在父亲撤回诉讼的情况下将二人放掉了。孔子判断此案的依据《尚书》中"义刑义杀，勿庸以即汝心，惟曰未有慎事"和《诗经》所云"天子是毗，俾民不迷"的论述，以《尚书》之意为渊源，认为审理案件时杀戮必须符合正义，而不是个人的喜好，断案不能不慎重，要加以教化，辅佐天子使百姓不迷惑。这是典型的以经义决处案件的例子。秦朝时，"陈胜起山东，使者以闻，二世召博士诸儒生问曰：'楚戍卒攻蕲入陈，于公如何？'博士诸生三十余人前曰：'人臣无将，将即反，罪死无赦。愿陛下急发兵击之。'二世怒，作色。"[②] 由此可以看出，诸博士以公羊春秋经中的"君亲无将，将而诛焉"的义理决断陈胜起兵之事，这是一则明显的春秋断案之例。当然在秦朝二世时，胡亥荒淫无道，不能正常判断事件的走向，在对秦之律法极度信任依赖的情况下，认为地方官吏根据律法缉捕处置即可，也没有及时采纳这些儒生根据春秋大义所提的建议，最后导致了秦朝灭亡。

汉以前以及汉初，虽有"经义决狱"之事，但一般仅为儒者个人所用个别案例。因为先秦百家分立争鸣、秦朝尊从法术，往往儒学之人未能居政要之位，以儒家经义折断狱政，实效不佳，未普遍成风，

[①] 刘乐贤：《孔子家语》，北京燕山出版社1995年版，第19页。
[②] 司马迁：《史记·刘敬叔孙通列传》，中华书局2006年版，第583页。

仅见零星和近类"春秋决狱"的案例。西汉武帝时期，随着社会的需要，儒学逐渐走进统治阶层并高居庙堂而获独尊，在此种情况下，经董仲舒等人的提倡，"春秋决狱"得到当时最高统治者的支持，这种断狱方式则广为流行，对于以后整个封建时代的司法、立法起到重要作用。汉承秦制，其法律体系在汉初之后逐渐扩张，法律日益苛繁，司法体系几乎无能力去思考使用，而百姓也难以承受。董仲舒结合当时的形势，没有去改变当时繁苛的法律条文，而是尝试去改变汉代的司法精神，通过以宽厚的"礼"融入、介入司法来解决严苛的法律条文和司法过程中所存在的诸多问题。他主张礼与法二者，礼在法先，务德不务刑，以阴阳变化比附德刑的过程中强调先德后刑、大德小刑、经德权刑（德为常态，刑为权变非常态）、实德虚刑等，更加偏重教化，将刑罚作为辅助的裁决原则。其裁决的根本原则主要就是以《春秋》所体现的精神来原心定罪，同时注意亲亲相匿、志邪不待成（君亲无将）、诛首恶、本直其论轻等。秦朝严苛的法令因为超出了官吏的执行能力和损害民众利益过重而阻碍了社会秩序的运行，进而为社会所抛弃。董仲舒以礼中所体现的纲常伦理道德来弥补法律的含混和空缺，同时来简化法律的适用，成为当时高效解决社会冲突的方式。董仲舒之所以倡导春秋决狱是有诸多原因的，主要体现于如下几方面。

（一）董仲舒具有崇圣情结

《尚书·吕刑》提出了"哲人惟刑"的思想，即认为应选择圣贤来执掌刑法，对苗民因用人不当而遭到上天惩罚的情况，进行了批判。崇圣——由贤人来进行统治的思想不独出现于中国古代，生活于公元前427—前347年的古希腊哲学家柏拉图也在《理想国》中提出了哲学王之治。孔子及《春秋公羊传》在董仲舒的认识中，居有至高无上的地位，这是他倡导推行春秋决狱的前提，董仲舒特别崇拜周公、孔子这样有天子之德、无天子之位的圣人。由"人治"到法治是一个漫长的历史发展进程，上古社会中，具有神话色彩的英雄人物深刻影响了社会的发展，在其后阶级社会的发展历程中，多数的基层群众没有参与国家的治理的机会和经验，整个社会中也难以用有效的严密的制度体系来规范生活的方方面面，多数情况下依靠社会精英或者说英雄的思考和创造，权威的力量起到了极大的作用，所以采取的社会精英"人治"的方式，并不是所有的"人治"都是应该被批判的；"法治"是社会发展到近现代后，随着社会人群素能的普遍提高和社会生产力的发展，单独依靠某一个人或者说某几个人难以运转庞大的、高速发展的社会体系而出现的，因时因事因人而变的社会治理方式不但损耗了社会的公平，更多的是难以完成社会所赋予人类的任务，所以社会走向了以制度、规范、法律约束的"法治"。

"法治"也并不是完全忽视人的作用，冰冷的法律必须靠有温度的人去执行，凡事均决于法不是真正的"法治"，法治应该和国情、人情等和谐，任何时候司法办案都要求政治、社会、法律等多方效果的有机统一。"法治"也并不否认权威和英雄，任何社会组织的有效运转必须依靠权威，权威可以在不同的时期以不同的形态，甚至通过具体的制度来体现，权威是法治的一部分，法治要维护法的权威；而英雄也是任何时代不可或缺的，作为把握历史潮流的先进人物，他（她）们总是能够代表历史前进的正确方向，并带领人民与社会的多数群体去寻求最大公约数的发展，实现社会的公平和正义，英雄需要权威，英雄也需要"法治"，在现代社会治理体系中，英雄观与法治观是共同存在，更是可以相融相通的，不能以社会存在英雄和领袖人物就否定社会的法治，片面认为社会走向了人治的轨道。

像所有的理想主义者一样，为实现理想，董仲舒以强烈的求知欲和超乎常人的专注力钻研学问。《汉书》所撰的董仲舒传记说，"仲舒遭汉承秦灭学之后，《六经》离析，下帷发愤，潜心大业。"[1] "盖三年不窥园，其精如此。"[2] 专心致志苦学，不受外界干扰，后人以"目不窥园"来形容这种精神。董仲舒精研儒学，吸收道家、阴阳家、法家等各家思想，终于成为令人敬仰的儒学大师，《汉书》称他"为群儒首""为儒者宗""学士皆师尊之"。如前所言，董仲舒的思想主

---

[1] 班固：《汉书》卷五十六，中华书局2007年版，第571页。
[2] 班固：《汉书》卷五十六，中华书局2007年版，第561页。

要集中在《春秋繁露》一书中。"春秋"即孔子编写的《春秋》一书,是汉朝五经之一。"繁露"有三个含义:古代帝王贵族冕旒上所悬的玉串,露水,植物落葵的名称。在这儿,"繁露"二字与《春秋》经书结合相称,指的是冕旒上所悬玉串,以私度大儒之心,定义其书为帝王之冠冕要术,内容字字珠玑,且已成连贯之体系。周时朝堂衣冠有这样的记载:"天子南面立,絻无繁露……堂下之左,尹公、夏公立焉,皆南面,絻有繁露……相者太史鱼、大行人,皆朝服,有繁露。"① 这里均指帝王贵族冠上的串饰,在秦以后发展为只有帝王才能冠冕絻有繁露。"繁露"由玉串而代表王冠,由王冠而代表帝王,与"春秋"相并,《春秋繁露》书名意为"帝王治国之术"。

从内容来看,董仲舒把《春秋》一书的内容神圣化了,奉为至全至美至高至上的神谕。他认为,《春秋》一书是圣人孔子通过观察天道著成的经世作品,"孔子作《春秋》,上睽之天道,下质诸人情,参之于古,考之于今"②。书的内容包含了天地运行的终极规律,是深刻的真理性认识,"是以《春秋》变一谓之元,元,犹原也。其义以随天地终始也"③,也包含了人世的治理经验,"《春秋》修本末之义,达变故之应,通生死之志,遂人道之极者也"④。书中内容丰富,"《春秋》二百四十二年之文,天下之大,事变之博,无不有也"⑤,"今《春秋》之为学也,道往而明来者也。然而其辞体天之微,效难知也。弗能察,寂若无;能察之,无物不在"⑥。

---

① 孔晁注:《逸周书·王会解第五十九》,浙江大学出版社 2021 年版,第 269—271 页。
② 班固:《汉书》卷五十六,中华书局 2007 年版,第 567 页。
③ 张世亮、钟肇鹏、周桂钿译注:《春秋繁露·重政第十三》,中华书局 2012 年版,第 166 页。
④ 张世亮、钟肇鹏、周桂钿译注:《春秋繁露·玉杯第二》,中华书局 2012 年版,第 38 页。
⑤ 张世亮、钟肇鹏、周桂钿译注:《春秋繁露·十指第十二》,中华书局 2012 年版,第 163 页。
⑥ 张世亮、钟肇鹏、周桂钿译注:《春秋繁露·精华第五》,中华书局 2012 年版,第 99 页。

他认为"然则先王之遗道，亦天下之规矩六律已"①，这是指导人们治理国家社会的正道正理，"圣人之所命，天下以为正。正朝夕者视北辰，正嫌疑者视圣人"②。"故圣者法天，贤者法圣，此其大数也"③。作为普通社会成员，没有能力直接学习天道，只能学习圣人留下的语言和教导，而且，"问圣人者，问其所为而无问其所以为也。问其所以为，终弗能见，不如勿问。问为而为之，所不为而勿为，是与圣人同实也"④。对于《春秋》这部书，他认为"《春秋》之道，大得之则以王，小得之则以霸"⑤，"得大数而治，失大数而乱"⑥。由此看来，《春秋》一书在董仲舒心目中，从根本上讲就是万能的，是"教化之源流"，是"古今之通谊"，是至高无上的"圣经"。它的作用与社会功能，几乎是无所不包，无所不有，无所不能，"弗能察，寂若无；能察之，无物不在"⑦，大凡世间万物，能够想到的，全都涵盖在内了，特别在政治统治上，社会生活中，那更是万世之定律，可以以古鉴今。经过他的引申，《春秋》变成了具体法律原则的最高本源，适应了当时的社会需要，更增加了依经决狱的必要性和正当性。

（二）推动了儒学独尊

西汉时，董仲舒在《春秋》经学方面，具有较高的学术地位，"仲舒通《五经》，能持论，善属文"。据《汉书·五行志》记载：

---

① 张世亮、钟肇鹏、周桂钿译注：《春秋繁露·楚庄王第一》，中华书局2012年版，第16页。

② 张世亮、钟肇鹏、周桂钿译注：《春秋繁露·深察名号第三十五》，中华书局2012年版，第383页。

③ 张世亮、钟肇鹏、周桂钿译注：《春秋繁露·楚庄王第一》，中华书局2012年版，第16页。

④ 张世亮、钟肇鹏、周桂钿译注：《春秋繁露·郊语第六十五》，中华书局2012年版，第534页。

⑤ 张世亮、钟肇鹏、周桂钿译注：《春秋繁露·俞序第十七》，中华书局2012年版，第186页。

⑥ 张世亮、钟肇鹏、周桂钿译注：《春秋繁露·楚庄王第一》，中华书局2012年版，第18页。

⑦ 张世亮、钟肇鹏、周桂钿译注：《春秋繁露·精华第五》，中华书局2012年版，第99页。

第三章 董仲舒法律思想的主要内容

"景、武之世，董仲舒治公羊春秋，始推阴阳，为儒者宗。""群儒首""儒者宗"的评价，代表了他在当时的学术地位。从董仲舒的思想内容看，他真正把先秦诸子的学说综合起来，形成了为大众和帝王所接受的新儒学理论体系。他提出的理论体系核心是孔、孟的儒学，无论是"天人感应"，还是"三纲五常"以及取法于天的王道论，以孔孟的"仁"学为核心，以阴阳、五行为构架，以"爱气"为主的养身，与其有关君道的思想融为一体。董仲舒总结亡秦纯用法家的教训，认为最重要的就是它的任刑不任德，他不主张完全废弃刑罚，而是主张威德并用，德主刑辅，主张"阳为德，阴为刑。刑反德而顺于德，亦权之类也"①，大德小刑，这样他就又吸收了法家的思想。以儒学为核心，董仲舒广泛吸取了诸子百家之长，熔铸成了一个新的学术有机体系，积极配合了统治阶级的政治需要，进而抬高了儒学的地位。

元光元年（公元前134），董仲舒在《举贤良对策》中提出建议，为了实现思想一统而"罢黜百家，独尊儒术"的建议，得到了汉武帝的高度认可，董仲舒以思想的一元性保证政治的一元性，以思想的统一来维护政治的统一，既解决了当时的社会需要，也为中华民族统一的民族精神、民族文化和政治体制的形成、巩固奠定了基础。董仲舒通过自己的理论构建了庞大封建帝国延续千年的思想基础和底色，构建了中华民族的伦理道德规范，形成了中华民族独有的精神文化；中国历史上虽有不同的民族曾经统治过中原广大地区，但无一不是一个民族融合，不断接受儒家精神文化，体悟遵守儒家纲常伦理道德，形成中华民族大家庭的过程。北魏孝文帝的改革，契丹、西夏、金、元、清等少数民族确立割据或统一国家政权的时期，均向儒家和汉文化学习，积极融合，进而形成了现在我们大杂聚、小聚居，文化一体的中央集权国家形态。

---

① 张世亮、钟肇鹏、周桂钿译注：《春秋繁露·阳尊阴卑第四十三》，中华书局2012年版，第417页。

(三) 依经决狱的有效实践

孔孟以"兴礼乐，正刑罚"作为法律原则，将礼作为刑罚的指导和审判的基本原则，在"亲亲"与法律发生矛盾的同时，坚持"父为子隐，子为父隐"，在礼法矛盾的前提下，牺牲法而保全礼，当然在父子之外，而有影响政权稳固的行为，孔孟又强调"治国制刑，不隐于亲"，赞赏叔向杀其接受贿赂而违法裁判的弟弟，"以正刑书"的行为，小罪可隐，隐之以维系家族安宁，大罪不隐，刑大罪以安国家社稷。董仲舒是汉代"春秋决狱"的积极倡导者、重要实践者和大力推动者。

《郊事对》就是张汤代表汉武帝和董仲舒的一次策问对答。但张汤则主要是司法官员廷尉，且张汤"以宽为奏谳掾，以古法义决疑狱，甚重之"①，张汤在以经义决狱问题上，与董仲舒非常一致。由此可知，武帝让张汤所问的问题，也应以司法问题为多。通过董仲舒的推动，汉代司法中以经义推动作为司法的法律渊源，推动具体司法实践中的"依经决狱"取得了具体成效，实际的司法效果检验了董仲舒的理论，同时又坚定了董仲舒倡导"引经决狱"的信心，经过董仲舒的整理，作《春秋决事比》二百三十二事来进一步具体指导司法实践。

二 春秋决狱的主要思想原则

"引经决狱"，重在"引经"，以儒家基本政治思想为指导，从经义中演绎出所需法律观点。在这过程中，就逐渐形成了一系列符合儒家思想的具体法律观点，这些观点不仅是"引经决狱"的依据，而且影响着以后历朝历代的立法司法活动，有些观点，甚至直接为立法吸收，变成为法律条文。其主要思想原则是维护中央集权的政治秩序和社会伦理关系，实现有效的社会治理。

(一) 保障中央集权的政治体制

1. 君亲无将

"君亲无将，将则诛焉"，这一审案原则来源于《春秋公羊传》

---

① 班固：《汉书》卷二十八，中华书局2007年版，第591页。

昭公元年的记载。《春秋》贬责陈侯的弟弟招（又称公子招、司徒招、子招），为什么要贬责呢？因为他"言将自是弑君也。今将尔，词曷为与亲弑者同？君亲无将，将而必诛焉"①。君，指君主；亲，谓父母；将，即想要谋反。按儒家伦理观念，臣对君、子对父不允许有犯上、作乱思想。即使将有此意，没有行为，也是大逆不道的犯罪行为。经董仲舒等人的提倡，"君亲无将，将而诛焉"一语，于是成了断决触犯皇权及皇帝的尊严与安全的犯罪的理论依据，并应用于司法行政实践。封建时代，重君臣、父子之大防，杀君、杀父之罪重于其他任何罪行。如盐铁之争时儒生所言："《春秋》之法'君亲无将，将而必诛'，故臣罪莫重于弑君，子罪莫重于弑父。"②

这一观点，为统治者运用法律卫护皇帝至高无上的地位，提供了理论根据，后来将反抗皇权统治和父权的犯罪列入"十恶"，而所谓"十恶"中，又以危害封建君主专制政权的"谋反""谋大逆""谋叛"三种罪为最严重。《唐律》等法典将有关卫护皇权的条文视为最重要的法规，列入篇首，将危害封建社会制度的严重犯罪"十恶"，列入首篇《名例》篇。

2. 大夫诸侯不得专

为维护封建皇权的统一，董仲舒赞赏并坚持非特殊"出疆"情形，大夫和诸侯不得专权。"诸侯不得专地"出自《春秋公羊传》桓公元年，郑庄公用玉璧假取了鲁国的许田，《春秋》对这种行为进行了贬责，因为"有天子存，则诸侯不得专地也"。未经天子允许，任何人不得擅自改变国土的归属。

董仲舒特别强调："专政则轻君，擅名则不臣……卿不忧诸侯，政不在大夫。"③，臣子对君王要绝对服从，但凡事都有特殊，为了国家和君主利益，如面临国家重大安危时，尤其是在国土之外，特殊情

---

① 黄铭、曾亦译注：《春秋公羊传·昭公第十》，中华书局2016年版，第609页。
② 王利器校注：《盐铁论·晁错第八》，中华书局2017年版，第104页。
③ 张世亮、钟肇鹏、周桂钿译注：《春秋繁露·竹林第三》，中华书局2012年版，第54页。

况下，为了国家社稷和民众利益，也可以专意行事。《汉书》记载冯奉世："奉世遂西至大宛。大宛闻其斩莎车王，敬之异于它使。得其名马象龙而还……上善望之议，以奉世为光禄大夫、水衡都尉。"①

3. 以功覆过

"以功覆过"即在惩治犯罪中，往往念及家庭、家族、个人的荣誉和功绩给予相应的宽恕，这是《春秋》之义，也是我国封建法律"八议"制度的起源。自董仲舒肇始"春秋决狱"，在具体的引经解释的过程中，出现了一些司法的原则，这些原则有些董仲舒曾明确地支持阐述过，有些是在《春秋》应有的大义当中。

《汉书·田延年传》记载，宣帝初，大司农田延年因"主守盗十万，不道"，被劾。御史大夫田广明提出，废昌邑王时，田延有功，"《春秋》之义，以功覆过"，请求赦免田延年的贪污罪，虽然田延年最终自杀谢罪，但是这一理论却逐渐地为统治阶层所接受。曹魏以后的封建法律明确规定，有功勋者享有司法特权。犯死罪，须"先奏请议，议定奏裁"，即经皇帝决裁，"流罪以下，减一等，所谓议功"，这是封建统治者享有的"八议"特权的一种。

(二) 推行仁政德治的教化手段

董仲舒比较详尽地论证了礼法关系和德刑关系，反复强调了"德主刑辅""大德而小刑"的法律思想，看到了礼和刑相互呼应、互为表里的关系，即"礼之所去，刑之所取，失礼则入刑，相为表里者也"②，把法治作为推行仁政德治的教化手段，在刑事司法中体现道德，通过司法案例来体现儒家纲常伦理道德。

1. 恶恶止其身

"恶恶止其身"的主要意思是，刑罚用来惩治罪犯本人，反对株连父子、兄弟、亲戚和邻里，防止错诛无辜。战国之秦自商鞅变法而确立保甲连坐，秦朝律法演习之，重罪也多有保甲连坐，西汉武帝时期有族株连坐现象，儒生桓宽提出反对意见："《春秋》有云，子有

---

① 班固：《汉书》卷七十九，中华书局2007年版，第789—790页。
② 范晔：《后汉书》，中华书局1965年版，第1554页。

罪，执其父；臣有罪，执其君。听失（听狱的错失）之大者也。闻恶恶及其人，未闻什伍之相坐。"① 这是儒生以《春秋》之义"恶恶及其身"为依据，提出的反对株连家族中的父子兄弟、反对连累亲戚邻里的司法主张。

中国古代，自春秋时起就实行一人犯罪、夷其三族，或诛及四邻的连坐法。秦于商鞅变法时，连坐法更加盛行，有亲属连坐、什伍连坐、官吏上下级间连坐等等。西汉立国之后，高后时曾废除"夷三族"法；文帝时又明令废除与收孥相关的连坐法。然而，终汉之世，从未彻底废除连坐法。株连刑、族刑，是指因一人之犯罪而诛杀犯罪人的整个家族，更有甚者牵连至师生同门、乡村邻里。该刑种使许多人仅因与犯罪人存在某种血缘、亲缘、地缘或业缘关系而无辜受罚，甚至被杀害，这造成了极其恶劣的社会影响。"春秋决狱"推重"恶恶止其身"，限制了该酷刑的适用，进而在缓和社会矛盾的同时，成为法学史上的进步。作为解决特殊案件的办法，以标榜"仁政"，达到缓和阶级矛盾的目的。

拥护连坐法者认为，连坐可以"累其心，使重犯法也"②"彼以知为非罪之必加，而戮及父兄，必惧而为善"③。事实说明，连坐既不能减少犯罪，也不能预防犯罪，而且影响着封建社会秩序的稳定。一个案件，"转引相连"，常常是"一人犯罪，州里惊骇，十家奔亡"。一个社会里很多人有罪，人人自危，是难以实现社会安定的。"引经决狱"者提出"恶恶止其身"的观点，反对株连无罪者，限制封建法律打击范围，不仅有利于安定封建社会秩序，而且也符合人民的利益。

2. 恕及妇孺

忠恕之道，在儒家思想中一以贯之，儒家之忠主要体现为忠诚，而恕则体现为宽恕，推己及人，换位思考。董仲舒倡导在具体的案件

---

① 王利器校注：《盐铁论校注》，中华书局1992年版，第585页。
② 班固：《汉书》卷二十三，中华书局2007年版，第154页。
③ 王利器校注：《盐铁论校注》，中华书局1992年版，第585页。

办理中要体现宽恕,尤其是对妇女和孩子,他说:"法不刑有怀任新产,是月不杀。听朔废刑发德"①,强调对怀孕或者哺乳、新产的妇女不适用严刑峻法,只要是怀孕刚过月或者刚刚生育的就不能杀戮,要予以规范的礼仪教化和形式来废止刑罚,发扬德行。董仲舒在文中对什么样的妇女不可适用刑杀做了规定,同时对使用什么样的礼仪进行止刑教化,也做了规范。"听朔"为古之帝王诸侯在每月初一正式议政之前所行的规范礼仪,预示当月政务的开始,以这种礼仪或者说通过正式的议政方式来废止刑罚,进而发扬光大德行。恕之道关键在换位思考,推己及人,在诉讼中要有"如我在诉"的心态,才能办理好相关案件,处理好国法和人情的关系。恕和仁也紧密相连,对照古之刑律,多有规定在春季不猎母兽和雌鱼之规定,是因为促其繁殖,不忍伤天地生发之气,捕鸟有时也会"网开一面",儒家对此多有赞赏,对待动物尚且如此,对怀妊、哺乳之妇女和孩子更应该采取轻缓的处罚方式,推行仁德,减免杀戮。

3. 养父重于生父

从血缘关系的角度判断,相较于养父而言,应更重视生父一方。然而,董仲舒在此类案例中,不重血缘关系,更加看重抚养关系。若是生父没有尽到抚养的义务,抛弃了自己的亲生骨肉,就应该认定生父与孩子之间已经不具有父子之义,生父若没尽到抚养的义务不能以父子关系论;养父则重于生父。董仲舒为我们提供的一个典型的案例中,甲在不知道乙是其生父的情况下,殴打抛弃他的生父乙,甲与乙是血缘的父子关系,依照汉律,子殴父应弃市。但董仲舒认为,甲既然将乙送给丙抚育成人,自己"弃养",没有尽到亲亲之道、养育之责,两人之间的父子关系就已断绝,"义绝",所以,并不知甲为生父的乙殴甲,就不应以子殴父论罪。

董仲舒并没有引经义的原话,只是说"于义已绝"。据《公羊董仲舒治狱》注释者推论,此语出于《春秋》僖公五年关于"晋侯杀

---

① 张世亮、钟肇鹏、周桂钿译注:《春秋繁露·三代改制质文第二十三》,中华书局2012年版,第231页。

其世子申生"的记载。这个案子，董仲舒判决以养父与养子为父子关系来判定，认定没有血缘联系的养父子更亲于具有血缘联系的亲生父子，进而从法律上否定宗法血缘关系的亲密程度。由此可见，董仲舒特别强调的是事实关系，重视现实存在而且持续的对应权利和义务，这一点反映在法学史中具有积极的意义，反映出基于秦及以前的宗法理论的血缘关系被进一步弱化。

（三）维护亲亲尊尊的人伦关系

在董仲舒的思想中，亲亲尊尊是社会伦理关系中最核心的部分，也是社会秩序稳定的基石，必须以法律的形式加以维护，因而形成了一些高度认同并通行于世的司法原则。

1. 亲亲得相首匿

亲属之间有罪应当互相隐瞒，尤其是父子之间更应该如此，不告发和不作证的不认为是犯罪，反之就要定罪。从历史上看，亲亲相匿制度的确代表了众人之情，为各方所接受。

董仲舒提出此法律观点，是与汉代当时的法律规定相违背的。秦至汉初的法律规定，亲属间不得隐瞒犯罪事实。秦律甚至还鼓励妻子告发丈夫。《睡虎地秦墓竹简·法律答问》规定："夫有罪，妻先告，不收。妻媵臣妾，衣器当收不收？不当收。"这就是说，按一般规定夫有罪，妻应被收为官奴婢，如果妻子先告发不仅本人不被收，而且也不没收她陪嫁的臣、妾以及衣物。汉初沿用秦法，首匿亲属犯罪，仍要受到惩罚。《汉书·高惠高后文功臣表》："临汝侯灌贤，元朔五年，坐子伤人首匿，免。"侯灌虽然贤良，因藏匿犯罪的儿子被判刑，且免除爵位。此例说明，汉武帝时，父子间仍不许隐瞒犯罪。董仲舒提出"亲亲得相首匿"后，直至汉宣帝时，才定为法律。唐代则在法典中明文规定"亲亲相隐"的原则，并进一步扩大相隐亲属的涉及范围。《唐律·斗讼》篇规定："诸告祖父母、父母者，绞。"汉儒根据儒家伦理观念提出的"亲亲得相首匿"法律原则的目的，是为了卫护封建等级制度，以巩固地主阶级的政权。因此，"亲亲相隐"原则自提出之时起就不适用于直接危害地主阶级专政的重大犯罪。宣帝地节四年诏规定的"亲亲得相首匿"原则,不适用于谋反、不道等大罪。凡遇这类案件"引经决狱"者又以儒家另一论点"大义灭亲"为据,论证亲属间不得相隐谋反、大道等大罪。所谓"《春秋》之诛,不避亲戚"(《后汉书·梁统列传》),对于犯谋反罪的亲属,不仅不能为之隐瞒,而且从道德、法律上都有义务进行告发。

"亲亲相隐"制度体现了我国传统文化中的强调人伦孝道、维护家族内部稳定的法律意识形态,为维护政治统治和家族内部的稳定和团结都发挥了重要的作用。但中国古代的"亲亲相隐"制度强调的是亲属有不作证的义务,如果亲属违背此原则去作证,那么亲属也要获罪。同时,在任何情况下都不允许亲属加以作证,对维护家族内部的团结和维护整个国家社会的稳定自然有一定意义,但是毫无例外地排除亲属作证未必能有效地制裁犯罪和维护国家的安全。由此可见,亲属作证特免权是"亲亲相隐"制度的一种发展,它继承了"亲亲相隐"制度的合理内核和精神,吸收了我国传统文化中注重家庭伦理与和谐的价值,是中国传统文化对现代法治具有重大价值的典型例证。

2. 子不报仇,非子也

孝是传统儒学思想中的重要伦理范畴,系人之本性,春秋经义认为,儿子为父亲报仇,杀人者死的规定要对为报父仇者网开一面。而董仲舒则另辟蹊径,从五行相生关系的角度论证孝之重要性,从春夏秋冬,父子生养角度论证孝的天经地义,进而引申开来,父亲被不当杀辱,作为儿子的应遵循孝道为父报仇,利用儒家经义,给为父报仇者免死罪。唐代韩愈曾认为:"以子复父仇,见于《春秋》,见于《礼记》,又见《周官》,又见诸子史,不可胜数,未有非而罪之者也。最宜详于律,而律无其条,非阙文也。盖以为不许复仇,则伤孝子之心,而乖先王之训;许复仇,则人将倚法专杀,无以禁止其端矣。宜定其制,曰:凡有复父仇者,事发,具其事申尚书省,尚书省集议奏闻,酌其宜而处之。"[①]也就是子为父报仇要根据具体情况,由

---

① 邱汉平编:《历代刑法志》,群众出版社1988年版,第301页以下。

审理机构加以明确辨析,来确定是否追究刑事责任。

古代持春秋之义,"血亲复仇"一直为古代社会所旌扬和容忍,西汉飞将军李广之子李敢因为击伤卫青,被卫青的外甥霍去病找准机会射杀,汉武帝没有加以处罚,悄悄为其掩饰过去,仅仅是严重批评;东汉烈女赵娥在自己兄弟去世的情况下,自己寻找机会杀了杀害其父亲的豪强李寿,而且为当时县令尹嘉等所赞赏,最后按无罪处理,反而予以表扬为烈女;民国女侠施剑翘在佛堂射杀杀父仇人孙传芳等案例比比皆是,最后多因为法与礼的冲突,结合春秋尚"血亲复仇"之义给予了轻缓处罚,或者未加处罚。我们近几年也遇到了部分案例,如聊城的因为"辱母"导致的于欢故意伤害致人死亡案;陕西张扣扣因为邻居曾经伤害其母亲致死亡而杀害了邻居三兄弟。这些案件的审理均引起了社会的极大关注,主要是"礼"与法的冲突,几千年来留下的"血亲复仇"的理念对中国人内心有着深刻的影响,但是因为社会的发展和进步,我们应该逐渐远离简单的"血亲复仇"和"同态复仇",这实际是远古氏族社会的遗存,不值得提倡。但在司法审判中,具体考量时,可以斟酌分析被害人的过错和被告人的动机,依法从轻或减轻处罚。

3. 大义灭亲

传统儒家并非完全摒弃取消刑罚,而是尚"刑罚中"和"刑当罪",突出准确适用,在反对株连、反对族刑的同时,要求罪当所罚,在提倡"亲亲得首匿"和"父子相隐"的同时,面对妨碍大义的亲人犯罪之时,"大义灭亲"就成为合理的价值观。"大义灭亲"的断案依据,是董仲舒"不以亲害尊,不以私妨公"的思想原则,也就是在遇到亲情和皇权冲突的时候,要考虑皇权和整个统治阶级的稳定,不能因为一家之私利而妨碍阶级的整体利益,西汉"七国之乱"的藩王或自杀或被杀,体现了皇帝的"大义灭亲"。需要注意的是"大义灭亲"多数体现的是以上灭下,皇帝或父亲灭臣灭子,是单向的,若是以下灭上,无论理由多么充分,总体是"不义",为史家所批判的。总的来看,"大义灭亲"属于少数个案,不是春秋决狱的主流。古代中国,家国一体，弘扬"以孝治天下"，"孝道"是儒家法律思想内在精神之一，"春秋决狱"把法律与人情结合起来，使法律的适用不违人性，不乖人情，灵活地将人情融入法律，这是中国法律文化精神一大特征。

（四）在问题的具体处理中讲求"经"与"权"

遇到复杂的情况，儒家也不是死守典籍和经义，而是讲求权变即灵活变通。该守经，还是权变，儒家自孔子起就有相关思考："可与共学，未可与适道；可与适道，未可与立；可与立，未可与权。"① 孟子在孔子基础上进行了深入的研究，他认为："淳于髡曰：'男女授受不亲，礼与？'孟子曰：'礼也。'曰：'嫂溺则援之以手乎？'曰：'嫂溺不援，是豺狼也。男女授受不亲，礼也。嫂溺援之以手者，权也。'"② 在男女大防之礼和仁义道德之间，孟子变通选择了更重的仁义。

董仲舒立足于天道阴阳，并结合"刑德"，论述"经权"含义，较为明晰地阐述发展了儒家"经权"观，董仲舒通过《春秋公羊传》中逢丑父和祭仲的事例阐述了自己的经权思想。《左传·成公二年》记载，齐、晋发生战事，鉴于危急情形，车夫逢丑父担心君主齐顷公为晋所俘，与齐顷公换了车位。在晋军将领宣称要俘虏齐顷公时，逢丑父假装齐顷公，命令旁边真的齐顷公下车去取水，而趁机逃走脱险，逢丑父被俘，晋军主将郤克以逢丑父不惜冒着生命危险来解救他的君主，赦免了逢丑父，但董仲舒认为"逢丑父当斩"，"丑父措其君于人所甚贱，以生其君，《春秋》以为不知权而简之……谓之邪道，虽能成之，《春秋》不爱，齐顷公、逢丑父是也"③，逢丑父是以欺骗晋军的方式，让齐顷公逃生，这种逃生方式，是一种耻辱，齐顷公作为国君，逃跑行为已经羞辱了齐国的宗庙，应当以身殉国，做不到这一点的齐顷公已经失去了作为君主的正当性，因而，逢丑父安排齐顷

---

① 杨伯峻译注：《论语译注》，中华书局2009年版，第94页。
② 赵清文译注：《孟子·离娄上》，华夏出版社2017年版，第162页。
③ 张世亮、钟肇鹏、周桂钿译注：《春秋繁露·竹林第三》，中华书局2012年版，第61页。

公逃跑的行为也失去了正当性。逢丑父不知"权",他以君子不齿的方法救了自己的国君,使国君人格受辱。

《左传》曾载,春秋时期郑庄公亡后,其太子忽即位为郑昭公,但不久,国内政变,昭公之兄弟公子突与宋国宠臣雍氏、宋庄公达成协议,由宋支持突继承郑国国君之位,其后他们诱捕了郑之权臣祭仲,以死胁迫祭仲许宋立公子突,祭仲遂与宋结,昭公忽因闻祭仲立公子突,逃跑至卫国,突即位为郑厉公。董仲舒认为祭仲以君子之法既保全国君又保全国家,懂得"权",值得赞誉。同时,董仲舒认为刑为德之权,"阳为德,阴为刑,刑反德而顺于德,亦权之类也……是故天天以阴为权,以阳为经。阳出而南,阴出而北。经用于盛,权用于末。以此见天之显经隐权,前德而后刑也"①。董仲舒认为,君子在辅佐帝王而不得已使用"刑德"之时,要将天道的法则和人道的法则综合运用,即"天人之道兼举",处理好"守经"与"权变"的关系,寻求德政和刑法之中。

三 春秋决狱的利好与弊端

董仲舒开创的《春秋》治狱,很快就形成了西汉司法实践的原心定罪、论心定罚判案原则,形成了依据《春秋公羊传》经文经义断狱的风尚,反映了社会的需要和时代的期盼。董仲舒《春秋》治狱在汉代起到重要作用,《汉书》与其他史书所记载的诸多事实就是真实的写照。在董仲舒之后,"春秋决狱"确立为封建司法的基本原则,在办理案件中充分考虑道德伦理和维护封建纲常的需要,案例办理的过程和结果能够为引导风化起到积极向上的作用。在封建司法的发展中,立法和司法的规定越来越完善,但是《春秋》和其他"经"的精神一直融贯在立法和司法的过程中,成为封建官员司法审判的内心标尺,实质性地影响着案件的走向。

---

① 张世亮、钟肇鹏、周桂钿译注:《春秋繁露·阳尊阴卑第四十三》,中华书局2012年版,第417页。

(一) 后董仲舒时期的春秋决狱

在董仲舒以后,春秋决狱已成断狱基本原则,汉宣帝时,廷尉于定国,"乃迎师学春秋,身执经,北面备弟子礼。为人谦恭,尤重经术士,虽卑贱徒步往过,定国皆与钧礼,恩敬甚备,学士咸称焉。其决疑平法,务在哀鳏寡,罪疑从轻,加审慎之心"[①]。新莽、东汉,古文经学与今文经学之争的格局虽有变化,然经义决狱已成定制。魏晋南北朝时期,春秋决狱进一步制度化。隋唐时期儒家经典已经与国家律法具有同等的法律效力,《开皇律》《唐律疏议》等法典编撰后,春秋决狱之经义在诸如复仇、立嗣等疑难案件的处理中仍作用甚大。它对社会产生的影响也是深刻的,春秋决狱逐渐内化成古代司法的传统。在董仲舒之后两千多年的历史传承中,"春秋决狱"这一司法实践对后世产生了深远的影响,历代统治者都非常重视儒家学说,儒家学说逐渐成为中国古代思想文化、法治文化的指导思想。

(二) 春秋决狱的积极意义

纵观古代法制的历史,统治者往往实行严刑峻法,以残酷而著称,诸法合一,刑法是重要而又主要的法律,其刑罚内容和执行方式野蛮和残酷并存,它主要达到震慑臣民的作用。西汉时期,统治者开始注重宽刑减罚,汉文帝和汉景帝着重对国家形制进行了改革,自此轻刑缓罚成为中国法治文明的重要特点之一。"春秋决狱"的基本精神是原心定罪,旨在根据主观因素来定罪和量刑,对中国古代犯罪构成理论的完善起到重大推动作用。"本其事而原其志。志邪者,不待成;首恶者,罪特重;本直者,其论轻。"[②] 这些量刑依据,一直延续到今天,具有长久的社会意义。

"春秋决狱"改变了汉初因抄袭《秦律》致使司法应用不符合统治要求的状况,实现了普通民众普遍追求轻刑的愿望。汉律中刑法条目繁多,律令繁杂,各类解释出自多个不同的部门,因为文本十分繁

[①] 班固:《汉书》卷七十一,中华书局2007年版,第711页。
[②] 张世亮、钟肇鹏、周桂钿译注:《春秋繁露·精华第五》,中华书局2012年版,第96页。

琐，多的甚至连主管官吏都不能通读，在各地执法标准并不统一的情况下，同罪异罚，作奸犯科者层出不穷。这一情形催生出董仲舒的"春秋决狱"。

儒家思想积极全面的影响中国古代法制开始于引经决狱，它为儒家思想渗透并介入司法体制找到了一种具体的方式。"春秋决狱"是以经义为根，且运用判例法宣传经义的重要形式，弥补成文法枯燥且难以理解适用的不足。人的理性具有天生的不周延性，立法者无法通过法条来穷尽规范所有的犯罪现象，更不可能详尽规定规范什么样的情况不构成犯罪。与此同时，法律的目的是调整不断发展变化的社会关系，但法律的滞后保守的本性决定了其不能朝令夕改。因此，成文法时常无法涵盖且落后于社会生活中的种种情形，因而将贯彻和代表自然正义的原则政策、风俗习惯等不成文规范和相关判例作为它的补充。将儒家思想作为解释依据解释现有法律，并将其作为定罪量刑的依据，促进了儒家许多具体法律观点的形成，以后的王朝将这些法律观点融入法典当中，实现了儒家思想与司法体制的完美融合。所以，董仲舒及西汉政府积极推行引经决狱，不仅达到了使当时的法律和司法活动为儒家政治思想路线服务的目的，而且对儒家思想影响整个封建时代的法律起了重要作用。

（三）春秋决狱的弊端

引经决狱也具有相当的消极性。经义虽然具体集中地反映了儒家的观点，但并不利于司法公正。审理案件时，随手引用。任何一个司法官吏都不可能完全通晓儒家经典。司马谈曾说过："夫儒者以六艺为法。六艺经传以千万数，累世不能通其学，当年不能究其礼。"[①]拿儒家的主要经典，集"礼义之大宗"的《春秋》来说吧，一部《春秋》，文成数万，其指数千，万物之散聚皆在其中。再加上注解《春秋》的"经传"就更加庞杂了。经典文字简约、含义深奥，又非规范性的条文，无固定的界说，直接引用决狱，势必是断章取义，造成

---

① 司马迁：《史记》卷一百三十，中华书局2006年版，第759页。

同罪不同罚的混乱。虽然如前所述在"引经决狱"的过程中，形成了一些具体的儒家法律观点，对于决狱贯彻儒家思想起了指导作用。但这些观点也是经过许多错误之后逐渐形成的。这些具体观点在未变成法典、条文化之前，使用时，也是"各人生意"随意解释，极不利于法制的统一。

要求司法官吏审理每一件具体案件，即时找出合适的经义，几乎是不可能的。以法的规范及严格形式特征进行表征意义的分析，汉代的引经决狱对封建法制的规范性和严谨性具有一定的破坏性。其一，引经决狱对成文法的权威性造成了破坏和冲击。无论哪一阶级社会的法律，均体现了国家意志性，具有国家强制性。法律一旦制定就必然要求社会公众知晓，并严格执行。汉代儒家学者的引经决狱，将存于儒者之心的模糊的儒家经义，置于国家制定公布成文法之上，无疑使法家通过努力确立的"事决于法"理念遭到冲击，儒家思想法律化，刑律儒家化导致儒家的纲常伦理影响左右法律，法律没有至上的权威。其二，引经决狱是对法律平等原则的破坏。在中国古代法制进程中，平等原则确立尤其之难，先秦法家以变法强国为目标，将君王拉上了尝试平等的战车，为了图强统一，君王容忍了"刑无等级"的平等法律观，在西汉则被尊卑、特权、宗法伦理等一系列等级原则所取代。而这些等级原则均在儒家化的刑律中有着充分的体现。

第四章

董仲舒法律思想的时代价值——法之魂传之于今

董仲舒的思想理论是中国传统文化的重要组成部分，代表了儒家主流学术传承，两千年来被奉为官学正统。儒家学者中董仲舒完成了儒学和封建统一政权的完美结合，其主动地具有目的性和政治意味地以哲学的手段去帮助汉朝完善和巩固大一统。冯友兰说："董仲舒所要做的就是为当时政治、社会新秩序提供理论的根据。"① 董仲舒的哲学服务于大一统的专制皇权，同时也力图以"三统说""灾异说"限制专制皇权。他的法学思想和实践产生于特定的历史时期，有着鲜明的时代烙印，但其中以民为本、礼法结合、明德慎刑、无讼是求等思想观念和精神灵魂，在今天看来仍然有其现实意义，在中国法制现代化建设进程中，除了广泛借鉴域外司法经验外，深入发掘本土法制资源是推动我国法治建设行之有效的方法。

第一节 以民为本发展为主权在民的执政基础

商代"重人"，强调用人时要用世家旧臣，伊尹能够成为国政宰辅，体现了商人重视用人的具体事例。西周初期以周公旦为代表的统治

---

① 冯友兰：《三松堂全集》第六卷，河南人民出版社2001年版，第166页。

阶级早已看到了人民力量的伟大，其在维护本身神权色彩的同时，关心民事，注意民心的向背。董仲舒从他的天命观念出发，仰望星空去寻找法的根源，但在法律的实施和行政的运行中，他又回到了社会的基础——民众当中。儒家法律思想有其所追求的最高目标，这个目标就是"为万世开太平"的天下观，而这天下太平的最高目标要通过以民为本执政理念和集权统治的君主大一统统治方式来加以实现，董仲舒继承了我们民族文化源头"民为邦本、本固邦宁"① 治理观念，把孟子的"民为贵，社稷次之，君为轻"思想，在具体操作模式上向前推进了一步，达到了"为民""安民"的层次，他看到了民众是社会存在和发展的基础，民众的生存权、发展权在他的司法实践中，占据着重要位置。

一是能够正确认识君民关系。他以名实理论对"君""王"进行了解读，"王者，民之所往；君者，不失其群者也"②。王是人民归往之意；君，不失其众之义。因此，能够使万千民众归向，并得到天下群众拥护的人，天下就没人能和他抗衡了。如果相反，"赋敛无度，以夺民财；多发徭役，以夺民时；作事无极，以夺民力……君大奢侈过度失礼，民叛矣。其民叛，其君穷矣"③，君王若是挥霍无度，不考虑民众的具体实际情况，则会导致民叛君穷，也就是得不到民众的人，也得不到政权。

二是依靠民众实施有效的国家治理。董仲舒很强调人民在国家治理中的根本性作用。他说："君人者，国之本也，夫为国，其化莫大于崇本。"④ 治理国家的政策教化没有比崇尚根本更重要的了。什么是根本呢？他说"天地人，万物之本也"⑤。遵循天道规律，注重地力

---

① 王世舜、王翠叶译注：《尚书》，中华书局2012年版，第369页。
② 张世亮、钟肇鹏、周桂钿译注：《春秋繁露·灭国上第七》，中华书局2012年版，第138页。
③ 张世亮、钟肇鹏、周桂钿译注：《春秋繁露·五行相胜第五十九》，中华书局2012年版，第498页。
④ 张世亮、钟肇鹏、周桂钿译注：《春秋繁露·立元神第十九》，中华书局2012年版，第193页。
⑤ 张世亮、钟肇鹏、周桂钿译注：《春秋繁露·立元神第十九》，中华书局2012年版，第193页。

第四章 董仲舒法律思想的时代价值——法之魂传之于今

耕织，以礼乐教化安抚百姓，这是万物的根本，这样做，政权才能够稳固长久。反之，如果违背天道，单一恃力倚强，君王就会处于没人威胁而自己处于危险境地，没有人要消灭他却自己灭亡了。他说桀、纣这些失去民众的无道之君，"独身者，虽立天子、诸侯之位，一夫之人耳"①，"桀，天下之残贼也"②，他们是天下的独夫民贼，应该加以讨伐。他的依靠民众、反对暴政的思想，是夏商以来民本思想的继承。民本和民主当然都以民或民权为核心，但是区别在于以谁为主动者，民本之民被动接受来自圣王的关怀和怜爱，民主之民主动掌握自己的幸福和未来，二者之间历史地看，民主是发展的方向，但是并不是在任何时期民主思想或其统治方式都要胜过民本思想或以民本思想为指导的统治方式。儒家承继发扬了尧舜禹时期就开始出现的民本思想，但是发展到儒家之集大成者董仲舒也未能出现民主思想的些许萌芽，这当然与当时的政治经济等社会基础条件关联，也与儒家的思维方式，中庸而接近实际有关。

三是礼法政策的制度要维护民众的利益。董仲舒从"天立王，以为民"的观点出发，向统治者提出了要依天道施行仁政德治，化育百姓，做到"薄赋敛，省徭役，以宽民力"③的主张。汉武帝大兴徭役、兵役，老百姓苦不堪言，董仲舒从阴阳五行的角度，奉劝统治者遵循四季规律，倡导休养生息，不违农时。董仲舒"以民为本"的思想被历史推崇，在一定程度上超越了"君权神授"的禁锢，将人民视为社稷的根本。到唐朝提出"水能载舟，亦能覆舟"治国理念，明清时期发展为"天下为主，君为客"进步思想。今天我们把"一切权力属于人民"庄严地写进了宪法，成为我国民主宪政的坚实基础。

四是注重"调均"，爱惜民生民力。借鉴董仲舒法律思想中"调均"理论，仁而爱民，注重民生民利，推动新时代全过程人民民主。

---

① 张世亮、钟肇鹏、周桂钿译注：《春秋繁露·仁义法第二十九》，中华书局2012年版，第316页。
② 张世亮、钟肇鹏、周桂钿译注：《春秋繁露·暖燠常多第五十二》，中华书局2012年版，第460页。
③ 班固：《汉书》卷二十四，中华书局1962年版，第1137页。

董仲舒认为上天为百姓福祉设立君主，君主应"亲民""调均"，当权者"目不窥园""伐冰之家，不畜牛羊"，不与民争利，通过尚均和权变推进主权在民和民生福祉建设。合理借鉴董仲舒"调均"理论，践行以人民为中心的发展思想，发展全过程人民民主，需要更多地关注基层群众利益和社会资源的分配。"且'天之生民，非为王也；而天立王，以为民也'。故其德足以安乐民者，天予之，其恶足以贼害民者，天夺之。"[①] 上天选择君主是为了人民的安居乐业，董仲舒继承了孟子、荀子重民思想，意识到了人民的重要作用，其法律思想具有朴素的民本主义思想。在新时代国家制度体系建设方面要重视人民的作用，要立足人民本位思想，坚持制度为民，制度利民才能为新时代民主政治建设产生重要的推动作用，国家制度建设要真正做到集民智、聚民心，惠及全体人民，真正体现人民意志，合理高效。在制度的实施方面，也要充分尊重人民的合法权益，坚持公平正义的原则，把人民利益放在首位，人民全过程参与。

第二节 礼法并重发展为依法治国和以德治国

随着中国阶级社会生产力的提高和生产关系的发展，"礼"在宗族社会和血亲观念之中逐渐壮大起来，并成为社会运行的主要标准。从儒家的视角，中国的封建王朝作为一个庞大的政治共同体，仅仅依靠法律的架构难以实现社会的良好治理，以法律来求得人的同质具有重要意义，但是纷繁的社会现实更需要礼的作用，通过礼使人各明其分，各安其分，实现社会的良好治理。礼仪之中，董仲舒首重名号，其正名思想统摄于"天"论之下，取自天意，"名号之正，取之天

[①] 张世亮、钟肇鹏、周桂钿译注：《春秋繁露·尧舜不擅移汤武不专杀第二十五》，中华书局2012年版，第277页。

地，天地为名号之大义也"①。名号为天地的大节大义，"天"也是检验"名号"是非逆顺的标准，"名号"沟通天人之际，联系天道与人道，辨事物，正人伦，符合天意的"名号"为正为顺，反之为逆为非。董仲舒认为："名者，所以别物也。亲者重，疏者轻，尊者文，卑者质，近者详，远者略，文辞不隐情，明情不遗文，人心从之而不逆，古今通贯而不乱，名之义也。男女犹道也，人生别言礼义，名号之由人事起也，不顺天道，谓之不义。察天人之分，观道命之异，可以知礼之说矣。"② 名号虽起于人事，却要循天道而制，顺从天道规则，以其之"正"察天人之分，定天道和性命之别，促进社会正常运转，树立纲常伦理道德。董仲舒从天人关系的角度，将先秦诸子哲学意义上的名实之辨，引申到治国功用，以名号抒天之意，在国家层面的社会治理和家庭层面的伦理道德明确名分地位，以"名"来确定仁、义的思想内涵和法则，指引人们践行仁义。同时，儒家学者认为具体的司法的过程离开了礼便是冷酷和血腥，而礼若没有法的保障，也难以具有真正的威慑效力，寻找二者融合的过程中，董仲舒作为儒之大者，开辟了"春秋决狱"这一路径，春秋决狱把礼法紧密地融合在了一起，成为法治实践的基本遵循。这和今天我们在治国理政中坚持的依法治国与以德治国相结合，具有异曲同工之妙。

　　法律反映了国家对其成员在各个领域行为的要求，包括但不限于政治、经济、社会等等，进而体现了维护社会稳定、保障人民生命财产安全、保障国家安全的要求。法律在维护社会秩序、保障社会稳定方面发挥着不可或缺的作用，没有完善的法律制度，就无法保证社会主义市场经济的顺利发展。道德通过道德教育以感化，并以它的社会舆论等力量来提高人们的道德意识，促使人自觉遵守行为准则，培养和形成古人所说的"羞耻之心"，以改变人的性情气质来推动社会风

---

　　① 张世亮、钟肇鹏、周桂钿译注：《春秋繁露·深察名号第三十五》，中华书局2012年版，第366页。
　　② 张世亮、钟肇鹏、周桂钿译注：《春秋繁露·天道施第八十二》，中华书局2012年版，第657—658页。

气向好变化，形成良好道德风气。

　　法律的要给法律，道德的要给道德。从历史发展进程看道德的法律化和法律的道德化不断在互为因果、互相影响，现在我们认为是道德失范的行为曾经被严苛惩罚，如封建社会曾对通奸行为浸以猪笼，进行严苛的惩罚；也有许多原来认为是犯罪的行为被认定为道德层面的问题，如考试作弊等行为。但是我们应该给道德和法律一个相对明确的界限，尤其是对刑法、刑罚而言，刑法的谦抑功能和人权保障功能必须切实地得到发挥，不能因为社会压力和社会治理层面的要求而将刑法刻意泛化。当然现今立法和司法所考虑的利益朝着更加成熟的方向前进，其标志之一是充分考虑社会层面的整体利益，道德进入立法和司法具有不可避免性，我们所能做的是在立法司法过程中，不能持有道德的纯粹感，忽视社会人群和利益诉求的多样性，更重要的是要将法的滞后性加以充分考量，当一部法律或某一条文在其实施过程中不能达到预期目的，而这一行为对社会的危害性又不大时，我们就要考虑这一法条或者说法律存在的必要性，有降格为道德规范的必要；当一种犯罪代表的是对旧有落后的经济模式或生活方式的破坏而为社会发展趋势所接纳时，我们也要看到特定语义下犯罪所具有的呼唤新的生产力或新规范的力量。法治和德治，相辅相成、互相促进，二者缺一不可，也不可偏废。把法治建设与道德建设紧密结合起来，把依法治国和以德治国紧密结合起来，为社会保持良好的秩序和风尚营造高尚的思想道德基础。

　　"借鉴董仲舒注重'德治'的思想，在新时代公民道德建设中，注重伦理道德建设。董仲舒通过'春秋决狱'的方式来直接影响司法，促进了儒家思想与法律的融合，'德主刑辅'，寓教化于司法，重视'礼'的作用，以《春秋》'正义''正名'，强化伦理道德，一定程度上消弭了秦以来刑法的严苛性，在儒家道德和法律之间建起了桥梁。正确发挥'德治'功能，才能实现'依法治国'和'以德治国'的有机统一。根据现在我们的社会主义政治、经济、文化、社会、生态等多文明建设需要，将法治'他律'和德治的'自律'互相结合，

第四章　董仲舒法律思想的时代价值——法之魂传之于今　　213

在国家层面宣传提倡的同时，以社区等基层组织为单位强化家庭伦理道德建设，重视公民道德教育，必将有利于社会主义核心价值观的构建。辩证认识董仲舒的伦理观，以伦理道德促公民德育，发现提升当代公民道德素养新方法。重视公民道德教育。董仲舒主张的圣贤君子论、'性待教而善''显德以示民'等道德教育方法、重视伦理主体自身、内心的道德修养彰显了中华民族宽容、包容的伦理精神，这些思想都可加以改造，成为当今公民道德教育的重要资源。'仁、义、礼、智、信'五常说，对于培养现代公民的社会公德观念和团结互助的品质有着重要意义。"① 借鉴董仲舒"大一统"思想，培养当代公民国家意识、民族意识。国家意识源于公民对国家及其治理方式、精神文化的认知、认同。董仲舒在政治法律思想中以天为一、为元，认为君为天子，代表天集中行使权力，军民臣下万方应该服从，由天的统一，到国家的统一、思想文化的统一。"故君民者，贵孝弟而好礼义，重仁廉而轻财利。躬亲职此于上，而万民听，生善于下矣"②，"为人君者，正心以正朝廷，正朝廷以正百官，正百官以正万民，正万民以正四方"③ 等论述，产生了维护国家统一、增强民族凝聚力的效果，有益于社会生产力的进一步发展。必须由正确的意识形态引领国家治理，中国历史统一居多，分裂居少，董仲舒的大一统思想为我国封建王朝一直努力贯彻，其既是国家治理的内容，也是国家治理的形式，发挥着维护国家统一、防止分裂的积极作用，体现出了中国古代政治家的思辨智慧。我们应借鉴合理成分，将"大一统"思想运用于公民国家意识和民族意识养成，增强公民的国家和民族归属感、认同感，并注重意识形态领域，在公民群体中确立核心价值观。法律和道德必须相向或者说同向而行，在我们现在的立法和司法的理论与实践过程中，应该做到法律是道德的方向标，法律所禁止、惩罚的，一

---

① 任建华：《董仲舒法律思想及其对我国法治建设的价值》，《山东社会科学》2023年第1期。

② 张世亮、钟肇鹏、周桂钿译注：《春秋繁露·为人者天第四十一》，中华书局2012年版，第403页。

③ 班固：《汉书》卷五十六，中华书局2007年版，第563页。

定是道德所不容许或者说谴责的；法律所容许的也应该是绝大多数符合道德规范的。当然，很难，也不应该将道德和法律等同，二者得以确立的保障手段也不应该等同。

第三节　无讼慎刑发展为包容和谐的社会建设

"借鉴董仲舒'无讼慎刑'，减少社会对抗的思想，在司法中强化犯罪预防。董仲舒认为刑罚只是教化的辅助手段，只有用刑罚促成'德治''教化'，才能实现国家的长治久安，刑罚要有仁爱和理性，人情和法理相协调，'法不刑有怀妊新产''恶恶止其身'，肯定夫死无男嗣的妻子改嫁，是《春秋》之义。董仲舒无讼慎刑思想与宽严相济的刑事政策、少捕慎诉慎押的刑事司法政策具有兼容性，在当今法治建设中要强化诉源治理，减少不必要的诉讼和羁押，促进社会包容和谐；强化社会治安和社会面管控的同时，通过社会大调解等方式减少社会冲突和家庭纠纷，来解决社会矛盾；通过刑事政策的指导性作用来减少刑罚适用，减少社会对立，扩大执政基础。刑事政策中借鉴'明德慎罚'、务求宽简的思想，将少捕慎诉慎押刑事司法政策落到实处，减少社会对抗。"[①]

封建社会，"无讼"是传统法律价值观的重要内容，对官民都起到了具体而实际的指导作用，以儒家"重义轻利"观念为内心根基，因地方官员政绩清明观念和道德教化有成等升迁诉求而滥觞，经济因素是因为自给自足的自然经济导致的交换和纠纷缺乏，当然封建诉讼制度的神秘黑暗，民刑不分导致百姓惧讼也是重要因素。董仲舒追求"囹圄空虚"的无讼社会，这种理想是植根于中国文化土壤中共同的美好愿望。中国古代诉讼的价值取向是"和谐""无讼"，而这一最终目的往往意味着，牺牲社会及家庭地位中低等级身份者的个人权

---

① 任建华：《董仲舒法律思想及其对我国法治建设的价值》，《山东社会科学》2023年第1期。

利,忽视他们的利益诉求,来维护国家的集权"秩序"。儒家作为中国古代影响力最大、影响范围最深远的学派,其确立了以礼为核心的道德准则,也确立了以礼为规范的治国之道,以纲常为天下之要。礼以血缘为基础和纽带,别内外,定尊卑,使尊卑有别,长幼有序,人各安其位,各称其职,少些诉讼纷争,以宗法和自然经济为基础的封建家庭伦理道德在中国古代社会的犯罪预防中起着极其重要的作用。儒家甚至苛刻地认为,或者说限定,具有道德良心,行止合乎"礼"的人会一生无讼,涉讼则认为会有辱斯文,让人名誉扫地。宗法礼制下,家族中的父权在具有基于血缘的道德约束能力的同时,兼具政治和司法的属性,古代记述父亲对子女的擅杀多以子女不孝等面目出现;后来父权的司法功能让渡给了族权,血族群体的领袖的司法甚至擅杀的权力自古不绝,对偷情男女的鞭笞,甚至浸猪笼,不但在小说和戏曲中比比皆是,在史书县志中也是不绝于书,这些自然是宗族基于伦理道德而享有司法权力所导致的负面结果,也是为维护"礼"而在"无讼"状态下社会发展出现的畸形。秋菊打官司中,山杠爷和秋菊的冲突是法治现代化和宗法势力之间的冲突,我们在借鉴或者吸纳"无讼",甚或古人贱讼的价值观念的同时,要注意科学和辩证,旧瓶装新酒不可以,新瓶装旧酒更不可以,现在不断探索的诉源治理对社会和谐健康发展起到了重要作用。但要注意,诉源治理的源头在于对具有一定共性的社会矛盾的深层次化解,而不是强制性地通过相关指标去压减诉讼案件,某些社会问题是通过办案发现的,而不是人为减少案件便实现了社会的和谐。

中国古代"息讼"的诉讼观念法律文化的价值取向,绵延几千年而不绝,甚至在社会主义的今天焕发了更多的生机和活力,新时代"枫桥经验"等多元纠纷化解机制彰显了新时代价值,所以"无讼""息讼"在中国的土壤中一定有存在的合理性、必然性,我们无法也不可能彻底摒弃中国传统诉讼的价值取向。我们合理辩证地吸纳这一价值取向,对降低诉讼成本,解决纠纷,促进社会和谐、减少社会对抗,大有裨益。法官在自己的审理和判决过程中,应该本着内心的正义追求,将法理、事理、情理兼容,兼顾社会稳定和经济发展,而不是盲目追求一种看似正义,实际却无益社会的结果。董仲舒倡导确立的重德、亲情、和睦的民族精神和息讼和解司法之道值得借鉴。

董仲舒继承先秦和汉初哲学家的思想,在天人合一的思想下,追求"中和",传之于今的和解息讼,是中国广义的传统法律制度的基本延续的最好证明。民间调解以追求和谐无讼为目标,倡导纠纷的非诉多元化解,在中国传统社会和今天均受到高度重视,适用率非常高,和谐无讼的理念早已在中国人心中深深扎根,遇到任何问题都倾向调解优先,期盼达成某种形式的和解,只有确实没有其他宽和的解决途径时,才诉诸法庭。即使是对社会关系破坏最为强烈的刑事不法行为,当事人双方仍可以达成刑事和解。这就是中国广义上的传统法律制度正在基本延续的最好证明。

董仲舒继承了孔子"道之以德,齐之以礼"[①]的思想观念,从他的人性论观念出发注重道德教化的作用。当今中国社会的社会矛盾、道德和信仰的危机仅靠法律难以解决,因为司法不是一台自动售货机,把写好的状子和诉讼费放进去,就会自动送出判决,而是有人的理性、情感和价值判断,在维护法律神圣至上的权威同时,注重发挥道德教育的功能,才能实现法治的目标。

中国古代社会的秩序观不是现代法治秩序产生的基础,但和谐理念作为传统社会的秩序理念,与现代法治社会的法治秩序并不完全冲突。传统社会的和谐理念实质在于消除"争心",希望将民众固定在"三纲五常""孝悌"等的纲常名教所期望的社会环境中。法治社会所要建立的和谐理念建立在机会均等、尊重个人或群体的创造力、正当权益受到保护的基础上。中华文化历经数千年长盛不衰,经历了各种历史变迁的考验、社会治理实践的检验和艰苦磨难的历练,如今以独特优势立于世界之林。

---

① 杨伯峻译注:《论语译注》,中华书局2009年版,第11—12页。

当然我们在充分借鉴以往儒家圣贤思想文明成果的同时，也要清醒地看到，儒家在以"忠君"思想为统治服务的同时，儒生也逐渐地成为几千年来的一个特殊的社会阶层，他们通过经学考试，走向官僚体制，享有免除赋税、徭役和兵役的特权；为了维护自己的既得利益，儒学禁言利益，打压工商阶层，慢慢地偏离了孔子初创时有教无类的初衷。汉初，贾谊等儒家学者积极建言，统治者采用法家的手段镇压了大批的游侠和工商业者。在汉初商人、游侠和大量的非儒学的知识分子与皇家和儒生群体争夺财富、权力、荣誉和威望，儒家地位的全面上升自董仲舒开始，但是自从儒家进入庙堂以后，其惟皇帝之命是从，没有改朝换代的愿望和能力，皓首穷经，对工商经营和技术钻研等均放在一边，使得社会离创新、民主和科学越来越远，极大程度上影响了社会的变迁，其后儒学虽有东汉古文经学的兴盛、宋明理学的出现和流行、明清儒学的八股取士、心学勃兴等转折，但都没有从质的层面引发社会结构的变化。这与我国稳定的亚细亚生产方式有关，也和儒家进入统治阶层后，维护皇权的同时，垄断意识形态，维护自身阶层利益，防范社会变迁，压制其他阶层或阶级发展关联。而新兴时代，利益主体日益多元，打造开放、民主的社会氛围，尽量维护社会各个阶层的利益，避免多数对少数的专政，是我们构建和谐社会，打造人类命运共同体的必然要求。

第四节 立法、司法层面注重案例和自然社会规律

"借鉴董仲舒注重创设判例，发挥判例作用的思想，在现在的司法工作中要及时发布典型案例，提高判例在司法工作中的指导作用。董仲舒通过'春秋决狱'，用儒家法律思想对当时的司法活动进行改造，在抛弃繁琐的苛刑峻法的同时，恢复了古已有之的'判例法'审判方法，董仲舒通过《春秋决事比》，将具体案例和春秋经义相比附，是一个通过判例立法，而后指导司法，创设'混合法'的过程，进而

形成了具有案例法色彩的汉代司法方式，并确立了中国的司法传统。我们当代刑事司法体系，较多地关注成文法条，忽视案例作用，应该借鉴董仲舒法律思想成果，两高扩大典型案例的发布和适用，发挥案例在司法中的指导作用。积极借鉴董仲舒法律思想中重视判例法的精神，助力我国案例体系建设。"[1]

"借鉴董仲舒'法象天地'的法学思维，在立法、司法中考虑自然和社会规律。董仲舒以'法象天地'，论证西汉法律制度的合理性，通过拟天数、法天道、顺天时等方式立法、司法，即效法自然界的数理构造和运动规律进行立法、司法实践。我们的立法和司法实践中也应该充分考虑自然或社会的整体运行规律。疫情发生，我们的立法就应该关注疫情犯罪，司法中尊重疫情状态下的社会发展规律，重其所重，轻其所轻。不违背办案时效与期限的情况下，在春夏之时，根据监狱人员认罪悔罪情况，应统筹考虑依法实施减刑、假释，减少羁押人员；而秋冬之季，根据复核情况，执行死刑等刑罚。'天'包含自然之天，也包括社会运行的规律，任何时候都应该效法'天'，科学地安排政治法律活动。""借鉴董仲舒'天人感应'，尊重自然的思想，全面推进生态文明建设。董仲舒认为'天人感应'，人是自然之天的一部分，人应该尊重天，并按照天的指示去发挥自己的作用，其天人关系论述中体现出来的生态哲学思想，对确立人与自然和谐共生观具有一定意义。"[2]《易传》中即有"天人合德"的思想，"夫大人者，与天地合其德，与日月合其明，与四时合其序，与鬼神合其吉凶，先天而天弗违，后天而奉天时。天且弗违，而况于人乎？况于鬼神乎？"[3] 人能够发挥生命之德性，心灵似日月光明，生活如四季规则有序，知识与信仰能够判断吉凶祸福、是非善恶而实现。人和天相副，天与人因阴阳之气而统一，人天之间有一个伦理主从关系，因人

---

[1] 任建华：《董仲舒法律思想及其对我国法治建设的价值》，《山东社会科学》2023年第1期。

[2] 任建华：《董仲舒法律思想及其对我国法治建设的价值》，《山东社会科学》2023年第1期。

[3] 朱熹著，廖明春点校：《周易本义》，广州出版社1994年版，第33页。

第四章　董仲舒法律思想的时代价值——法之魂传之于今

之德而天地与人融洽相处其间,因而人就如不能自我毁灭一样,不可糟蹋环境、破坏生态,这也是董仲舒对孟子"亲亲而仁民,仁民而爱物"① 思想的发挥和引申,这对当代"环境伦理学"的探讨有重要意义。经济社会发展中,尊重自然规律,避免无序开发和破坏自然,改善人与自然的关系,推动当代公民积极参与生态环境保护的公益事业,顺应自然,尊重自然,促进经济社会的可持续发展。"要从'天人合一'角度考虑提倡人与自然的和谐,裨益我国环境资源保护和相关立法工作。董仲舒有关天人关系的论述体现了生态哲学,确立了人与自然和谐共生关系以及人的道德责任与义务,对于培育现代公民的生态道德意识,推动当代公民的社会责任担当,具有积极意义。"②

中国法治思想源远流长,有着很悠久的历史传承和丰厚的文化资源。我们不能简单地在研究中国古代法律思想时将西方的法律概念作为度量衡,我们往往在西方的淘尽黄沙的黄金般的经典法治文献中了解西方,而忘却或者忽略其经历的黑暗世纪和残酷法令,我们对历史要坚持历史的分析,我们自《尚书》起,就确立自然法、恤刑(不把刑罚看作目的,反对滥刑酷刑)、法律面前平等观念,在董仲舒之后的司法制度构建中,法律始终没离开儒家思想的影响,使得法律逐渐儒家化,这也是古代法制的重要特征之一,以仁法、礼法为特征的儒家在屈君以申天层面,实际也想树立法的超然权威,我们不能简单对"法家""儒家"以及"法治""德治"标签化,任何文化的发展均需不断地吸收外来民族的文化,并随着社会的发展而不断更新,但是要有文化上的主体意识,这个主体意识可以是我们不断在批判接受和发展中的中华传统文明,而法律文明是其重要的分支。我们不能寄希望于曾经的历史文明完全的正确和自圆其说,其必然带有时代的局限性,但这并不妨碍其所具有的现实和理性的光芒,董仲舒提出"春秋决狱"便是中华法律儒家化的重要标志,直接开启了中华法律儒家

---

① 赵清文译注:《孟子·尽心上》,华夏出版社 2017 年版,第 321 页。
② 任建华:《董仲舒法律思想及其对我国法治建设的价值》,《山东社会科学》2023 年第 1 期。

化的道路，它将道德伦理融入法律领域，使得道德与法律共同作用，直接服务于皇家集团的专制统治。之后历代王朝都以此为样本，倡导"德治天下"，完善法律制度体系，对中国两千多年的法制的构建和发展产生了深远的影响。孔子没有能够发挥《尚书》中借天命（天道或天意）以易君的思想，董仲舒也只好在君权神授的框架下，寻找宇宙论下的天意对君权的限制，为限制权力的滥用，实现仁政而努力。每个学科或者说领域都有一定的研究和实用价值，"科学主义"和"工具主义"泛滥会对"价值理性"造成相应的伤害或者说弱化。社会生活是实践的，我们不能仅仅回顾和解释世界，我们应当古为今用，在研究的过程中，我们知道在当今世界要发挥道德在法治建设中的作用，我们在关注以人和自然两分来研究科学世界，尤其是微观世界时，也要注意人和自然的融合来研究自然的保护，人如何适应自然，保护自然，将"绿水青山就是金山银山"的理念落到实处，本书对董仲舒思想的法治精神进行整理阐释，以期为中华优秀传统文化"双创"事业尽微薄之力，能够转识成智，为今天的司法建设增添一抔文化之壤，对法治理论和实践有所启发。

结　　语

　　西汉统治者为自身巩固封建政权，以发展经济，适应时代需求，亟须一种理论来赋予皇权正当性和神圣性，同时通过这种理论来实现意识形态的统一，凝固巨大的国家力量，解决面临的国家和时代问题，形成大一统局面和封建中央集权制度。董仲舒，融各家之长而又自发机杼的新儒学，适应了汉武帝即位后，上升时期的封建统治阶级的需求，焕发了封建统治体系的活力和价值，继而和封建官僚体系结合，成为士子等晋身封建官僚的手段和价值判断，继在西汉"独尊"以后，成为统治阶级治理国家，抚育百姓的主流思想。董仲舒法律思想的基础理论中的"君权神授""德主刑辅""三纲五常""引经决狱"等，代表了封建地主阶级意识形态的核心，也是董仲舒法律思想的中心内容，对后世的影响极为深远。董仲舒的理论逻辑思想总体来看是客观唯心主义的，"他的关于逻辑的理论是他的唯心主义、神秘主义体系的一个组成部分"[1]。董仲舒试图通过气、阴阳、五行的唯心自然观关联客观唯心的上天意志，上天在这里并不是一个具化得如同西方基督教的人格神，而是一个抽象的具有自我意识，无所不能，无所不在，道德极其高尚而又不那么具体的存在，宋儒朱熹等后来在此基础上提炼出了"道"，董仲舒以天人感应，将人比类为自然的摹本，同时杂糅自然现象与社会现象，是"将自然人格化的唯心主义思想的一种表现形式"[2]；以历史观分析，董仲舒的黑白赤"三统"简单的

---

[1] 冯友兰：《三松堂全集》第九卷，河南人民出版社2001年版，第84页。
[2] 冯友兰：《三松堂全集》第九卷，河南人民出版社2001年版，第86页。

机械循环说是一种客观唯心主义的机械循环论。董仲舒将人和宇宙关联，在某种程度上提高了人在宇宙世界中的地位，其为大一统的专制皇权服务的同时，限制了专制皇权，在中国哲学史、政治法律思想史上具有划时代的意义，他是以个人德行魅力传播儒学的子学时代的终结者，开启了以可复制的系统教育来传播儒学经典的经学时代，是经学时代的主要开创者，是西汉群儒之首，也是西汉统一、开拓精神的代表者。针对部分学者认为董仲舒仅仅是对已有学说引申和发挥的观点，冯友兰认为，发挥引申就是进步，鸡卵变成鸡，鸡亦不过发挥引申了鸡卵中所已有的官能而已，然而不可因此说鸡卵就是鸡，由潜能到现实便是进步。①

独特的超越必须立足于纠正和继承的结合，对董仲舒思想学说的评价，历来就有分歧，大体来说，封建时代的思想家对他肯定的多，批评的少。例如：在两汉时期，就有很多名流志士推崇董仲舒。司马迁说他"为人廉直"，"进退容止，非礼不行，学士皆师尊之"②；刘向称赞董仲舒"有王佐之才，虽伊、吕亡以加，管、晏之属，伯者之佐，殆不及也"③；王充认为董仲舒"文王之文在孔子，孔子之文在仲舒"④。他们都尊董仲舒为"儒者宗"，甚至称他有相国之才。后来的封建统治者把董仲舒的思想理论看作地主阶级执掌政权的永久大法，所以董仲舒的法律思想经久不衰，得以传承至今。宋代著名理学家朱熹把董仲舒的地位摆得非常高，其认为在汉代儒家学者中董仲舒最为纯粹，"其学甚正，非诸人比"⑤。在封建时期，只有极少数朴素的唯物主义思想家批评董仲舒，如唐代柳宗元就揭露董仲舒的"天人感应"论，"其言类淫巫，瞽史，诳乱后代"⑥。至清末民国，章太炎

---

① 冯友兰：《中国哲学史》，中华书局1961年版，第23—24页。
② 司马迁：《史记·儒林列传》，中华书局2006年版，第703—704页。
③ 班固：《汉书》卷五十六，中华书局2007年版，第571页。
④ 黄晖：《论衡校释》，中华书局1990年版，第614页。
⑤ 黄士毅：《朱子语类汇校》，徐时仪、杨艳汇校，上海古籍出版社2016年版，第3228页。
⑥ 柳宗元：《柳宗元集》，吴文治校，中华书局1979年版，第30页。

和刘师培等多认为"《春秋》决狱""原心定罪"之类舍弃法律的明文规定，以不确定、隐晦的经义来进行司法判断，会导致徇私枉法和罪行擅断，肆意出罪入罪。当然，基于大的时代变化，在新中国成立后到20世纪80年代初期，对旧的封建制度的批判，出现了部分否定性的评价，甚至隐然占了主导地位。20世纪80年代中期以后，自冯友兰、金春峰、周桂钿等学者开始，逐渐更加客观地评判董仲舒及其政治法律思想在历史上的客观价值。历史上封建社会出现肯定的多、批评的少的现象，是不足为奇的；因为任何一个时代占据统治地位的思想，都是为维护统治阶级的利益、巩固统治阶级政治稳定服务的，既然董仲舒的思想学说切合封建统治阶级的整治需要，成为官方的正统思想，所以出现这种褒多贬少的现象也是十分正常的。

从马克思主义的立场来看，评价古代思想家思想学说的历史地位，应当遵循这样的思想原则："判断历史的功绩，不是根据历史活动家没有提供现代所要求的东西，而是根据他们比他们的前辈提供了新的东西。"[①] 因此，我们只有对董仲舒的法律思想作出具体的分析，才能对他的作用做出恰当的评价。就董仲舒的法律思想来讲，如同他的哲学思想一样，"天"是决定一切的，天和人是互相感应的，顺从"天意"以从事是一条根本原则，是人们从事一切活动的出发点。"天子受命于天"，皇帝代表上天来统治人世。董仲舒宣扬这种"君权神授"论的目的，就是为了利用"天意"来对人民进行精神控制，以麻痹和消除被压迫者的反抗意志，利用天的权威来执行惩罚，以镇压人民"犯上作乱"的行为。董仲舒的"三纲五常"论，也是来源于"天"，其从本质上来说，也是为了控制人民的思想，以防万民作乱。总之，董仲舒这种以天决定一切的神学目的论和天人感应说，其消极作用是很明显的，它不可能促进人们去正确认识事物，相反却会阻碍民众正确认识自己的处境，只能是逆来顺受，安于现状，削弱了人民改变自己生存处境的斗志。

---

① 《列宁全集》第2卷，人民出版社1959年版，第150页。

本来，董仲舒所宣扬的人格化的思想，是春秋时期贵族统治人民的思想武器。后来，经过春秋、战国时期许多思想家的批判以及人民群众的反抗斗争，这种迷信思想逐渐被澄清，已经失去了欺骗作用。特别是战国末期的荀子，明确地提出了"明于天人之分"的唯物主义的口号，强调要"制天命而用之"，使人们对于"天"以及"天人关系"的认识，与客观实际之间的距离大大缩短了。所以，到西汉中期，董仲舒还大肆宣扬天或上帝的思想，站在社会发展的角度实际上是一种倒退。但是，我们也应该看到，董仲舒宣扬"天人感应"说也有其限制君权的意图。因为他认为天命不是消极地予以君以权，不只是证明皇帝的存在合于天道或天命，而是要皇帝"承天意以从事"。如果皇帝行德安民，就可得到上天的保佑；如果行恶害民就要受到上天的惩罚。这在客观上虽然对约束专制君王的权威的效用并不大，但不能否认具有的一定积极意义。

董仲舒的"德主刑辅"论，是对秦朝严刑峻法的批判和否定，是历史经验的总结。与先秦儒家多迂阔之论不同，董仲舒的"春秋决狱"等观点和操作方法弥补了与法家相较操作性不足的缺点，为儒家思想和儒者群体登上统治舞台，提供了切实的工具支撑。虽然它的本质仍在于维护封建统治，但在客观上，比"专任刑罚"的法家思想多少有利于被压迫者的生存与斗争，并可作为人民反抗昏君和暴政的一种理论武器。至于董仲舒的封建大一统论，在当时封建制还处于上升时期，对巩固封建制和国家的统一，曾起过一定的积极作用。

综合来看，董仲舒的法律思想体现了他的政治观点，是适应封建统治阶级的需要而出现和成长起来的，长时间成为统治阶级的官方主导思想，居于封建社会的主流和主体地位。西汉王朝，中国的封建社会正处于渐趋稳固后的上升和发展期，生产关系积极促进了社会生产的发展，而相关思想体系作为上层建筑，也在积极发展完善之中；董仲舒应时代需求融合多家思想而创造形成的，旨在维护和巩固封建大一统的法律思想体系，虽然有钳制思想，消弭人民抗争的弊端，但整体而言起到了积极和进步的作用，且在诸多方面可为我们的现代化建设提供借鉴。制度建设是根本，不是一个不可跨越的形式理性的"卡夫丁峡谷"。韦伯认为实质和价值理性所关注的是人的生存状态和价值归属，为社会发展提供精神与信仰，而且实质和价值理性具有"非常态"和革命的性质，可以成为打破僵固的传统习惯、推进理性化进程的动力，因而实质理性和价值理性是非常重要的。然而，他又认为虽然实质和价值理性极富意义，但是无法取消和否定形式理性和工具理性，因为它们主张通过理性计算的手段达到预期的目的，提供着社会进步和现代化所必需的规则与效率。[1]

犯罪是阶级社会独有的现象，我们还无法给其一个完全消亡的具体时间，其产生于具体的社会环境，社会环境的不断优化必将不断减少犯罪的发生，刑法立法中要全面理解刑罚的本质和目的，要把握刑事政策与刑法所各自适用的领域。刑罚的本质，在社会主义刑事法治中应当体现为惩罚与教育相结合。目前我国刑事法治中重刑主义的倾向还有相当的市场和影响，这种倾向忽视了刑罚本身还有教育的作用。刑事政策的合法性根据和价值目标，必然要受到现代刑事法律基本原则的根本制约。刑法与其他法律相比有"最后法"的特性，刑法是在其他法律所无法调整，无法制裁时才发动。因而要慎用刑法。刑事立法策略是制定、修改、补充刑事法律的具体指导策略。刑事立法的原则决定刑法如何制定，定罪规范最终取决于国家的基本刑事政策。刑事立法的原则也决定不同的立法结构，刑法结构改革的将来取向应是严而不厉，而我国现行的刑法结构模式则多为厉而不严，今后中国刑法的法典化应注重适度犯罪化与非犯罪化。我们应当积极吸收董仲舒法律思想中有价值的部分，积极运用于社会治理体系和治理能力建设，返本开新，行稳致远，推进我们的现代化建设。

---

[1] 苏国勋：《理性化及其限制——韦伯思想引论》，上海人民出版社1988年版，第90页。

参考书目

一 著作类

班固：《白虎通》，中华书局1985年版。

班固：《汉书》，中华书局2007年版。

班固撰，陈立疏：《白虎通疏证》，中华书局1994年版。

曹迎春、代春敏：《董仲舒思想通解》，燕山大学出版社2021年版。

陈来：《古代宗教与伦理》，生活·读书·新知三联书店1996年版。

陈戍国点校：《四书五经》，岳麓书社1991年版。

程树德：《九朝律考》，中华书局2006年版。

程颐、程颢撰，潘富恩导读：《二程遗书》，上海古籍出版社2000年版。

崔永东：《中国传统司法思想史论》，人民出版社2012年版。

《董学探微》，北京师范大学出版社1989年版。

杜预注，孔颖达正义：《春秋左传正义》，北京大学出版社1999年版。

段玉裁：《说文解字注》，凤凰出版社2007年版。

范晔：《后汉书》，中华书局1965年版。

冯时：《百年来甲骨文天文历法研究》，中国社会科学出版社2011年版。

冯时：《尚朴堂文存》，中国社会科学出版社2021年版。

冯友兰：《中国哲学史》，商务印书馆2011年版。

高亨：《周易大传今注》，齐鲁书社1998年版。

高华平、王齐洲、张三夕译注：《韩非子》，中华书局2010年版。

黄晖：《论衡校释》，中华书局1990年版。

黄铭、曾亦译注：《春秋公羊传》，中华书局2016年版。

黄士毅：《朱子语类汇校》，徐时仪、杨艳汇校，上海古籍出版社2016年版。

黄寿祺，张善文：《周易译注》，上海古籍出版社2004年版。

蒋礼鸿：《商君书锥指》，中华书局1986年版。

金春峰：《汉代思想史》，中国社会科学出版社2018年版。

孔晁注：《逸周书》，浙江大学出版社2021年版。

刘军宁：《市场逻辑与国家观念》，生活·读书·新知三联书店1995年版。

刘乐贤：《孔子家语》，北京燕山出版社1995年版。

柳宗元：《柳宗元集》，吴文治校，中华书局1979年版。

鲁迅：《鲁迅全集》第3卷，人民文学出版社2005年版。

陆九渊：《陆九渊集》，中华书局1980年版。

吕思勉：《秦汉史》，上海古籍出版社2005年版。

马小红：《中国古代法律思想史》，法律出版社2004年版。

马勇：《帝国设计师董仲舒传》，东方出版社2015年版。

钱穆：《钱宾四先生全集》，台北联经出版事业公司1998年版。

邱汉平编：《历代刑法志》，群众出版社1988年版。

阮元校刻：十三经注疏之《周易正义》，中华书局1980年版。

司马迁：《史记》，中华书局2006年版。

苏国勋：《理性化及其限制——韦伯思想引论》，上海人民出版社1988年版。

王利器：《盐铁论校注》，中华书局1992年版。

王世舜、王翠叶译注：《尚书》，中华书局2012年版。

王文锦：《大学中庸译注》，中华书局2008年版。

王文锦：《礼记译解》，中华书局2001年版。

王先谦撰，沈啸寰、王星贤整理：《荀子集解》，中华书局2012年版。

王先慎：《韩非子集解》，中华书局2013年版。

王永祥:《董仲舒的自然观》,海天出版社2014年版。

王照圆:《列女传补注》,虞思徵点校,华东师范大学出版社2012年版。

魏文华:《董仲舒传》,新华出版社2003年版。

吴毓江撰,孙启治点校:《墨子校注》,中华书局2006年版。

肖振军、吕才典:《粒子物理学导论》,科学出版社2016年版。

徐广东:《三纲五常的形成和确立——从董仲舒到〈白虎通〉》,黑龙江大学出版社2014年版。

许慎:《说文解字》,中华书局1963年版。

许维遹:《吕氏春秋集释》,中华书局2010年版。

颜炳罡:《崇先祖重道统——中华文化与民族精神》,中华书局2017年版。

杨伯峻编注:《春秋左传注》,中华书局1981年版。

杨伯峻译注:《论语译注》,中华书局2009年第3版。

杨鹤皋:《董仲舒的法律思想》,群众出版社1985年版。

杨鹤皋:《中国法律思想史》,北京大学出版社2000年版。

俞荣根:《儒家法律思想通论(修订本)》,商务印书馆2018年版。

张国华:《中国法律思想史新编》,北京大学出版社1998年版。

张世亮、钟肇鹏、周桂钿译注:《春秋繁露》,中华书局2012年版。

张双棣:《淮南子校释》,北京大学出版社1997年版。

赵清文译注:《孟子》,华夏出版社2017年版。

郑玄笺,孔颖达正义:《毛诗正义》,北京大学出版社1999年版。

周桂钿:《董仲舒研究》,人民出版社2012年版。

周予同著,朱维铮编校:《中国经学史讲义:外二种》,上海人民出版社2012年版。

朱彬:《礼记训纂》,中华书局1996年版。

朱熹、吕祖谦撰,严佐之导读:《朱子近思录》,上海古籍出版社2000年版。

朱熹:《四书章句集注》,新编诸子集成本,中华书局1983年版。

朱熹:《周易本义》,廖明春点校,广州出版社1994年版。

[德] 康德:《道德形而上学》,李秋零、张荣译,中国人民大学出版社2002年版。

[古罗马] 西塞罗:《国家篇·法律篇》,沈叔平、苏力译,商务印书馆2011年版。

[古罗马] 西塞罗:《论共和国》,王焕生译,上海人民出版社2006年版。

[英] 李约瑟:《四海之内》,劳阮译,生活·读书·新知三联书店1987年版。

二 期刊报纸类

郭敬东:《成性与防欲——董仲舒廉政思想及其当代意蕴》,《文史资料》2020年第16期。

康宇:《尊崇与信仰：董仲舒与奥古斯丁的神学诠释思想比较》,《学术界》2020年第8期。

乐爱国:《董仲舒"不谋其利""不计其功"本义探析——兼论儒家并不排斥功利》,《兰州学刊》2020年第4期。

梁世和:《沟通天命：董仲舒对儒家神圣性与超越性根基的再植》,《衡水学院学报》2020年第5期。

刘丹忱:《董仲舒"大一统"理论对中华统一多民族国家的历史作用》,《衡水学院学报》2021年第3期。

龙文懋:《董仲舒法天思想探本——兼析天的性质》,《齐鲁学刊》1997年第6期。

任建华:《董仲舒法律思想及其对我国法治建设的价值》,《山东社会科学》2023年第1期。

史广全:《董仲舒法哲学体系新探》,《社会科学家》2005年第1期。

涂可国:《董仲舒责任伦理思想与当代社会责任体系建设》,《衡水学院学报》2020年第5期。

王浦劬:《"人民性"思维：新时代政治发展的逻辑主线》,《光明日报》2018年5月18日。

严励:《问题意识与立场方法——中国刑事政策研究之反思》,《中国法学》2010年第1期。

周晓明:《"人"与"天"——前期儒家与自律精神的确立》,《华中师范大学学报》(人文社会科学版)2003年第5期。

后　　记

笔者长期从事检察工作，2021年8月转岗到德州学院从事高校法学教育教学工作，在工作中就如何认识法律，如何从法律的角度进行国家治理逐渐形成了自己的一些思考，但是没有找到合适的渠道进行表述，原来的零星写成的有关检察制度和法律思想以及社会治理的文章难以形成相对完整的体系，有些因为是命题作文或者篇幅所限，只能提出或者解决一些具体的实践操作层面的问题；而从法理学的角度形成关注现代的社会治理宏文，自己也觉得力有未逮。笔者内心中总有"以文载道"的想法，但是学术之道、治国理政之道、法治之道、人生之道，苍茫宏远，只能通过浅浅的求索来做些微的阐释，也不辜负自己对某些目标的不离不弃的体悟。因为德州是董仲舒长期治学活动的地方，加之其思想曾深深地影响了中国的传统政治架构和法律文化，又因为笔者长期从事法律实践工作，遂引起了笔者的研究兴趣，选择了这一相对小众的领域，也恰逢同学郭付军转岗到德州董子文化研究院，便共同进行了一些研究探讨。

写作过程中经过对董仲舒文献和相关研究的爬梳整理，了解了国内外研究的现状，总体看来包括历代研究的多数著作是将董仲舒的生平和思想共同研究，源于小学的考证较多；还有一部分广角下的研究是将其放在儒学的整体发展框架中，研究其所处的位置和历史影响，但是对其法律思想的相对全面系统的研究还没有看到，故大胆做了尝试。与同著者郭兄付军探讨中，有许多共同的思考，现将其付之于后：

时称当今之世，乃百年未有之大变局，其思想之深刻、视野之广阔、表述之精到，切中时命，引领政纲。放眼全球，整个世界都步入了探索新的社会治理模式进程。东升西落，不经意间，中国走在了世界前列，代表了未来的方向。那位以"历史终结论"著名的日裔美籍学者福山先生，经过多年的沉淀，已经不再高捧民主与市场的旗帜。他在美国《外交》杂志上撰文《衰败的美利坚——政治制度失灵的根源》，细剖美国政治制度诸多流弊，感叹改革无望，只有死路一条："归根到底，（美国）国内政治弊病已经顽固不化，很难出现富有建设性的改革，美国政治衰败还将继续下去，直至外部震荡催化出真正的改革集团，并付诸实践。"以彼为代表的西方近五百年建立起来的社会治理体制，以启蒙思想家理论为根据建立起来的国家制度，已经释放完成最后的红利，到了消耗成本的时候了，走到了不得不改革的阶段。

从历史的广角长镜头来看，王夫之称春秋战国为"古今一大变革之会"，经过东周数百年争斗，土地制度、耕作方式、生活组织天翻地覆，由此带动了上层建筑的创新与重构，各诸侯国竞相改制维新，以适应战争需要和形势变化。而在这一过程中，法律的作用不断凸显，郑之子产铸"刑书"、晋国铸"刑鼎"，子产"吾以救世"四个字代表了那个时期哲人贤士就法律功能超前的思考和有效的实践。秦汉演替，至董仲舒倡"大一统"尊儒家之术，"春秋决狱"行儒家之法，新的治理模式基本定型，一直延续到清朝后期。在此两千多年历程中，中国社会运转的生产生活基础没有变化，所以治理模式也基本稳定，后朝仅仅是前朝的翻版而已，偶尔小修小补，无伤大体。甚至在变革频仍的近代，自外而内的被动式变革，洋务与维新，帝制与共和，宪法与议会等各派政治势力在相继的制度设计中所构建的社会治理模式并无质的变化。在纷繁变换的社会治理名目下，中国基层民众的生产生活和运转模式总能看到汉唐社会的底子、宋元体制的影子。

今天，现代生产和市场经济即将彻底改变旧有的生产生活模式，规模宏阔且持续扩张的特大城市，面积急剧延展、职能日益完善的县

后　记

域城市，给汉唐以来形成的村落社会和持续数千年的乡村秩序带来巨大冲击。尽管我们以最大的历史耐心等待和观察村庄的最后演变，但十分清晰的是，自春秋战国以来形成的村落为主体的生产生活模式，将在各地或快或慢，或早或晚地退出历史舞台。乡村振兴将创造出新的生产生活业态。带有强烈流动性的城市生活变成了社会运转的主体方式。以何种模式进行现代社会治理，依法治国和以德治国如何完美结合，如何吸收借鉴古代社会中的治国理政之道，是摆在中国各级党员干部和贤哲达人面前的历史任务，也是中国社会改革的内生动力。

基于这样的认识，我们也随流加入了探索中国现代社会治理模式的队伍。董仲舒的政治法律思想认识是植根于中国社会环境和文化传承的一棵理论大树，他聚焦于完善政治体制和人才培养，抓住社会治理中制度和人这两大要素，为解决当时的社会问题、巩固西汉政权提出了系列政策措施和理论方法，充满了与时俱进的改革精神，为社会发展注入新的精神动力，他的很多思想观念直到今天仍然影响着中国人的精神世界和生产生活。以此为借鉴，来研究今天的社会治理问题，不失为一种很好的方法。

需要说明的是，中华传统法律文化是建筑在奴隶及封建社会形态下的产物，部分内容与现代社会法治文明不符甚或冲突，束缚人们的自然本性，压制了精神活力，阻碍了思想解放。要准确辨别分析传统法律文化中的精华与糟粕，这是推动优秀传统法律文化发展的前提。当然，在法律文化筛选过程中，我们还要警惕法律文化的虚无主义、一味地崇尚西方的法学观念。笔者试图以这部拙作，做一个中华优秀传统法律文化创造性转化的浅浅尝试，系统挖掘梳理董仲舒法律思想中的优秀因子和其具有的重要价值，试图连接以董仲舒为代表之一的传统法律文化与现代法律文化，打破法律文化的传承隔阂，疏通传承脉络，拓宽传统法律文化的外延形态，彰显其在新时代的生机活力，使其成为新时代法治话语表达的活水源泉，将其转化为改善民生、增进人民福祉的具体依法治理方式，以新的形式呈现董仲舒法律思想的精髓，提升中华优秀传统法律文化的吸引力和感染力。要感谢诸多先行学者在董仲舒政治法律思想等多个领域的研究，笔者在对专家学者观点的引用中尽己所能地注明了出处，但因为语言的有限性，有些自己叙说的话语不自觉地出现雷同的状况，自己欣喜的独创也可能是先贤和专家学者已有的研究成果，在此表达深深的感谢和歉意。在书稿编写过程和编写后，能够有幸请到崔永东教授作序，实在是感激万分。崔教授是德州籍研究法律思想的大家，对董仲舒的法律思想有过深刻的研究和许多精当的论述。同学郭付军鼓励笔者坚持写作，并与笔者通力合作撰写；山东益联律师事务所谢家鹏律师，在文本校对中做了大量辛苦的工作；临邑五中语文高级教师、人教社特约编审陈新才老师通读全稿，并提出了许多宝贵而中肯的修改意见；中国社会科学出版社耿晓明编辑对书稿做了详细的批注，提出了重要的出版建议。在此，一并致以崇高的敬意和诚恳的谢意！

  这部作品仅仅是个开端，以后的路还很长，部分观点是自己的总结提炼，也未如西方科研规范地进行定性定量的分析，不当之处也敬请各位大家和读者朋友批评指正。

任建华

2023 年 6 月于德州市董子文化街拙朴堂